Aux quatre coins

du monde

PREMIÈRE ÉDITION

Les condensés figurant dans ce volume
ont été réalisés par The Reader's Digest
et publiés en langue française
avec l'accord des auteurs et des éditeurs des livres respectifs.

Imprimé en Italie (Printed in Italy)
ISBN 978-2-7098-2330-2

23.165.0

SÉLECTION BIBLIO

Jean-Louis Étienne

LE PÔLE INTÉRIEUR

Sylvain Tesson

L'AXE DU LOUP

Sélection
READER'S DIGEST

PARIS - BRUXELLES - MONTRÉAL - ZURICH

Jean-Louis Étienne

LE PÔLE INTÉRIEUR

Mener sa vie comme une aventure

Prologue

L'envie d'écrire m'est venue quand j'ai commencé à parler. Pas à l'époque des premiers sons en barboteuse, mais depuis les premières conférences, dès que je me suis adressé aux autres, l'oral du partage, le temps aussi des interrogations.

Écrire sur ma vie aujourd'hui a été un formidable enrichissement personnel, un éclairage sur le passé qui pourrait peut-être m'aider à enrichir la trajectoire de l'avenir.

Ce ne fut pas un exercice facile, mais les conférences m'y avaient préparé. La scène vous nourrit de la reconnaissance admirative du public, mais vous expose aussi aux interpellations de l'auditoire, pas forcément complaisantes, qui vous repoussent dans des questionnements plus personnels, plus intimes. Au début, quand certains médecins venaient me dire, à la fin d'une conférence, que j'étais un privilégié, qu'ils ne pourraient plus s'offrir cette liberté à cause de la famille et des engagements professionnels, j'étais mal à l'aise, et ne savais que leur répondre. Avais-je le droit d'aller ainsi, de ville en ville, déstabiliser mes confrères ? Au bout d'un certain temps, je finis par réagir : quels privilèges m'avait-on accordés jusque-là ? Aucune facilité, ni matérielle ni relationnelle, ne m'était venue de ma famille, sinon l'amour de mes parents et une envie de vivre que la providence semblait vouloir intensifier au fil des années. Pour mener cette vie d'aventure, j'avais refusé toute installation sociale et accepté avec philosophie la précarité matérielle – petites piaules et vieilles bagnoles – pendant les longs mois d'incertitudes entre deux expéditions. Les jugements de mes confrères sur ma « vie fabuleuse » ne prenaient pas en compte cette partie invisible de ma situation. Comme toute vie passionnée, la mienne a été singulière et ne pourrait convenir à bien des gens. Il ne sert à rien de rêver la vie des autres, il vaut bien mieux s'atteler à faire que la sienne rejoigne son propre « rêve », seule œuvre vraiment constructive, intégrant ses forces, ses potentiels et aussi ses doutes.

La médecine, que j'ai pratiquée comme remplaçant en cabinet de généraliste pendant treize ans, a été la meilleure école à l'écoute de la vie. Elle m'a fait accéder à de profondes vérités psychologiques et sociales, à l'intimité du fonctionnement humain, sans fioritures ni tricherie. Elle m'a aidé à toucher du doigt l'éphémère de l'existence, à hiérarchiser les préoccupations et à prendre du recul.

Mais elle a été aussi mon passeport pour l'aventure : elle m'a offert la planète ! Si j'ai embarqué avec Tabarly ou tenté la face nord de l'Everest, c'est en tant que toubib. De plus, toutes ces expéditions m'ont ouvert un champ d'observation unique sur l'adaptation de l'homme aux environnements hostiles, sur les mobiles de l'exploit, sur le goût du risque. Ce furent mes premiers sujets d'écriture qui se sont par la suite étendus aux récits de mes expéditions polaires.

Avec la maîtrise de mes connaissances sur les sciences de la Vie et de la Terre est venue progressivement la tentation pédagogique, l'envie de transmettre, d'insuffler aux autres. J'ai fait des centaines de visites dans les établissements scolaires. Expliquer, trouver des mots simples, adéquats, des expressions dynamiques, susceptibles de sensibiliser l'auditoire à des phénomènes complexes, m'a demandé un énorme travail de lecture. Ce fut un véritable apprentissage.

Au cours de mes nombreuses rencontres avec les jeunes, ceux-ci n'ont jamais manqué de m'interroger, souvent avec appréhension, sur leur propre avenir : comment avez-vous fait pour réussir ? À quel âge avez-vous commencé ?... J'ai toujours tenté d'expliquer que la principale qualité qui m'a conduit à cette « réussite » est très certainement ma résistance à la tentation de l'abandon, ma persévérance à pousser chaque entreprise jusqu'au bout, quelles qu'en soient la nature et l'importance. J'aime à ce sujet citer des exemples simples, qui parlent aux enfants (et aux adultes !) : combien de maquettes d'avion n'ont jamais volé, combien de bicyclettes toutes neuves éternellement suspendues au garage, combien de masques de plongée ou de patins à glace n'ont servi qu'une fois... Tout projet non abouti, ou abandonné prématurément sans véritable raison, est une frustration qui agit comme un frein à la créativité, à l'accomplissement de soi. Et je sais de quoi je parle – j'ai mis longtemps à ressentir les bienfaits d'une tâche menée à terme. C'est la marche en solitaire au pôle Nord, où j'ai failli maintes fois abandonner, qui m'a permis d'en comprendre l'importance.

De toutes les expéditions que j'ai vécues, c'est évidemment celle qui m'a le plus marqué. Elle m'a offert des outils puissants et précieux en ce monde : la notoriété et la confiance, tant en moi-même que dans les autres. Elle m'a aussi initié au chemin qui conduit à l'intérieur de soi, à la découverte de l'autre moitié de sa vie, celle qui se déroule au-dedans de nous. Celle qui nous manipule, à notre insu, si nous n'y prenons pas garde, mais celle aussi qui peut piloter l'ordonnancement de l'âme, quand on se prend à l'explorer jusqu'à l'acceptation de soi.

C'est tout ce parcours, offert par la vie, que j'ai voulu partager par l'écriture, pour parler de la confrontation avec les éléments, mais aussi de la rencontre avec soi-même. Évoquer cette lente marche qui m'a conduit au pôle intérieur, celui des forces et des faiblesses qui président à notre destinée.

PARTIE I
L'apprentissage et l'émergence des passions
1
L'empreinte de l'enfance

À l'origine même de notre venue au monde, il y a quelque chose qui nous échappe. La force étrange, irrésistible, de l'amour entre deux êtres, les conduisant à l'accomplissement du désir suprême : la création d'un être identique à soi. C'est ainsi que la vie nous est imposée et que chacun débarque un jour sur terre.

Moi, je suis né à la maison, à 1 heure du matin, le 9 décembre 1946 à Vielmur, Tarn, un petit village de 800 habitants. J'ai poussé mon premier cri dans la chambre de mes parents, située juste au-dessus de l'atelier où mon père, petit tailleur de campagne, fabriquait ses habits. Il faisait nuit noire, le vent d'autan qui soufflait en rafales avait arraché les fils électriques. Ma grand-mère, émue par le travail de ma mère et celui du docteur à ses côtés, s'était évanouie et on avait dû appeler Simone, la femme du mécanicien, pour tenir la lampe à pétrole.

Mon père n'était pas avec nous. Il faisait partie de la troupe de théâtre du village qui, ce soir-là, jouait *l'Arlésienne* à Sémalens, à 4 kilomètres de chez nous. Il n'est arrivé que plus tard dans la nuit – on se déplaçait lentement, à bicyclette, en ces temps de fin de guerre… Mais, pendant que l'humanité traversait le plus violent accès d'autodestruction de son histoire, la Terre, elle, qui se joue de tout, n'avait cessé sa ronde elliptique avec Mars, Vénus et Mercure, les petites planètes telluriques de la scène solaire, au-devant des géantes volatiles, Jupiter, Saturne, Uranus et Neptune, qui, à des millions de kilomètres, nous marquent, dit-on, à la naissance chacune de son sceau. Ainsi à peine m'avait-on lavé à l'eau du puits et enveloppé dans des langes de coton qu'Uranus, ma planète dominante, m'avait déjà imprimé sa marque : « Individualiste, qui aura besoin d'autonomie, d'indépendance. Sa tendance maîtresse sera un retrait du milieu. Il se démarquera, se distinguera de la masse, rompra avec les cadres formateurs. Avec un Mars très valorisé, la logique d'Uranus devra s'appuyer sur des faits, des réalités. D'où le besoin de sensations fortes, de dépassement de soi, de réalisation d'exploits. » En somme, je n'avais rien demandé. Il suffisait de suivre le programme ! Avec Mercure et Vénus conjoints, les plus grands astrologues vous le diront, mon univers était d'emblée celui de l'indépendance absolue, mâtinée d'un penchant séducteur et du goût intarissable de se faire aimer !

Mais… arrêtons là, nous ne sommes que le 9 décembre 1946, à 3 heures du matin. Il fait encore bien nuit et le vent d'autan essaie d'arracher les volets de leurs gonds. J'ai toute la vie pour tenter d'infléchir la trajectoire cosmique du destin. Tout ne fait que commencer. Je voudrais seulement téter et qu'on me laisse dormir.

J'ai la chance d'être né avant la télévision, et nous n'avions même pas le téléphone. C'est dire si nous étions libres de notre temps et de nos pensées. La culture était locale. L'école n'avait que trois salles de classe : la maternelle, celle des moyens – jusqu'au CM2 – et celle des grands – jusqu'au certificat d'études, ultime objectif scolaire de la majorité d'entre nous. En hiver, l'instituteur arrivait un peu plus tôt pour allumer le poêle. Dès le printemps, il nous emmenait certains après-midi en cours de jardinage, sur le lopin de terre que la mairie réservait aux enseignants.

En mai commençait la traque des nids. J'avais une passion particulière pour les pies et les tourterelles, très faciles à apprivoiser quand on les prend au nid avant les premières envolées. Comme si elles pressentaient les chapardeurs, les pies construisent leurs nids de brindilles tapissés de terre très haut dans les frondaisons. Accroché aux branches sommitales, je me souviens qu'il m'a souvent manqué de courage, dans les derniers mètres, pour attraper ces petits déjà si gros, dont les têtes et les queues presque à portée de main dépassaient du cocon. La cime d'un peuplier balancé par le vent tangue autant que le mât d'un bateau ballotté par la mer ! Mais, de temps en temps, il m'arrivait d'en attraper un, et c'était un débordement de joie.

Mais l'amour que j'ai eu dans l'enfance pour les tourterelles est sans nul autre pareil. Un roucoulement sensuel, doux, rassurant, une manière attentive et confiante d'incliner la tête en vous regardant, un plumage chamois et sable, sans débordement. J'adorais quand l'une d'elles accrochait ses petites serres griffues sur mon doigt pour garder l'équilibre. C'était comme si elle me serrait dans ses bras. J'en avais plusieurs, que je m'amusais parfois à lâcher dans le champ, derrière la maison, et elles s'envolaient maladroitement à une cinquantaine de mètres. Alors, je donnais l'ordre à Fly, notre épagneul breton, d'aller les chercher. Et lui les ramenait une à une dans sa gueule, sans jamais serrer sa mâchoire toute dégoulinante de bave. Ça se passait toujours bien, et j'étais trop innocent pour comprendre la terreur que j'imposais à ces pauvres oiseaux.

Un jour, fin août, rentrant d'Andernos où l'on m'avait envoyé en colonie de vacances, j'ai constaté, le cœur battant, que mes tourterelles avaient disparu. Mon grand-père les avait mangées. Nous vivions à la campagne, où l'on ne nourrit jamais les animaux pour rien : le chien pour la chasse, le chat contre les souris, les tourterelles pour améliorer l'ordinaire.

Mon père, comme tous les hommes du coin, était chasseur. Régulièrement, après le travail, il prenait son fusil et partait à bicyclette, le chien sur ses traces, « faire un lapin » ou quelques perdreaux. De temps en temps, je l'accompagnais. Deux ou trois jours plus tard, nous nous régalions. C'était une nourriture luxueuse, appréciée de tous. Il y avait là une sorte de nécessité, agrémentée d'un plaisir... dont je ne comprends plus aujourd'hui le sens, dans nos campagnes désertes. Je pense que la chasse va imploser d'elle-même, la population des chasseurs vieillit irrésistiblement, les jeunes n'assureront pas la relève.

J'ai eu moi-même le réflexe du chasseur. Il faut comprendre que, pour une population rurale, c'est là un phénomène sociologique profondément ancré. Quand j'étais petit, dès le début août, nous préparions les cartouches pour l'ouverture à la fin du mois. Tout le monde faisait ça... La campagne de ce temps-là grouillait encore de gibier. L'agriculture n'avait pas encore fichu en l'air toutes les haies, tous les bosquets. Insecticides et pesticides n'avaient pas entamé leurs ravages. Mon père lui-même a cessé de chasser au moment du remembrement, dans les années 60. À cette époque, la campagne a commencé à se comporter de manière anormale. Un faisan, par exemple, ne se tire jamais « branché » : on ne le vise qu'en vol. Mais voilà que les faisans ratés par un tir malchanceux venaient se reposer sur la branche, à deux pas du chasseur ! D'abord, nous n'y avons pas cru. Puis la vérité s'est imposée : c'étaient des faisans d'élevage. Mon père a dit :

— Dans ces conditions, il n'y a plus de sport, ça ne m'intéresse plus.

Quarante ans plus tard, au moment où j'écris ces lignes, la chasse est devenue un *ball-trap* au pigeon vivant. Bien sûr, il reste encore toute une organisation sociale, très lente à se défaire. Pour beaucoup, la chasse demeure une revanche de la campagne sur la ville. Un ultime bastion de résistance, quasi désespéré : « l'Europe » décide de tout, l'ancienne liberté apparente du paysan n'existe plus. La chasse lui semble sa dernière propriété. Sans compter les nouvelles justifications : le retour des sangliers, qui fichent les jardins et les champs sens dessus dessous, celui des loups…

Personnellement, il me serait impossible de chasser, j'ai un trop grand respect de l'animal. La vie est comme une onde qui nous traverse, nous lie les uns aux autres, nous innerve. La vie cellulaire est la même chez un lézard ou chez un humain.

Il faut savoir parvenir à un état vibratoire très apaisé pour que l'animal sauvage se sente en sécurité et vous laisse approcher. Un jour, je me suis retrouvé sur un chemin de campagne face à un campagnol. Je me suis arrêté. Il s'est arrêté. Puis il s'est avancé vers moi, jusqu'à monter sur ma chaussure… Ce jour-là est marqué d'une pierre blanche dans le fil de ma vie.

Nous ne partions jamais en vacances. Mon père possédait une moto 125 Terrot. De temps en temps, il mettait ma grande sœur à l'arrière sur le porte-bagages, moi devant, assis sur le réservoir, et nous faisions ainsi un tour dans la campagne tarnaise.

La plus grande part de l'été se déroulait sur place. Le pire moment était la sieste. Ensuite venait le goûter – du pain trempé dans un bol de vin sucré. Puis nous allions à la rivière. On se baignait sans souci dans une eau claire qui sentait la mousse et où l'on pêchait de bonnes fritures, parfois une grosse carpe au goût de vase et, à la saison, quelques anguilles mystérieusement arrivées de la mer des Sargasses…

Le dimanche après-midi, nous nous rendions parfois en famille sur les bords du Bagaz, un petit ruisseau à la mesure des enfants. L'eau était d'une pureté formidable. Avec les pierres, nous construisions un barrage et, sur le trop-plein, mon père nous installait un moulin fait de deux planchettes fixées sur un manche à balai. Ce moulin était une source de bonheur incomparable. Je me rends compte combien tout petit la nature a compté pour moi, qu'elle a été l'inspiratrice de mes jeux d'enfance.

Je me demande parfois quel rôle mes sœurs ont joué dans mon enfance. Je ne saurais le dire. J'avais une grande sœur et une petite, elles étaient là, assuraient une continuité rassurante. J'ai le vague souvenir d'avoir accompagné la plus grande et protégé la plus petite, mais sans avoir jamais été obligé, par exemple, de me battre pour défendre l'une ou l'autre. C'était un peu comme le reste : elles faisaient partie de l'univers où je grandissais, heureux et l'esprit indépendant. Mes racines familiales n'étaient sans doute pas des plus fortes. Je vivais dans un monde un peu à part. Mes projets personnels suffisaient à me combler.

Au début, ils se situaient évidemment dans la proximité immédiate. J'ai ainsi dessiné des dizaines de plans de cabane, puis de maison. Vers treize, quatorze ans, j'organisais ce que j'appelais des « chantiers » : faire un pont avec une planche sur un caniveau, redresser une clôture. J'avais ainsi installé l'électricité dans les W-C derrière la maison. C'étaient des toilettes paysannes : une cabane avec un trou dans une planche. Mes parents et mes grands-parents étaient toujours allés là avec des lampes de poche ou à pétrole. Et voilà que moi, je décidais de moderniser tout ça, avec un fil électrique et un va-et-vient dont j'étais très fier. Pourtant, ce ne fut pas une réussite. On y voyait trop ! La lampe de 60 watts se baladant dans les latrines au-dessus des mouches... Tout d'un coup, le pauvre décor était devenu sordide, mais, moi, j'avais le sentiment d'avoir apporté un sérieux confort à la maison.

J'ai des tas de souvenirs de « grands travaux ». Repeindre le vélo, par exemple, prenait une bonne semaine : il fallait le démonter, le décaper... Quand j'ai voulu jouer de la guitare, j'ai fabriqué mon instrument moi-même. En hiver pour la première neige, il me fallait absolument construire ma propre luge... Mes chantiers étaient totalement solitaires. J'avais un grand besoin d'autonomie, je bricolais sans cesse et ne m'ennuyais jamais.

Il y avait un garagiste en face de chez nous, qui me donnait toujours ses vieux roulements à billes ou des chambres à air usées. Avec trois pneus de voiture et quelques planches, on pouvait très facilement construire un radeau présentable. Je me souviens très bien de ma première navigation au fil du courant... et je peux dire qu'elle m'a valu en émotion un départ pour un tour du monde d'adulte.

On devrait passer sa vie à essayer de retrouver cette capacité de l'enfant à vivre si intensément l'instant présent. À faire un monde avec trois bouts de bois. J'ai retrouvé cela dans le désert polaire, où l'essentiel tient en très peu de chose. Dans le monde contemporain, les générations nourries à la télévision, aux consoles vidéo, aux connexions télématiques sont déconnectées de cette vérité simple. Je sais aujourd'hui que mon enfance campagnarde et modeste fut un immense privilège.

Mon père était mécontent de son sort professionnel. Passer sa vie comme tailleur à Vielmur, cela ne lui convenait pas. C'était un homme fin, brillant, qui n'avait pas eu l'occasion d'exercer ses talents. Je m'en suis rendu compte plus tard en le regardant vivre, en l'écoutant. Il avait obtenu son certificat d'études haut la main, mais sa famille n'avait pas la culture ni les moyens de le pousser plus loin. À cette époque, l'idée même de poursuivre des études n'existait pas. Mon grand-père lui avait donc dit :

– J'ai besoin de toi à l'atelier !

Pourtant, comme il travaillait bien à l'école, le curé l'avait remarqué et voulait l'envoyer au séminaire, lui offrant ainsi une formidable possibilité de promotion. Mais cette proposition ne plut pas au grand-père et, à l'âge de douze ans, mon père devint son apprenti.

Tirer l'aiguille est un métier dur. Vous êtes assis à une table toute la journée et vous faites des costumes. Mon père avait un défaut qui faisait sa qualité : il était extrêmement méticuleux. Il lui fallait soixante heures pour faire un costume ! Toute une semaine, jusqu'au samedi soir, tard, pour un seul costume qu'on allait mal lui payer !

La vie n'était pas facile. Je revois mon père me racontant :

– Ah, après la guerre, on avait du boulot à ne plus savoir qu'en faire, on se relayait la nuit avec ton grand-père, il y avait toujours une lumière allumée dans l'atelier du tailleur !

Il se tuait au travail pour pas grand-chose. Un jour, un notable était venu avec son tissu pour se faire faire un costume, et, pour confirmer sa commande, il avait sorti une liasse de billets. Pour lui, c'étaient des arrhes. Surpris et mal à l'aise devant tant d'argent exposé crûment sur la table, mon grand-père s'était écrié avec fierté :

– Mais, monsieur, le costume terminé ne vous coûtera pas autant !

En cinquante années de travail acharné, ils ne réussirent pas même à devenir propriétaires de leur atelier. Je crois savoir d'où viennent mes maladresses avec l'argent...

Bref, mon père a vécu frustré. Jeune, il était pourtant venu à Paris étudier à l'École de coupe, où il avait été reçu premier de sa promotion. Il aurait pu se faire embaucher chez un grand couturier ! Mais mon grand-père avait refusé. C'était un temps où les fils obéissaient à leur père bien après leur majorité. Il rêvait malgré tout de s'arrêter, de s'arracher à cette filiation professionnelle qui lui donnait le vertige. Il adorait l'électricité, les turbines, les barrages, les avions, l'idée qu'on se faisait alors du progrès. Il avait le certificat d'études en poche – cela représentait quelque chose –, mais aucune autre formation. Un jour, il tenta même le concours d'entrée à la gendarmerie. De nouveau, il fut reçu avec brio. Mais, à la visite médicale, on remarqua une varice au mollet, et il fut recalé. Sans quoi, j'aurais peut-être été fils de gendarme.

Mon père a tout essayé pour s'évader d'une façon ou d'une autre de sa prison, hélas ! toujours sans succès. C'était pourtant un homme brillant. Par exemple, il jouait au théâtre – à cette époque, beaucoup de troupes villageoises circulaient dans le pays. C'était aussi un bon musicien, saxophoniste à l'harmonie de Vielmur... Seulement voilà : il avait accepté de se plier à la loi de l'héritage professionnel, et cette mainmise de mon grand-père le contraria à vie. Quand il eut cinquante et un ans, son père mourut. De tailleur, il devint alors marchand de tissu. Mais il était trop tard pour changer vraiment de branche et il resta avec ses rêves inassouvis...

Du coup, mon père a légitimement transféré sur moi ses ambitions déçues. Il n'y avait aucune raison que je tombe dans le traquenard comme lui. Aussi m'interdit-il rigoureusement de devenir tailleur à mon tour. Sachant mon amour du bois et de la mécanique, il me voyait bien exercer un métier technique. Je parlais de menuiserie. En réalité, il songeait à des métiers plus modernes, plus ambitieux, quelque chose comme ingénieur, dans l'électricité par exemple ou dans l'aviation. Voilà qui lui aurait plu.

Ma mère a « débarqué » à Vielmur par hasard, pendant la guerre. Elle était née à Mulhouse, dans une famille piémontaise. Comme beaucoup d'Italiens venus en Alsace, son père était maçon. Plus précisément fumiste : il bâtissait les hautes cheminées d'usine. Quand la Seconde Guerre mondiale éclata, on mit des foules d'Alsaciens et de Lorrains dans des wagons à bestiaux, qu'on expédia au petit bonheur vers le nord, vers l'ouest, vers le sud. La famille de ma mère se retrouva dans le Sud-Ouest. Les wagons étaient lâchés les uns après les autres, au fil des gares que les trains traversaient. Ce wagon-là fut largué en gare de Vielmur-sur-Agout.

Mon grand-père maternel était un homme d'un contact facile, entreprenant. Il se mit aussitôt à organiser le ramassage des ordures, à bricoler et à construire des tas de commodités dans ce petit village du Tarn, si bien que les gens du coin l'adoptèrent. Et c'est ainsi que ma mère fit la connaissance du fils du tailleur, un jeune homme preste qui allait devenir mon père.

Ma sœur aînée naquit à la veille de la Libération. Après 1945, mes grands-parents rentrèrent en Alsace, et ma mère resta à Vielmur avec le fils du tailleur…

Elle venait d'un milieu plus flamboyant, plus détendu. Chez elle, on avait une façon de vivre plus aisée, plus ouverte, plus légère que chez mon père. Mais les tempéraments de mes parents allaient bien ensemble. Pour ma mère, s'adapter à cette vie austère fut pourtant difficile, même si nul ne l'entendit jamais se plaindre. Elle avait vingt ans à la naissance de ma grande sœur Michèle, vingt et un quand j'ai débarqué à mon tour et vingt-quatre quand arriva ma petite sœur Nicole. Ma mère a toujours eu un immense amour pour ses enfants, et elle aimait tant mon père qu'elle réussit à tenir le coup, malgré des circonstances souvent difficiles. C'était une femme solide et plutôt joviale, qui resta toujours belle.

À une époque, éprouvant le besoin d'exister par elle-même, elle s'en alla à Castres, tenir un magasin de vêtements – ce qui l'ouvrit sur le monde… mais fut aussi une raison supplémentaire de se faire du souci.

J'ai parfois l'impression d'avoir grandi dans une grande rêverie insouciante. Ce n'est que partiellement vrai. Dès le plus jeune âge, j'ai été hanté par une expression terrible : « fin de mois ». Les nôtres n'ont jamais cessé de nous mettre à l'épreuve.

Vers ma dixième année, les temps devinrent particulièrement durs. En fait, c'est aussi parce que mes parents ne parvenaient plus à nous nourrir avec le seul revenu de mon père que ma mère s'en était allée ouvrir son magasin à Castres. Alors, toute la famille l'avait suivie en ville – mais mon père continuait à travailler à Vielmur, si bien qu'il devait parcourir tous les matins, à Mobylette, les 12 kilomètres qui séparaient notre domicile de son atelier. Le soir, il rapportait sur son porte-bagages une valise en carton, où il rangeait les costumes à essayer ou à livrer. Grâce aux nouvelles relations urbaines de ma mère, il se créa peu à peu une clientèle supplémentaire à Castres. Avant de rentrer à la maison, tard le soir, il faisait la tournée des essayages à domicile. Les notables se faisaient encore habiller sur mesure…

Moi, pendant ce temps, je découvrais la ville. À neuf ans, j'étais un vrai gars de la campagne, peigné en brosse, avec de grands yeux et de grandes oreilles. L'arrivée à Castres fut un sacré virage, que je n'acceptai pas facilement. L'école était très grande et moi trop timide et sauvage pour m'y faire. Alors, je me réfugiais dans un « atelier de menuisier » que je m'étais bricolé sous la cage d'escalier. Dès que je le pouvais, le jeudi et le samedi, je retournais au village, à bicyclette, la tête enfoncée dans le guidon. Il faut dire que nos nouvelles conditions d'existence n'étaient pas vraiment drôles. La cuisine se trouvait dans l'arrière-boutique du magasin et les chambres au deuxième étage de la maison d'à côté, sans salle de bains ni eau courante.

Je grandis dans cette ambiance, à mi-chemin entre l'insouciance dans une campagne généreuse et l'extrême responsabilité dans un monde où, très jeune, on se fait déjà des soucis d'adulte. L'éducation que nous imposaient nos parents était rigoureuse. Nous devions être impeccables, toujours tirés à quatre épingles, très polis avec tout le monde. Mon père était le tailleur du village et ma mère tenait à se sentir fière de ses enfants. Si par malheur mes parents apprenaient que je n'avais pas dit bonjour à la voisine, c'était grave ! Les désobéissances se payaient parfois à coups de martinet – ce fouet à lanières en cuir que nos cuisses et nos mollets redoutaient.

En fait, comme beaucoup de pères, le mien était assez absent. Il travaillait tout le temps, écrasé par son métier. Il délégua donc sciemment son autorité à l'école et aux instituteurs. Avec ces derniers, je trouvai bientôt une structure qui allait énormément m'aider.

2
Le choix d'un métier

J'étais très sensible aux odeurs. J'adorais celle des cahiers neufs, celles du bois des crayons, de l'encre et du cuir des cartables. Je reniflais ces choses avec délectation. Quand je recevais un cahier, j'avais l'impression d'entrer dans de nouveaux murs. Le cahier neuf pour un enfant, c'est un peu comme un nouvel appartement pour un adulte. Cela générait des dispositions inédites : « Et si je me mettais à écrire penché comme les grands ? » Les premières pages des cahiers de classe sont toujours imprégnées de quelque chose de solennel, d'une remise en question chargée de la promesse d'un autre stade. Tout est là, explicite, en une page, en un instant.

Pourtant, je ne réussissais pas bien à l'école. Entré en primaire en septembre 1953, on disait de moi que j'étais rêveur, étourdi, détaché, pas assez en confiance. En CM2, j'étais clairement trop mauvais pour espérer entrer en sixième, et l'on m'orienta logiquement vers le certificat d'études primaires, la plus haute distinction scolaire atteinte au sein de ma famille. On passait deux ans dans cette classe de fin d'études, avant d'entrer en apprentissage.

Tout d'un coup, les choses devinrent plus sérieuses. L'instituteur, M. Galy, était aussi le directeur de l'école. Grand, blouse grise, le regard noir, sévère. Je reverrai toujours sa stature imposante, à laquelle nul élève ne pouvait échapper. Non seulement il était incontournable, mais son regard entrait en chacun de nous, pour secouer notre fin d'enfance indolente et tenter d'en extraire un peu de jus. M. Galy piquait parfois des colères noires. Dans ces moments-là, même le plus caïd des cancres se carapatait sous sa peur. Je me souviens d'une flambée de coups de baguette d'osier sur les cuisses, qui m'avait marqué jusqu'au sang. En arrivant à la maison, je m'étais plaint auprès de mon père, qui avait coupé court :

— Plains-toi encore une fois et tu en recevras le double !

L'instituteur avait donc les pleins pouvoirs. Que penser aujourd'hui de sa méthode ? Je suis obligé de reconnaître qu'elle me fit passer des derniers rangs aux premières places. Derrière ses coups, le maître vouait toute sa force de conviction à nous aider à croire en nous-mêmes, à prendre confiance en nos capacités et, pour beaucoup, ce fut décisif.

Au mois d'avril, avant l'examen de fin d'études, nous avions passé une matinée au centre d'orientation professionnelle, afin d'y subir des tests d'aptitude technique. Pendant une dizaine de minutes, chacun devait manipuler deux manivelles, l'une avec la main droite qui déplaçait un crayon de haut en bas et l'autre avec la main gauche qui déplaçait ce même crayon de droite à gauche – le crayon devait suivre au plus près les contours de la lettre S. J'y avais mis tout mon cœur, ce qui me valut la mention « Apte au travail manuel » et l'insigne honneur d'être orienté vers le collège technique.

Cela tombait bien, je voulais être menuisier. Malheureusement, il n'y avait plus de place dans cette section et, sans avoir rien demandé, je me retrouvai dirigé vers un CAP d'ajusteur sur métaux.

Je me rappelle le jour de la rentrée avec une précision cristalline. C'était un dimanche après-midi et je me trouvais bien seul dans la lumière blanche du soleil encore chaud de septembre. En culottes courtes, les cheveux en brosse, je devais avoir l'air d'un moineau égaré dans cette cour où je ne connaissais personne, encombré de mon lourd paquetage de pensionnaire. Des groupes se formaient, çà et là, autour d'anciens qui dégageaient une assurance que j'enviais. Le bizutage commença dès le lendemain.

– Viens ici, toi ! Mets-toi contre le mur. Avance vers moi maintenant ! De quel pied es-tu parti ?

Je n'avais pas fait attention :

– Euh... du gauche.

Vlan ! J'essuyais la première claque de la dure vie de bizut.

– Retourne contre le mur !... Allez, avance vers nous de nouveau !... De quel pied tu es parti ?

Il n'y avait pas de doute, du pied droit !

Et vlan ! deuxième claque...

Jusqu'à ce que quelqu'un me soufflât enfin que j'étais parti... du pied du mur. Ce sont des moments que l'on n'oublie pas.

Un jour, pour avoir transgressé la loi du silence et humilié un ancien, je reçus une volée à la promenade des pensionnaires. Je m'en sortais à bon compte. Pour insulte à ancien, j'aurais pu être condamné à une « torsion de testicule », à un « cul au cirage » ou à une « bite au dentifrice » – celui aux raies rouges avait une solide réputation de décapant à cet usage. Les condamnations se décidaient le soir, après 22 heures, dans le hall des toilettes du dortoir, où les forts en gueule grillaient la dernière Gauloise, après le tour de garde du pion. C'était une zone franche, où les surveillants, alertés par l'odeur des cigarettes, n'entraient qu'avec une volonté affichée de conciliation – certains pions autoritaires avaient payé trop cher d'avoir voulu interdire ces rituels nocturnes.

Les douches étaient un endroit quasiment déserté. Nous avions les ongles noirs et sentions le gasoil. Je m'en rendais compte aux effluves qui s'échappaient de mon sac quand je l'ouvrais, le samedi, en rentrant à la maison. Mes parents m'en faisaient le reproche, mais c'était devenu mon odeur, mon identité.

Au début, je pleurais le dimanche soir à l'idée de repartir dans ce « bagne ». J'y ai cependant peu à peu trouvé mes marques – et de bons amis. La pension devint ma famille, mon groupe de référence. J'existais. Je me sentais bien, fort, protégé. Quant au contenu de l'enseignement que l'on nous prodiguait, il m'allait en fait à merveille. En un sens – j'embellis un peu –, je me trouvais obligé d'accomplir à l'école ce que je rêvais de faire à la maison !

J'ai toujours eu l'amour des outils. À Castres, le mardi et le samedi, il y avait marché place de l'Albinque et j'y passais des heures à contempler les outils que vendaient les forains-quincailliers dans leurs grosses camionnettes. À la maison, j'avais mon petit établi. L'un des plus beaux cadeaux que l'on m'eût fait fut une panoplie de menuisier, même si c'était un matériel de pacotille avec lequel on ne pouvait pas entreprendre grand-chose. Je dressais des listes de vrais outils, dans le secret espoir que mon père se construisît, lui, un établi d'adulte. Je lui dessinais le panneau à outils idéal, avec toutes les pinces, toutes les clés, toutes les scies, comme chez le menuisier ou le mécanicien. Hélas ! mon père n'était pas bricoleur et se contentait d'une misérable tenaille, d'une scie aux dents mal aiguisées et d'un triste marteau sans arrache-clou.

Cet attrait pour les outils ne s'est jamais éteint. Aujourd'hui encore il m'arrive, sous un prétexte quelconque, d'aller fouiner dans une quincaillerie et d'en repartir avec de vraies machines, une meuleuse d'angle, une perceuse, une scie à chantourner… Les nouveaux outils m'inspirent toujours de nouveaux projets de construction.

Ce goût aigu du travail manuel m'aida évidemment beaucoup quand je me retrouvai au collège technique. Plein de regrets de ne pouvoir passer mon CAP de menuiserie, je m'étais donc consciencieusement mis à travailler le métal. Nos profs nous faisaient réaliser de belles pièces. Cela se passait dans une ambiance beaucoup plus professionnelle et responsable que celle que connaissaient les élèves de la filière classique supposée plus « noble ». On devient plus vite adulte dans le technique ! En quatrième, nous avions quarante heures de cours par semaine – une moitié en enseignement théorique, l'autre moitié à l'atelier. C'était un emploi du temps énorme. Toute la semaine y passait, du lundi matin au samedi après-midi. À quinze ans, nous étions réellement prêts à nous farcir les quarante heures en usine !

Sur le plan technique, il s'agissait d'une formation vraiment poussée. On nous fit ainsi construire un étau-limeur – une véritable machine-outil. D'abord, il nous fallut passer par le bureau d'études, puis, au fil des mois, par la fonderie, avant d'en arriver à l'usinage. Le processus faisait appel à différentes compétences, couvertes chacune par des professeurs spécifiques. C'était prenant et même parfois exaltant. On entend dire que d'autres pays, l'Allemagne par exemple, proposent à leur jeunesse un meilleur enseignement technique. C'est faux ; l'enseignement technique français est bon, c'est le regard que les Français portent sur cette filière qui demande à être révisé. Certains enfants s'ennuient à mourir jusqu'à seize ans sur les bancs de l'école : donnez-leur du matériel, de l'outillage, encadrez-les bien, conseillez-les avec attention et vous verrez qu'ils vont adorer ! Vieille évidence : il faut faire aimer aux gens ce qui fait l'étoffe de leur quotidien.

Au collège technique, le travail en atelier constituait le moment fort. Les profs d'atelier, tout le monde les respectait, même les voyous. Là au moins, on nous invitait à entrer dans la cour des grands. Tout le reste, l'histoire, la géographie, le français… on s'en battait l'œil.

Nous ne passions pas nos journées le cul assis sur une chaise, avec le dos qui se voûte ! Devant l'établi, on se tient debout, on lime, on fore, on scie. C'est un travail de précision, qui utilise des machines-outils pilotées d'une main attentive sous la sanction micrométrique du pied à coulisse, du palmer et d'autres appareils de mesure. Un travail physiquement crevant et responsabilisant.

Lentement, je devenais un homme. Pas dans tous les domaines ! J'ai longtemps été excessivement timide avec les filles. À l'école, au collège, je peux même dire qu'elles me paralysaient. Je les regardais beaucoup, ça oui ! Les autres en parlaient. Mais je ne savais jamais, dans leurs discours, distinguer le vrai du baratin. À les entendre, quelquefois, j'en avais le vertige. Comment diable s'y prenaient-ils pour en séduire tant et si facilement ? Moi j'étais du genre à devenir écarlate dès qu'une fille me parlait. En primaire, l'école des filles et celle des garçons formaient deux bâtiments bien séparés. Je me souviens être allé, pendant des mois, à la sortie des filles, pour y attendre ma sœur. J'y guettais toujours fébrilement une de ses amies qui me plaisait beaucoup. Je la regardais de loin. Sans jamais oser lui dire le moindre mot. J'ai connu cette timidité avec les filles jusqu'à l'âge de vingt ans. Elles étaient pour moi d'inaccessibles étoiles, que je pouvais passer des heures à contempler clandestinement, le cœur battant. Paralysé. Totalement innocent.

Intimidé en amour, je me rattrapais sur les stades. Au collège, je découvris le rugby. Une révélation. Ce jeu merveilleux me donna confiance en moi. Au début, nous ne jouions qu'à la récréation, avec un ballon de fortune, fait d'une boule de papier emmaillotée d'élastiques. Puis l'aventure devint officielle. Je m'inscrivis au Castres olympique, comme demi de mêlée – un poste sur mesure pour mon mètre soixante-huit. Embusqué et protégé derrière les grands, je devais déployer et distribuer le jeu…

Très vite, ce sport me plut. Tout m'y ravissait. L'odeur du ballon en cuir. Celle de l'huile de camphre qu'on se passait sur les cuisses. Le bruit des crampons métalliques dans les vestiaires. Et l'esprit d'équipe, même si, en dehors du stade, je ne fréquentais pratiquement aucun de mes coéquipiers : après les matchs, ils aimaient partir en groupe, semer la pagaille en ville, dévalisant cafés et pâtisseries, ce qui me déplaisait royalement. Nous partions jouer à Carmaux, à Albi, à Graulhet, à Mazamet, à Toulouse…

Sur le stade, tout se passait bien, mais, en fin de match, il m'arrivait souvent de souffrir de violentes migraines. Pour régler ce problème, le médecin responsable ne trouva rien de mieux que de m'interdire de jouer. La mort dans l'âme, je dus me soumettre à son verdict. Ma modeste carrière de rugbyman s'arrêta là. Ce fut un chagrin terrible… Tout cela pour des migraines ophtalmiques mal diagnostiquées.

À la fin de la seconde année d'enseignement technique, on m'orienta vers la petite élite du collège qui allait préparer le bac technique. Combien j'en fus fier! Le bac! Tout s'ouvrait devant moi. Une nouvelle façon de penser ma vie.

J'entrai donc en seconde TM (technique mathématique). Une classe d'une vingtaine d'élèves, qui bénéficiaient de toutes les libertés accordées à des adultes : on nous considérait quasiment comme de futurs ingénieurs. Le temps d'atelier devint la part congrue de notre emploi du temps. Fini les heures de lime, d'étau-limeur ou de fraiseuse. L'usinage des pièces de précision demande une concentration sans relâche qui me jouait parfois des tours : on peut toujours revenir plusieurs fois sur un calcul, alors que l'usinage de précision est un geste à sens unique; au-delà de la cote, la pièce est bonne pour la poubelle. Je préférais nettement cette nouvelle orientation vers le bureau d'études (mot magique) et la table à dessin. J'aimais beaucoup la technologie de construction, sorte de jeu de mécanique où l'on nous demandait, par exemple, de transformer un mouvement rotatoire en un déplacement longitudinal dans un champ de contraintes données. C'était extrêmement plaisant.

Mais, libérés par la perspective du bac, d'autres forces, d'autres besoins, jusque-là réprimés, commençaient à s'exprimer en moi. Mes projections sur l'avenir refusaient soudain de se limiter au seul domaine technique, fût-il très qualifié. Avec une assurance naissante et quelques idéaux encore mal formulés, je souhaitais m'impliquer dans une activité plus sociale, plus proche des préoccupations humaines. L'amour de la nature reprenait aussi ses droits.

Que faire ? Architecte ? Ingénieur des Eaux et Forêts ? Vétérinaire ? Médecin ? Il est si difficile de choisir un métier. Finalement, le choix pour la médecine allait peu à peu s'imposer à moi comme un bon compromis entre la biologie et le social, entre le goût pour la précision de l'agencement des fonctions vitales et la satisfaction de servir la condition humaine. Avec cette foi au ventre, j'allais définitivement quitter l'enseignement technique pour un bac mathélem, au collège Jean-Jaurès. Retour à Castres. Fini l'internat. J'allais à nouveau habiter chez mes parents quelque temps...

À mesure que le temps passait dans cette terminale, mon désir de faire médecine se confirmait. Mon père, lui, ne comprenait pas pourquoi j'avais abandonné la filière technique. Il n'aimait pas ma nouvelle orientation. Aussi se mit-il à accumuler des informations négatives.

Revenant de l'essayage d'un costume chez un avocat qu'il habillait, il me disait :

– Tu sais, j'en ai parlé avec Me B. Il m'a demandé : « Est-ce que votre fils a fait du latin et du grec ? Non ? Ah, il a fait technique ! Malheureux, il n'y arrivera jamais ! »

Avec un autre client radiologue, même scénario :

– J'en ai parlé au Dr L., il m'a dit que l'âge d'or de la médecine était bien fini !

Mon père voulait vraiment me décourager. La durée des études le préoccupait, mais surtout il acceptait mal l'idée qu'il y ait un médecin dans la famille, une infidélité au rang social de la lignée paternelle auquel mon père n'avait pas dérogé – bien contre son gré !

Heureusement, je réussis à décrocher une bourse et même la promesse d'une chambre à la cité universitaire. Mes études ne coûteraient rien à mes parents, j'en faisais un point d'honneur. C'est donc sans la moindre mauvaise conscience que j'entrai à la faculté de médecine de Toulouse, en octobre 1966. D'autant plus fier que ce choix était du goût de ma mère.

3
La rencontre d'un maître

Il est des jours qui vous marquent pour la vie. Mon entrée à l'université est de ceux-là. Pour la majorité d'entre nous, qui n'étions pas de Toulouse, l'euphorie de devenir étudiant se mêlait à l'excitation de changer de vie, de ville, de chambre, de lieux de rendez-vous… Le sentiment d'accéder enfin à une liberté d'adulte, à la responsabilité qu'elle suppose. Devoir se prendre en main sur tous les plans apporte à l'étudiant un souffle que la scolarité a trop longtemps retenu. Comme la germination d'une graine en dormance. Aussi, en pénétrant pour la première fois dans le grand amphithéâtre de la faculté de médecine de Toulouse, pavoisée des bustes de savants qui ont fait la grandeur des thérapeutes de Navarre, je ressentis avec émoi et solennité que j'entrais enfin dans le plein exercice de ma vie.

J'étais intimidé par le poids de l'institution. En haut des marches, je me demandais d'abord où j'allais pouvoir m'asseoir. Le choix de la place est un moment important – l'expérience prouve que, par la suite, on revient presque toujours à cette même place ! Certains étaient déjà installés aux premiers rangs. Les fesses appuyées contre leurs tables, tournant le dos à la chaire, ils regardaient arriver la foule avec une assurance qui me rendait jaloux. Ils avaient l'air au courant, eux. Au courant de quoi ? Je ne savais pas, justement !

Après quelques lenteurs et hésitations, dans un brouhaha de rentrée, le silence ne tomba finalement que lorsqu'un professeur apparut, tout là-bas, au fond de l'amphi, la démarche décidée, le visage sévère, le sourire court et contenu. C'était notre première heure de cours. Il prononça le premier discours. Ce fut abrupt :

– Chers étudiants, vous entreprenez des études qui seront longues et difficiles. Seulement un tiers d'entre vous deviendra médecin. Les autres auront perdu leur temps.

Sur quoi, sans transition, il commença à débiter son cours, à cette vitesse légendaire qui doit faire pardonner aux médecins leurs illisibles ordonnances.

Aucune éloquence sur la grandeur ni sur les servitudes du métier que nous avions choisi pour la vie. Nulle considération philosophique, ni politique, ni *a fortiori* spirituelle. Une absence totale de chaleur ou de lyrisme. Rien. Rien que ce couperet. Faiblesse d'une culture. Vacuité d'une « civilisation ». Nous entrions dans l'univers des adultes, et ils se comportaient comme des douaniers bureaucratiques et fâchés, gardant jalousement une frontière. Leur message ? À chacun de puiser ses forces dans ses propres convictions, à supposer qu'elles soient déjà forgées. Et chacun pour soi !

Ce genre d'accueil réfrigérant est une expérience que j'ai revécue, il y a peu de temps, quand je me suis inscrit en maîtrise d'océanographie. Le professeur qui accueillait la centaine d'élèves présents a commencé son introduction par de pareilles ruades de mise en garde sur l'« inavenir » de sa science. Trente ans s'étaient écoulés et rien n'avait changé – on aurait même dit que c'était devenu pis ! Personnellement, j'étais là pour le pur plaisir des connaissances, mais quelle séance de mal de mer pour ceux qui avaient choisi l'océanographie comme futur royaume professionnel ! Cette foncière inhospitalité m'a mis en colère et je ne suis plus retourné en cours. J'ai étudié l'océanographie dans les livres, en général très bien écrits, par les mêmes professeurs d'ailleurs. Avec du recul, j'ai compris que cet enseignant parlait en fait de l'océanographie à l'aune des difficultés de sa propre carrière, comme s'il s'interdisait de nous faire aimer sa science par crainte de nous faire miroiter un faux avenir. Mais, dans son enseignement, le maître doit rester maître – ni père ni citoyen. Éduquer, c'est apporter des explications à des choses ressenties, éprouvées, connectées à l'existence. Éduquer, c'est transmettre les mots et l'amour de sa science, pour nourrir le goût du savoir. À chacun ensuite de faire sa route. La vie ne demande qu'à être aimée pour être réussie.

À la faculté de médecine, les cours m'ennuyèrent vite affreusement. Je me rappelle le Pr Thomas comme l'un des rares dont l'enseignement donnait l'impression de vraiment nourrir son auditoire. Les autres ne faisaient guère que lire leur cours polycopié d'une voix monocorde. Pour le reste, mes débuts de carabin toulousain ne furent pas franchement enthousiastes. Mon niveau de vie était on ne peut plus frugal : cité universitaire, resto-U, petits boulots. Je n'avais pas un centime en poche et cela influait assez pesamment sur mon existence. Il fallait jouer serré, même si je ne m'en plaignais pas. Au contraire : je ressentais comme un privilège d'avoir accès à des études universitaires. Mais, bon… Quand je me payais un café dans un bistrot, je savais que c'était LE café de la semaine.

Le salut me vint par la 2 CV. L'été qui suivit ma première année de médecine – à l'issue de ce qu'on appelait alors le CPEM – je me fis embaucher par mon grand-père d'Alsace, celui qui était maçon. Avec le salaire qu'il me versa, je pus m'acheter une vieille 2 CV Citroën. De ce jour, ma vie commença à changer. Je me mis à faire le taxi, tous les week-ends, entre Castres et Toulouse, prenant à chaque voyage deux ou trois copains que je me faisais un devoir de déposer chacun devant la porte de son domicile, en échange d'une contribution qui, au total, me payait l'essence pour la semaine.

À la fin de la deuxième année de médecine, nous nous apprêtions à rejouer, à notre tour et une fois de plus, notre future carrière au concours d'externe des hôpitaux. Les lauréats auraient une formation médicale suivie ; les autres, moins encadrés, devraient se débrouiller par eux-mêmes. Mais, à quelques semaines de nos examens, le raz de marée de Mai 68 jeta par terre tous ces principes, balayant d'un seul coup routines et traditions d'autonomination familiale à ces postes recherchés.

Du jour au lendemain, le joli mois de mai nous emporta.

Du jour au lendemain, nous vîmes surgir et monter à la tribune des étudiants qui, jusque-là, étaient restés très réservés – absents de tous les gras chahuts de carabins... mais familiers sans doute de ces ruches estudiantines qu'étaient la Mnef, l'Unef et autres officines où nous allions acheter nos cours polycopiés. J'ignorais résolument toute l'immense culture politique qui mûrissait à l'ombre de ces sigles et qui, soudain, s'étalait sous nos yeux. Ces étudiants « révolutionnaires » semblaient s'être préparés aux événements de mai depuis leur naissance ! Non seulement le mouvement ne les prenait pas au dépourvu, mais, en chaire, ces anonymes se révélaient de vrais tribuns !

Moi qui, jusqu'à ce jour, n'avais été qu'un contestataire silencieux, je me vis rejoindre avec enthousiasme le camp de la Révolution. Voilà que je participais à présent au maximum de réunions possible, occupais le grand amphi, allais à Castres pour rameuter les copains qui avaient quitté le front, ou qui ne l'avaient jamais rejoint...

Je prêtais ma vieille 2 CV pour emmener un piquet de grève à l'entrée d'une usine qui ne jouait pas le jeu de cette révolution travailleurs-étudiants-solidaires. Ça chauffait d'autant plus qu'il faisait, climatiquement, très chaud. Nous attendions les consignes en buvant des bières et en mangeant des sandwichs dans des amphis enlisés sous les tracts et les papiers gras.

Après quelques jours, le mouvement se structura et nous nous mîmes à tenir des réunions par thème de réflexion.

Du travail sérieux.

Jusqu'à une nuit où, la réunion s'éternisant jusqu'à l'aube, je me rendis compte que j'étais en train de tricher.

Cela faisait trois semaines que nous occupions le grand amphi. Les deux thèmes à l'ordre du jour étaient : « Autogestion de l'université » et « Pour ou contre l'existence d'un doyen ». Heureusement que des internes et quelques chefs de clinique étaient là pour guider un peu le débat, mais personne ne semblait vraiment pouvoir apporter un éclairage sur les vrais enjeux. Je sentais que l'on commençait à s'enliser. Ce soir-là, au bout de ma sueur, je jetai l'éponge. En réalité, je me moquais de ces questions comme d'une guigne – je ne savais même pas ce qu'était un doyen ! Et tout d'un coup, je vis d'un œil féroce cette trentaine d'étudiants ultra-sérieux, en train de singer une discussion d'adultes. Et tout s'effondra à l'intérieur de moi.

Bien sûr, je savais que le sentiment premier qui m'avait poussé à rejoindre les contestataires s'enracinait dans une révolte réelle contre un véritable conservatisme et contre une injustice sociale flagrante. Mais la forme politique à laquelle nous aboutissions m'était en réalité étrangère.

Ma soif d'engagement concret s'en trouva – curieusement – exacerbée. L'été arrivait, il fallait trouver un travail pour la période des vacances. Le lendemain matin, je rentrai à Castres, enfilai le dernier costume que m'avait cousu mon père et, encravaté comme un jour de mariage, me rendis à l'hôtel-Dieu, à la recherche d'un stage hospitalier, même bénévole.

Trouver un job pour les vacances était une démarche normale. Mais je cherchais autre chose. Je voulais trouver une utilité à ma vie.

Des années après, le Dr Guibé me parlerait en riant de l'étrange vision qu'il eut ce matin-là quand, en plein chambardement soixante-huitard, un jeune étudiant en costard-cravate vint soudain lui demander si l'on voulait bien de lui à une tâche quelconque.

C'était le chirurgien de l'hôpital. Un homme de trente-trois ans que le destin plaçait miraculeusement sur mon chemin. J'allais apprendre qu'il venait de Paris, où il était chef de clinique, à quelques semaines de passer l'agrégation d'anatomie. Pour des raisons personnelles, il s'était brusquement fâché avec son milieu et, sur un coup de tête, avait décidé de rompre les amarres. Il avait donc consulté la *Semaine des hôpitaux* et, sans hésiter, s'était rué sur la première petite annonce venue : « Hôpital de Castres – cherche chirurgien chef de service – plein temps. » Il avait débarqué séance tenante dans le Tarn, abandonnant une carrière parisienne prometteuse.

Tel était le médecin que je venais de rencontrer ce matin-là. Un homme très exigeant, précis, méticuleux, mais aussi anxieux, colérique même, devant qui tout le personnel du bloc opératoire tremblait. Sur le plan chirurgical, un champion. Il me regarda un instant dans mon beau costume et dit :

— Si cela vous intéresse, vous pouvez assister aux interventions que je fais tous les matins.

À partir de ce moment, je fus là à l'aube tous les jours, en blouse blanche, à me tendre discrètement sur la pointe des pieds pour essayer de voir quelque chose sans déranger personne. C'est impressionnant, l'ambiance chirurgicale. Même en spectateur. La marge de manœuvre est faible. On a le sentiment que l'on peut très vite faire une bêtise. Au début, je m'acquittais de menus travaux, mais avec tant d'assiduité qu'un jour, alors que les interventions de la matinée étaient terminées et qu'un homme, sérieusement blessé à la main, était arrivé aux urgences, le Dr Guibé me demanda de m'habiller pour l'aider, car l'interne s'était absenté.

Je n'en revenais pas. D'autant que s'habiller en chirurgie ne signifie pas enfiler à la hâte sa blouse et ses gants – même sous prétexte d'urgence. D'ailleurs on ne s'habille pas, dans ce métier. Comme dans la tauromachie : on vous habille. En l'occurrence d'un ensemble stérile de la tête aux pieds, en suivant un protocole très strict, de telle manière que l'on ne touche jamais l'extérieur de la blouse ou des gants, qui doivent rester absolument stériles.

Le chirurgien, qui avait déjà préparé l'intervention, commençait à s'impatienter :

— Allez, venez ici maintenant, faites attention de ne rien toucher et asseyez-vous là en face de moi.

Même s'asseoir est un geste que l'on ne peut faire seul en chirurgie, car les gants doivent rester stériles. Il faut vite prendre ce réflexe de ne toucher à rien hors du champ opératoire.

— Prenez cet écarteur, me dit le patron, écartez un peu plus, ne tirez pas trop, épongez, tenez cette pince, soulevez légèrement…

Mon esprit était intégralement absorbé par cette minuscule fenêtre ouverte sur la main d'un inconnu. Sur cette main blessée, je retrouvais la jouissance de l'usage de mes doigts. Sous le faisceau vert du scialytique, je sentais que j'étais en train de me construire, que toutes mes cordes se bandaient vers un même but.

Ce fut l'un des moments inoubliables de ma vie. Ayant tout juste franchi les deux premières années de médecine, j'en étais soudain convaincu : j'allais devenir chirurgien. J'avais vingt-deux ans !

Au fil des jours, le chirurgien me demanda de plus en plus souvent de l'assister. Toutes mes attentes trouvaient leur place dans ce bloc opératoire de l'hôtel-Dieu : la concentration et la précision du geste, l'ambiance d'un travail en équipe et la découverte d'une science dont la finalité se passe du verbe. À sa manière, exigeante, rigoureuse, cultivée, le Dr Guibé s'imposait comme un maître. J'allais le suivre pendant quatre ans. Ce qui est rassurant dans l'existence, c'est que l'alchimie des passions est imprévisible.

L'os est une matière dont le travail se rapproche beaucoup de celui du bois : scie, plaque, marteau, ciseau, vis, taraud, broche, davier… Je retrouvais des outils et des gestes qui m'étaient familiers. Au bout d'un certain temps, j'allais même jusqu'à faire des suggestions techniques au chirurgien, qui m'écoutait avec attention – ce qui décuplait mon plaisir d'être à ses côtés. Je me voyais merveilleusement bien devenant chirurgien orthopédiste, maître d'œuvre en charpente et mobilité du corps.

Bientôt, alors que je n'étais encore qu'externe, ma vie entière se passa à l'hôpital – où l'on m'avait offert une petite chambre et la gratuité des repas. Que demander de plus? En contrepartie de mon omniprésence, la surveillante du bloc opératoire voulait me faire obtenir le salaire d'un aide-soignant à mi-temps, mais j'avais refusé. Je ne voulais pas perdre la liberté de n'être là que par plaisir. Pour gagner le minimum dont j'avais besoin pour vivre, je faisais régulièrement des aides opératoires dans une clinique des alentours. La vie m'allait bien. Mes besoins étaient minimes et j'avais de bons amis. À Toulouse, où je me rendais de moins en moins souvent, mon ami Renaud Alran m'avait offert d'occuper une chambre de l'appartement que ses parents louaient pour ses études : à charge pour moi de le rembourser plus tard.

Dès cette troisième année de médecine, j'abandonnai pratiquement les cours à la fac. J'étudiais sur le terrain et dans les livres.

Une seule chose occupait mon esprit : devenir chirurgien. Mais pour cela, il fallait franchir un gros obstacle : le très sélectif concours d'internat des hôpitaux. Le Dr Guibé me pressait pour que je m'y attelle le plus tôt possible, mais je préférais la pratique. Trop, d'ailleurs, beaucoup trop. J'avais décidément du mal à me concentrer sur des études théoriques. Pourtant, poussé par la nécessité, à la fin de la cinquième année, en pleine canicule d'août, je décidai de plonger dans le fameux tunnel de la préparation au concours.

Il s'agissait de s'entraîner à répondre à deux cent trente questions, réparties entre médecine, chirurgie, biologie et anatomie. Un gros morceau, à digérer en quelques mois. Le premier des quatre concours auxquels je m'étais inscrit se déroulait en décembre. Je travaillais dix heures par jour, à la cadence soutenue d'un métronome bien remonté. Je ne soufflais que le dimanche après-midi. Les débuts furent physiquement pénibles et moralement déprimants. Rester assis aussi longtemps fut un calvaire. Mon dos me faisait quotidiennement souffrir. Mais le plus dur fut de remuer la mémoire qui manquait de fertilité et de souplesse.

Les résultats du premier concours (celui de Marseille) étaient attendus à la fin du premier trimestre. Je me retrouvais à quelques places de la liste des suppléants. J'avais manqué mon but de très peu, c'était encourageant. Des concours de Bordeaux et de Toulouse, je n'attendais rien. Restait celui de Montpellier, où les épreuves, me semblait-il, s'étaient bien passées…

C'était sans compter avec un « 2 sur 20 » assassin en chirurgie, sur la question : traumatismes thoraciques…

Je n'ai jamais revu la copie, mais pour mériter une note si légère, je suppose avoir commis une abomination thérapeutique lourde de conséquences.

Après enquête, je m'aperçus qu'une faute capitale expliquait l'essentiel de mon échec : je n'avais pratiquement jamais assisté aux conférences d'internat. Les bonnes conférences étaient privées, inaccessibles. Celles organisées à l'hôpital par des internes bénévoles étaient trop encombrées pour être efficaces et j'avais l'impression d'y perdre mon temps. Mais, au-delà des connaissances, j'y aurais au moins appris à rédiger un devoir. C'était ainsi, à l'époque : un sujet libellé « Diagnostic et traitement du cancer du poumon » ne se rédigeait pas du tout dans le même style que, par exemple, une copie sur « Formes cliniques du cancer du poumon ». Dans les deux cas, tout devait être dit, mais selon un éclairage différent. La façon de présenter les choses changeait, et cela ne pouvait s'improviser. Ces effets de style ont maintenant disparu, remplacés par les QCM (questionnaires à choix multiples) où l'on coche simplement la bonne réponse.

De toute façon, mis à part les très bons élèves, il était rare de réussir l'internat la première année. Mon échec n'était donc pas dramatique. Mais la perspective d'avoir à recommencer ce bachotage ne m'enchantait guère. Pour assurer le minimum, j'avais passé, en parallèle, l'internat des hôpitaux régionaux, plus facile, et j'avais pu revenir à Castres, dans le service du Dr Guibé. Désormais interne, je me mis à opérer tous les jours – la plupart du temps sous la supervision du Dr Guibé; parfois seul, pour de petites interventions. Mais de nouveau se profilait devant moi l'Himalaya de l'internat. Et Guibé me le répétait :

– Sans le concours de CHU, Étienne, vous ne pourrez jamais pratiquer la chirurgie.

Je n'eus pas le courage de recommencer.

J'avais clairement mis la charrue avant les bœufs.

Mais ma lassitude anticipée, face à la perspective d'un nouveau concours d'internat, ne fut pas la seule raison de mon brusque changement de cap. Du fond de moi, d'autres désirs – longtemps réprimés – sortaient de l'oubli : une grande envie de mouvement, de voyage, un besoin d'insouciance, et de respirer, de découvrir, de partir à l'aventure. Je souffris beaucoup, par la suite, de cet échec et de ma décision de renoncer. Pendant longtemps l'odeur de l'éther allait me rendre terriblement nostalgique.

4
Par amour pour la montagne

Comme si l'esprit d'un isard ou d'un aigle était venu se réfugier en moi, beaucoup de rêves éveillés de mon enfance se passaient en montagne. Je n'y étais pourtant jamais allé. Mais, très jeune, je me mis à « penser montagne ». À en rêver.

À douze ans, avant même d'en avoir vu le moindre sommet, le massif du Mont-Blanc n'avait plus de secrets pour moi. Sur une photo panoramique de la chaîne que j'avais collée au mur de ma chambre, j'avais appris par cœur le nom de tous les sommets et de tous les glaciers depuis l'aiguille du Tour jusqu'à l'aiguille de Bionnassay.

Vers quinze ans, interne au collège technique de Mazamet, j'entendis clairement l'appel de la montagne. Pour la première fois je me mis à lire. *Premier de cordée* de Frison-Roche a longtemps alourdi la poche de ma blouse de pensionnaire.

Pour un enfant du Tarn, le mot montagne signifiait Pyrénées. Rassemblant mon courage, j'avais écrit au maire de Gavarnie pour lui demander s'il n'avait pas, dans sa haute vallée pyrénéenne, un travail à proposer à un jeune. Le maire me répondit gentiment et m'encouragea à terminer d'abord ma formation professionnelle. Les fenêtres de notre étude donnaient sur la Montagne Noire; je passais des heures à la contempler en rêvant.

Les premiers francs que j'ai gagnés, je les ai consacrés à des chaussures d'alpinisme. Un modèle prestigieux : des Gaston Rébuffat. Cela se passait pendant les grandes vacances. L'Institut géographique national recrutait des jeunes pour jalonner le tracé de cartes d'état-major et j'avais réussi à me faire embaucher. Le cartographe installait sa tablette en haut d'une colline, à l'ombre d'un arbre ou d'un parasol. Derrière sa lunette, il visait le jalon vertical que j'étais chargé de tenir à distance, bien immobile et droit, tout au long d'une courbe de niveau. Cette mission me valut mon premier salaire. Et mes premières chaussures de montagnard.

Plus tard, je reçus en cadeau un sac de couchage. Je ne pensais plus qu'à l'utiliser pour une expédition. J'ai récemment retrouvé dans le grenier de mes parents des listes entières, rédigées à l'époque, de « matériel nécessaire pour aller camper en montagne l'hiver », alors que je n'y avais encore jamais mis les pieds.

La nature m'invitait et me défiait tout à la fois. Il fallait absolument trouver comment lui répondre. Cela pouvait prendre mille formes : de longues marches avec un sac à dos bien rempli, l'édification d'un camp, la construction d'une table avec des rondins et de la cordelette... La cabane de trappeur canadien faisait intimement partie de mes rêves.

Rétrospectivement, je me rends compte que l'essentiel de ce qui allait me pousser plus tard vers les pôles m'habitait déjà. Ce dont j'avais besoin, c'était d'une expérience qui m'ouvre la poitrine, le cœur, en me confrontant aux éléments naturels dans leur rude vérité. Cet élan me remuait si profondément qu'il en devenait indicible, impossible à partager. Prévoir, structurer, mesurer, je manifestais un goût précoce pour la logistique et l'organisation.

Au début des années 60, partir skier en montagne était encore un luxe de riches. Pour tenter de satisfaire ces envies, que je partageais avec mes sœurs, mes parents se lançaient parfois dans d'audacieuses randonnées : à bord de la 4 CV Renault que mon père avait fini par acheter, ils nous emmenaient, le dimanche, au pic de Nore, à une quarantaine de kilomètres de Castres.

En hiver, ce sommet rond de 1 200 mètres est couvert de neige. Nous quittions la maison de bonne heure, généralement sous un ciel plombé, et, passé les lourds sapins de la Montagne Noire, nous commencions à grimper dans le brouillard, espérant que les chaînes dont nous avions équipé nos pneus tiendraient le coup. Dans la voiture, nous chantions à tue-tête – mes parents ont toujours beaucoup aimé chanter. Lentement, nous montions dans la brume. Parfois, traversant le plafond comme par enchantement, nous débouchions brusquement dans le grand bleu hivernal.

Que c'était beau !

Les sapins couverts de givre, les stalactites de glace pleurant des rochers ou des toits de bergeries, j'étais transporté, sous l'emprise de sensations himalayennes ! Puis sans tarder, avec des skis « faits maison » (avec l'aide du voisin menuisier) ficelés à mes chaussures à clous, je me lançais hardiment dans la forêt en contrebas de la route. Je passais le plus clair de mon temps englouti sous la neige, mes « planches » coincées sous les racines des arbres. Mais le soir, lorsque nous redescendions vers Castres, courbatus et mouillés, j'avais le sentiment d'avoir accompli une grande action.

Un jour, l'expédition fut poussée d'un cran. Les affaires de mes parents avaient-elles moins mal marché que d'habitude cette année-là ? Toujours est-il qu'un dimanche, nous partîmes jusqu'à Ax-les-Thermes, en Ariège. La 4 CV roula jusqu'au pied du téléphérique, où s'allongeait une file d'attente impressionnante. Nous nous extirpâmes tous les cinq de la minuscule voiture.

Pour affronter ces hautes altitudes, mon père et ma mère avaient revêtu leurs manteaux de ville et chaussé leurs grosses bottes de caoutchouc. Mes sœurs s'étaient débrouillées du mieux qu'elles avaient pu avec leurs vêtements d'hiver. Et soudain, pour la première fois de ma vie, je nous vis : l'allure misérable. Ce fut très pénible. J'avais grandi. Mes yeux étaient devenus cruels. Le simple fait de devoir payer le téléphérique pour grimper jusqu'à la piste du Saquet représentait un gros effort financier pour mes parents. Dans la queue devant ce téléphérique, il y avait des gens de Carcassonne, de Toulouse, d'Albi… Ils parlaient à voix haute, avec leurs visages bronzés et leurs anoraks à la mode. Nous nous trouvions dans l'une des stations les plus chics de l'époque. Et moi, je me sentais honteux.

J'avais seize ans. Le spectacle de notre pauvreté éclipsa en une seconde tout mon plaisir, me laissant en proie à un sentiment d'injustice que je n'avais encore jamais connu. Tout le poids du décalage entre les couches sociales me tombait brusquement sur la tête. Par bonheur, la montagne balaya vite mon malaise – et je me souviens même, quarante ans après, d'une journée magnifique.

Ce n'est qu'à vingt-cinq ans, la dernière année de mes études, que j'ai réellement commencé à grimper. Après un quart de siècle de rêve, il était temps de passer à la pratique ! Au début de l'été, un copain de fac de Saint-Gaudens proposa de m'emmener faire l'ascension du pic d'Aneto, 3 404 mètres, le point culminant des Pyrénées.

Avec lui j'avais souvent parlé de montagne… et je dus lui avouer mon inexpérience.

— Ne t'inquiète pas, me dit-il, ce n'est pas un sommet difficile.

Après une longue marche d'approche, nous attaquâmes les premières pentes. Je n'avais qu'à poser mes pas dans les traces de mon copain. Je n'étais pas entraîné et soufflais comme une locomotive. La pente devint plus raide, la neige plus dure, avec quelques plaques de glace. Par précaution, mon copain me fit chausser les crampons et me tendit la corde. Mon cœur se mit à battre. Un geste d'alpiniste ! Je répondais enfin à l'appel.

Pendant mon année d'internat, je m'inscrivis au club alpin de Mazamet. Avec une équipe de bons grimpeurs nous allions passer les dimanches au Caroux, un beau massif granitique du parc du Haut-Languedoc. Mois après mois, je découvrais la pratique de l'escalade en paroi. J'entrais en communion avec la verticalité. Une école exigeante et complète, qui vous fait travailler la souplesse et la résistance, mais aussi l'esthétique, la capacité de prendre possession d'un espace par le mouvement. J'appris à « lire une paroi ».

Cette même équipe de copains me fit peu à peu découvrir d'autres massifs, la haute montagne, le plaisir de l'arrivée au refuge, les nuits de bivouac sur une vire, dans le silence du vide, face au ciel qui prend feu au crépuscule.

Mes héros, enlisés sous des années d'études acharnées, refirent surface : Lionel Terray, Louis Lachenal, Gaston Rébuffat, Walter Bonatti... Tous ces hommes qui avaient si magnifiquement réalisé leur existence me parlèrent de nouveau. Et j'eus bientôt le sentiment que je n'allais pas pouvoir me satisfaire d'escalades de vacances. Plus que jamais monta en moi le désir de « me fondre dans la montagne ». À la façon évoquée par Lionel Terray lorsqu'il raconte dans *les Conquérants de l'inutile* qu'il tient une ferme à Chamonix : le soir, il trait les vaches; puis il monte en refuge; le lendemain, il fait une course en montagne; et, deux jours plus tard, il ramasse le foin. J'étais fasciné par cette harmonie. J'appelais cela ma « mythologie de la montagne ». C'était la vie idéale que je m'étais déjà imaginée vers treize ou quatorze ans. Et je m'apercevais, étonné, que ce rêve ne s'était pas fané. Mieux : qu'il était réalisable.

Je pris alors une « folle » décision.

Mon stage d'interne à l'hôpital de Castres touchait à sa fin. Il me fallait opter pour une suite. Je venais de rater une première série de concours d'internat de CHU – la voie royale – et la perspective de devoir les repasser m'était tout de suite apparue comme un cauchemar. Je n'avais plus la force de m'imposer un nouveau marathon de bachotage. Je sentais irrémédiablement s'éloigner de moi la chirurgie, qui m'avait pourtant ouvert à la vie avec tellement d'énergie et de passion. Je ne pouvais faire autrement que d'aller voir ailleurs. Je n'avais ni poste fixe, ni cabinet, ni foyer. Le savoir-faire acquis à l'hôpital était déjà un bel outil pour sillonner le monde. Et brusquement, mon choix se fit dans une direction totalement inattendue : je décidai d'aller à Grenoble, faire une spécialité de radiologie.

L'équipe de l'hôpital de Castres en fut abasourdie.

Le Dr Guibé fut extrêmement surpris lui aussi, peut-être déçu, mais il n'avait jamais cherché à m'influencer et respecta mon choix. Ma décision était prise. Je quittai Castres sans me retourner.

Dans la fraîcheur transparente d'octobre, sous le soleil éclatant sur les falaises du Vercors, je me présentai à l'hôpital de La Tronche, au service du Pr Gendre qui, sous réserve de l'issue de notre entretien, m'avait accepté en première année de spécialité dans son service de radiologie. Ancien officier de Santé navale, il s'exprimait comme à bord d'un navire, de la voix et du geste, autoritaire et humain à la fois. Il commenta d'abord mon choix d'un ton perplexe :

— Dites-moi, cher monsieur Étienne, pourquoi radiologie et pourquoi Grenoble ?

Cela n'avait pas été une décision facile. Hormis la chirurgie, aucune autre spécialité ne m'enthousiasmait, même pas l'ORL ou l'ophtalmologie, où le geste chirurgical reste pourtant une indication fréquente. Quant aux trois mois d'été de remplacement en médecine générale que j'avais passés dans différents cabinets du Sud-Ouest, ils ne m'avaient guère incité à « visser ma plaque » et à m'installer. En revanche, la radiologie était une spécialité qui m'assurerait une vie professionnelle tranquille : absence de garde et neutralité thérapeutique. L'antithèse absolue de l'engagement que j'avais connu en chirurgie. Et pourquoi Grenoble ? Pour la bonne et simple raison que je mettrais à profit mon temps libre pour m'adonner à la montagne.

À ma grande surprise, le Pr Gendre comprit ma motivation et m'accepta séance tenante dans son service :

– Eh bien, d'accord ! lança-t-il, rendez-vous demain matin à 9 heures !

Cette décision ne lui coûtait à vrai dire pas grand-chose : il n'avait aucun budget pour les étudiants en première année de spécialité. Nous étions un personnel idéal, notre statut nous donnait juste le droit de travailler beaucoup, sans être payés.

Ma pratique de la montagne prit une vitesse de croisière. Je ne m'arrêtais plus – l'hôpital servant juste de musique de fond à ce qui était en train de devenir mon activité principale. Je m'engageais progressivement dans des courses plus ardues, plus verticales. Avec assiduité, je prenais de l'assurance.

Je faisais un bon second. Rapide, pas râleur, capable de porter un gros sac, j'arrivais à récupérer pratiquement tous les « clous » – c'était un exercice fatigant que d'arracher, pendu au bout d'une corde, à l'aide d'un marteau, les pitons que le premier de cordée enfonçait dans les fissures de la roche pour s'assurer.

Dans les passages plus faciles, mon compagnon me laissait parfois passer en tête. J'attaquais toujours la longueur avec appréhension. Quand on ne se sent plus assuré en bout de corde, au début, on a la sensation peureuse de grimper nu. Je me rendis bientôt compte que la peur et le vertige s'atténuent vite lorsqu'on est premier de cordée. Il faut une telle concentration que l'esprit est pris par les quelques mètres carrés qui vous entourent – cherchant à deviner la moindre accroche où poser le pied ou la main. L'univers se réduit à l'espace formé par ses deux jambes et ses deux bras tendus. C'est là que se joue l'existence. Absorbé par la paroi, on en oublie le grand vide qui s'ouvre derrière. Très vite, je sentis grandir ce plaisir du premier de cordée, la juste association entre concentration et énergie que cette situation produit.

La montagne me remplissait décidément la tête, le cœur, les narines. Je commençais à ne plus pouvoir me passer de l'odeur du granit, de la corde, de celle, métallique, que dégage le marteau sur les clous, l'odeur du soufre… Sans parler de cette sensation de peur, puis du plaisir d'un passage bien enchaîné. D'une certaine façon, plus la montagne imposait sa présence dans ma vie, en amoureuse intransigeante, plus je l'appréhendais. Je me rendais compte que pour devenir un alpiniste libéré des peurs élémentaires, pour aller plus loin et m'engager dans les grandes voies mythiques, je manquais de confiance en moi-même. J'avais peut-être commencé trop tard, ou je n'étais pas assez doué. Les excellents grimpeurs m'impressionnaient terriblement; je commençais à savoir apprécier leur talent en escaladant derrière eux. J'étais fier quand l'un d'eux m'invitait comme second de cordée pour une grande course. Je m'intégrais peu à peu à ce milieu dont j'avais tant rêvé.

Si la montagne répondait à mes attentes, je souffrais en revanche d'une frustration professionnelle. J'essayais bien de me passionner pour la radiologie, mais je manquais de conviction. J'avais connu en chirurgie des moments tellement forts, une aspiration si totale, qu'il m'était impossible de retrouver un équivalent.

Je remplaçais régulièrement un médecin de Tignes qui habitait un chalet au bord du lac. Alors, l'idée du généraliste installé en haute montagne revenait me trotter dans la tête. Je me voyais partant à skis vers quelque ferme perdue, bloquée par la neige. Ou bien, au printemps, la trousse dans mon sac à dos, quand sortent les jonquilles et que les torrents recommencent à bondir. J'imaginais les premières chutes de neige de l'automne. La vie à la montagne, le village, l'épicerie, le carillon de l'église, les sonnailles des vaches, les copains guides… La perspective de me fondre dans cet univers me donnait chaque fois des palpitations de bonheur. Mais je sentais aussi qu'il était encore trop tôt pour me sédentariser. Ce médecin de village que je me plaisais à imaginer, il aurait aussi fallu qu'il fût libre de partir en expédition quand bon lui chantait. Exigences difficilement compatibles. Le monde me trottait dans la tête.

Survint juin, qui rime avec examen. Le programme de première année de radiologie portait sur la pathologie pulmonaire et sur le système nerveux. L'écrit s'était bien déroulé, nourri des souvenirs encore frais de la préparation à l'internat. Mais, à l'oral, l'examinateur me demanda d'interpréter une radio de la colonne vertébrale. Je voyais bien la lésion et son extension osseuse, mais j'étais incapable de porter un diagnostic précis. Je rappelai que l'on m'avait affecté cette année-là en « digestif et urinaire », et que je n'avais aucune expérience en neuroradiologie. L'examinateur fit mine de ne pas entendre mon explication. Je lui suggérai alors qu'il serait plus judicieux de nous noter sur l'ensemble du travail de l'année écoulée – nous n'étions que six élèves et il nous connaissait tous très bien. À sa façon de m'inviter à quitter la salle, je compris que je l'avais indisposé. Une bouffée de colère me fit quitter l'hôpital sur-le-champ.

En refusant de me noter, il m'obligeait à redoubler. Or je n'étais pas assez passionné pour en avoir la force. Sans le savoir, ce prof venait de m'aider à prendre le large, vœu puissant que je n'avais osé m'avouer clairement jusque-là.

Je quittai Grenoble sans regret et, le 5 août 1973, je m'embarquai pour les États-Unis.

5
Premiers grands voyages

Un jour, à la fac, un étudiant américain s'était approché de moi et, après une brève conversation, m'avait dit :

— J'étais persuadé que tu étais américain !

Cette remarque m'avait interloqué. Moi qui manquais tant d'aisance, je pouvais donc donner l'impression d'être un Américain ! Je me rappelai cette anecdote au moment de réserver mon billet pour New York. Depuis cette rencontre, j'avais souvent envisagé de partir pour l'Amérique. À la fac, les profs nous parlaient toujours de l'« école américaine ». C'était forcément la meilleure du monde. Et voilà que le miracle se produisait, je m'envolais vers l'Amérique, avec la vague intention de passer l'équivalence du diplôme de médecin – ce qui pouvait éventuellement me permettre de reprendre, pourquoi pas, la chirurgie.

En arrivant aux États-Unis, je contactai un copain, Jonathan, qui vivait dans le Maine. Avec lui, j'allais découvrir les trésors de la côte Atlantique : des maisons en bois, construites par des charpentiers de marine, des gens que j'allais prendre grand plaisir à rencontrer.

La lenteur apaisante des habitants de Livermore Falls, au cœur du Maine, donnait le ton au voyage. Ici, on travaille le bois de la forêt et le cuir des bêtes que l'on traque. Sur la rivière, en eau profonde et limpide, un jeune homme à catogan glissait paisiblement au fil du courant, assis à l'arrière d'un canoë indien en bois verni qu'il guidait de sa pagaie.

— Ces canoës sont faits ici ! me dit Jonathan.

La fabrication de ces objets sentait l'amour du bois et du travail à la main. J'étais aux anges.

Je me serais bien embarqué illico sur l'un de ces esquifs, symboles de la conquête du Nouveau Monde. Mais Jonathan tempérait mon impétuosité.

— Prends ton temps, me disait-il, reste ici quelques semaines. Je connais une magnifique rivière que nous descendrons lors de l'été indien, quand les feuilles des arbres seront rouges. Tu verras, c'est la plus belle saison.

Mais j'étais trop impatient de me frotter à la grande Amérique. Je voulais bouger, changer de côte, traverser les États-Unis de part en part. Jonathan le comprit et eut la bonne idée de me convaincre d'acheter une auto – une vieille et encombrante Dodge de 8 mètres de long, que j'obtins pour la modique somme de 150 dollars.

Attentionné, Jonathan traça du doigt sur son atlas routier le meilleur itinéraire qui me conduirait à San Francisco. J'allais rejoindre David Fuller, lui aussi un bon copain connu à Grenoble.

— Prends la route du milieu, me dit mon ami, Saint Louis, Denver, Salt Lake City…

Il serait bien venu avec moi, mais il avait pris un job pour l'hiver dans les chemins de fer, à l'entretien des voies. Un travail rude – car il fait très froid et il neige beaucoup dans la région – mais vraiment bien payé.

— Tu ne vas quand même pas t'en aller tout seul, grommela-t-il avec un ton de grand frère, je vais passer une annonce à la radio locale pour te trouver un équipier.

Quelqu'un téléphona le soir même. Un charpentier, qui partait travailler en Californie pour fuir l'hiver de la côte est. Il était d'accord pour voyager avec moi à condition que je traverse d'une seule traite, ce qui était mon intention. Le lendemain matin, il arriva avec un petit sac, une Thermos de café et sa boîte à outils. À 10 heures, nous étions prêts.

Avec le jeune charpentier, nous fîmes des quarts de conduite rythmés par les pleins d'essence, payant le plein chacun son tour. La voiture était gourmande mais silencieuse, et la banquette arrière assez confortable pour un dormeur. Michael ne parlait guère – de toute façon, je ne comprenais pas bien ce qu'il disait, et réciproquement. Le silence n'était donc pas gênant et nous dormions à tour de rôle.

Le soir du sixième jour, l'interminable marathon prit fin sur les rives du Pacifique. Que l'Amérique est immense !

À l'entrée de San Francisco, Michael, qui conduisait, se déporta soudain sur la droite, sautant d'une file à l'autre pour s'arrêter à la hauteur d'une station-service.

— C'est ici que je te quitte, me lança-t-il tout de go. J'ai un copain dans les parages.

Il débarqua promptement sa caisse de charpentier et son sac et me secoua vigoureusement la main :

— *Good luck my friend ! Enjoy your trip !*

Mon séjour sur la côte ouest dura trois mois. Pour fortifier ma cagnotte, je jouais parfois des morceaux au piano en chantant des chansons françaises dans un restaurant du port. En fait, je baragouinais des paroles sans queue ni tête sur des accords de blues ou autres sérénades, en espérant toujours que personne ne parlât français dans la salle.

Pour la première fois depuis longtemps, je disposais de tout le temps que je voulais. Je marchais pendant des heures, rencontrais toutes sortes de gens qui vivaient différemment de tout ce que j'avais pu connaître jusque-là.

David, chez qui je logeais la plupart du temps, partageait sa maison avec Paul, l'avocat de Pacific Change, une association très active contre la guerre au Viêt Nam, soutenue par Jane Fonda.

J'aimais cette façon de découvrir la société américaine…

Le mouvement pacifiste, les hippies, la contre-culture, ce mélange très particulier de lutte, d'activisme et de totale insouciance me projetait dans des espaces insoupçonnés. On vivait dans la bricole, à la limite de ce qu'on aurait appelé chez moi, avec mépris, « une vie de clodo ». Mais là-bas, cela prenait une tout autre allure.

Parfois, je retrouvais mes repères. Grâce à un livre, par exemple, qui allait me marquer à jamais : *Hand Made Wooden Houses* (*Maisons en bois faites à la main*), les fameuses maisons en bois américaines, construites de bric et de broc et installées avec un génie « sauvage », tantôt dans un arbre, tantôt dans le creux d'un rocher, sur les bords d'une rivière… Elles me firent rêver et me donnèrent furieusement envie de construire ma propre maison.

Même fascination pour les pick-up aménagés, qui permettaient de voyager de façon autonome. J'appris à connaître l'univers de Jack Kerouac. Au volant de ma Dodge, je parcourus la fameuse Route n° 1, qui longe la côte entre San Francisco et Los Angeles. Pendant un temps, j'eus vraiment le sentiment d'entrer dans cette mouvance et de savoir y apprécier toute la finesse d'une humanité volontairement déconnectée du profit et de la compétition. J'aimais l'esprit général de la contre-culture, son ouverture, le calme authentique de ses communautés.

Puis je remontai jusque dans l'Oregon, puissamment attiré par ces communautés en rupture avec la politique de leur pays qui s'enlisait tous les jours davantage au Viêt Nam dans une guerre sans fin qui décimait la jeunesse. Très bien organisés, les contestataires occupaient déjà des villages entiers. Leur capacité d'autarcie, fondée sur une agriculture et une médecine plus en harmonie avec la nature, me tenta même un moment. Et si j'essayais de rester ?

Mais je parlais trop imparfaitement la langue et demeurais spectateur. Où que j'aille, j'éprouvais, au bout de quelques jours, de réelles difficultés à jouir de l'instant. Il me fallait des perspectives. Je n'aimais décidément pas voyager sans objectif et découvrais à quel point l'errance m'allait mal. La vie d'aventurier m'attirait certes. Mais je la voulais à la fois structurée et intégrée à un projet de vie qui me satisfît entièrement.

Rentrant d'Amérique en janvier 1974, j'arrivai à Castres aussi hébété que si je débarquais du cosmos. Le contre-choc culturel fut violent. Momentanément, l'État français allait d'ailleurs m'épargner de trop douloureuses interrogations. Mon sursis d'étudiant arrivait à son terme. Il me fallait accomplir mes obligations nationales.

Sauter directement de la Californie hippie dans une caserne française avait quelque chose de brutal. Tellement irréel que j'y allai sans la moindre appréhension, sans jugement, comme on part à la découverte d'un nouveau monde. Je n'eus pas à m'en plaindre : les adjudants qui nous encadraient étaient rodés à la « clientèle » que nous représentions : sept cents carabins de vingt-sept ans, réunis pour deux mois de classes au pays de Bacchus. Pour beaucoup, la caserne de Libourne était la dernière ligne droite de la « déconnante » avant d'entrer dans la vie professionnelle. Je passai ces deux mois au stade et en salle de sport. Nous jouions au handball, au volley, pratiquions tous les sports possibles. J'allais sortir de là en pleine forme ! La plupart de mes camarades louaient des chambres en ville. Je n'en voyais pas l'intérêt. J'aimais assez, moi, retrouver l'ambiance du pensionnat, discuter jusqu'à point d'heure, entrer dans des chahuts monstres à en avoir mal au ventre de rire.

À l'armée, j'allais aussi apprendre une façon simple d'interroger l'existence : « Où ? Par où ? Quand ? Comment ? » Telles étaient les quatre questions qu'il fallait toujours se poser en cas de panique. Ça semblait sorti d'un roman de Courteline, et pourtant – je m'en rendis compte plus tard – ça marchait : quand votre expédition s'embourbe, que vous êtes perdu, vous vous demandez effectivement : Où va-t-on passer ? Par quel chemin ? Quand est-il temps d'y aller ? Par quels moyens ?

À la fin des deux mois de classes, nous passâmes un examen, dont le résultat déterminait nos choix d'affectation sur la longue liste des postes proposés. Je n'avais qu'une idée : ne pas rester un an dans une caserne. Je choisis donc le service médical des Affaires maritimes de Marseille. En fait de service militaire, j'allais me retrouver dans la marine marchande, en quelque sorte médecin du travail pour les marins et les pêcheurs du quartier maritime de la cité phocéenne. Et découvrir Marseille ! Les hallucinantes histoires du monde marseillais.

Je ne portais plus d'uniforme, j'habitais en ville et ne vis plus jamais la moindre caserne jusqu'à la fin de mon service. En gros, ma mission consistait à vérifier l'état de santé des marins et des capitaines inscrits au registre du port, et à leur délivrer les certificats d'aptitude, obligatoires pour pouvoir travailler. Je n'étais pourtant pas du genre trop exigeant, mais il y avait tant de dérapages que je crus d'abord rêver. Seul, je me serais sans doute retrouvé face à de légers ennuis.

Heureusement, j'étais entouré par quelques conseillers du cru qui m'évitèrent – peut-être – de me retrouver au fond du port. Dès que je mettais le doigt sur une anomalie, on me disait : « Hou là, pas lui ! C'est une famille intouchable ». Ou bien : « Laissez tomber, Étienne, vous allez vous mettre les syndicats à dos ! ». Ou encore : « Ah non, là, c'est un cas particulier, vous ne voudriez quand même pas mettre tout un équipage au chômage ! »

Au fil des mois, je découvris, très modestement, ces univers parallèles, ces réseaux, ces cathédrales occultes. Nous ne croulions pas sous le travail. J'arrivais le matin à 9 heures et repartais à 16 heures. Mais dès 15 h 30, l'infirmier en chef donnait un tour de clé à l'entrée en disant :

— Fermons la porte pour éviter qu'un abruti ne se pointe. On risquerait de ne pas être sortis avant quatre heures et quart !

Heureusement, à Marseille, on ne découvre pas seulement les magouilles, mais aussi le port, les bateaux, l'exotisme, des histoires de marins qui vous projettent dans l'immensité du monde. Aux Affaires maritimes, on voyait aussi arriver de temps en temps quelques bonnes gueules de baroudeurs, venus, une liasse de plans sous le bras, défendre – auprès de la commission de sécurité – le bateau qu'ils avaient eux-mêmes construit. Leur objectif était d'obtenir l'indispensable certificat d'aptitude à la navigation. Or, pour les experts, ce n'était pas toujours évident : il y a tant de farfelus qui s'apprêtent à prendre le large en ignorant tout des choses de la mer ! Mais j'avoue que ma plus grande sympathie allait d'emblée à ces gens-là, à leur style de vie.

Dans une sorte de bulle dont je ne soupçonnais pas l'existence, je découvrais des voyageurs incroyables, de géniaux bricoleurs, qui parlaient de soudure, de gabarit, de plan, de moteur, et qui se construisaient des maisons flottantes à bord desquelles ils partaient à l'aventure, le monde entier étalé devant eux. Une envie nouvelle naissait en moi, qui venait subtilement se marier à mon vieux rêve de cabane. Se construire un bateau. Cette approche de la mer m'attira soudain avec force.

Pour gagner un peu d'argent, je faisais des gardes de nuit, dans une clinique psychiatrique de Marseille où l'on accueillait des toxicomanes. J'appris ainsi à connaître l'univers de cette jeunesse en rupture. Je n'étais pas dérouté par la marginalité, j'avais juste besoin que l'on m'apprît le vocabulaire et la règle du jeu. Mes gardes de nuit y contribuèrent. Il se trouva que ma fonction médico-administrative aux Affaires maritimes me conduisit souvent à Toulon où j'arpentais les ponts des bateaux. C'est ainsi que je fis la connaissance du père Jaouen et de son bateau, le *Rara Avis*.

Tout à son travail de réinsertion des drogués, le père Jaouen était responsable de deux beaux bateaux, deux trois-mâts (l'autre, le *Bel Espoir*, faisait alors une croisière en Bretagne).

Un jour, il me demanda :

— Pour la prochaine croisière, tu ne voudrais pas être notre médecin ?

Mon service militaire touchait à sa fin. La proposition était tentante. Mais l'heure n'était pas encore venue. J'avais cependant l'intuition que nous ferions un jour quelque chose ensemble, le père Jaouen et moi.

Sitôt mon service national achevé, je revins à Grenoble finir ma thèse. Le patron de radiologie – qui entre-temps était devenu doyen de la faculté – s'excusa du malentendu passé et me proposa d'embrayer tout de suite en seconde année de spécialité. Mais je n'avais plus le moindre désir de renouer. Il accepta néanmoins gentiment d'être mon président de thèse. Je soutins celle-ci le 18 juin 1975. J'entrai dans la prestigieuse salle où l'on allait me revêtir de la tenue noire du thésard. Puis les cinq membres du jury vinrent s'asseoir sur l'estrade, en tenue très académique. Je n'avais invité personne. Jacques Sivard était mon seul accompagnateur. Copains de régiment et compagnons de cordée, nous avions passé les jours de permission à faire de nombreuses ascensions dans le Vercors et les Alpes. Assis au fond de l'amphithéâtre, en grosses chaussures – nous arrivions tout juste de Chamonix –, il assistait à la scène.

Ce fut un moment solennel, dont j'avais sous-estimé la charge émotionnelle. En clôturant la séance, le président m'adressa quelques paroles touchantes. Je regrettai de n'avoir pas invité mes parents pour leur offrir cet instant de fierté.

Puis je pris rendez-vous avec Jacques pour de nouvelles ascensions. À l'automne, nous avions décidé de tenter le Fitz Roy, en Patagonie, le « Cervin des antipodes » comme l'appelait Lionel Terray. Cela faisait trop d'années que je rêvais d'une « vraie expédition » !

Qu'il fut important pour moi, ce départ vers la Patagonie ! Ma première grande aventure. Terre de Feu, Fuégiens, Indiens patagons, détroit de Magellan… Derrière ces mots, je devinais des paysages livrés aux éléments déchaînés, des contrastes magiques, un monde où perroquets et flamants roses côtoyaient les glaciers et les vents géants. On était à deux pas du cap Horn et de ses quarantièmes rugissants… Couronnant le tout, d'abruptes montagnes coiffées de glace jaillissaient entre les glaciers géants de la côte Pacifique, au couchant, et la pampa desséchée, au levant. Au centre, enfin, dominant l'ensemble, le Fitz Roy. Sorte de divinité tellurique. Un bloc de granit de 3 375 mètres d'un seul tenant, dont la réputation redoutable avait fait le tour du monde et que je me proposais donc d'escalader comme un grand.

On le disait terriblement capricieux, capable de passer en quelques heures, sous l'effet des vents d'ouest, d'une température méditerranéenne au gel polaire. Malheur à vous si vous vous trouviez alors agrippé à ses flancs !

Pour s'y rendre, il fallait s'enfoncer dans une nature sauvage que je me délectais à imaginer, passer des gués repérables aux traces qu'y laissent les gauchos, quand ils convoient leurs grands troupeaux de chevaux sauvages. L'aventure, enfin !

Je décidai d'emporter avec moi une vraie caisse à pharmacie. Ce que j'avais lu sur Punta Arenas – une ville au sud du monde, que je me figurais alors comme un petit village de pêcheurs battu par les vents – m'avait laissé le sentiment qu'il y aurait peut-être, en ces contrées, besoin d'un médecin... Qui pouvait jurer du sort qui m'attendait ?

Autre donnée essentielle : je ne partais pas seul. Anne-Marie allait m'accompagner – paradoxalement non pas alpiniste, mais une des premières femmes à s'inscrire à l'école (très sexiste) de la marine marchande ! Mon ami Jacques Sivard devait nous rejoindre au pied des montagnes. Jacques ne pouvant se libérer avant le mois de novembre, il était entendu que je partirais monter le camp de base, où il débarquerait à son tour quelques semaines plus tard.

Sitôt arrivé à Buenos Aires, j'achetai une vieille Jeep, que j'aménageai de manière que nous puissions y dormir – à condition d'allonger les pieds au-dessus du volant, nous nous retrouvions confortablement installés sur un plancher en bois, sous lequel je glissai nos caisses de matériel.

Et en avant vers le sud ! 3 000 kilomètres de pistes jusqu'en Patagonie, à travers la pampa. On était fin octobre, en plein printemps de l'hémisphère Sud. La nature exultait. Dès la première nuit, alors que le vent soufflait très fort, j'eus le sentiment intense que je m'enfonçais enfin dans l'aventure de ma vie.

Nous aboutîmes à 300 kilomètres à peine du détroit de Magellan. Là où, bien que l'Amérique du Sud devienne extrêmement étroite, Chiliens et Argentins se bouffent le nez, coupant le territoire en deux jusqu'à l'ultime pointe du cap Horn. Un désert tempéré, couvert d'une herbe rase sur un sol de terre sèche, battu en permanence par le vent. C'est dans ces immensités que les gauchos gardent à cheval des troupeaux de milliers de moutons, sur des milliers de kilomètres carrés, pour le compte de riches propriétaires qui viennent parfois à bord de petits avions, visiter leurs domaines.

À la fin, notre route nous fit bifurquer vers l'ouest. Lorsque nous arrivâmes au Fitz Roy, il n'y avait pas un chat. Nous étions seuls au bout du monde. Et le décor répondait pleinement à mon attente. C'était sauvage et majestueux. Un mélange d'alpage et de Sahel ébouriffé par un vent atteignant souvent 100 kilomètres à l'heure.

Sur place, au pied du Fitz Roy, à l'endroit apparemment habituel du camp de base, se dressait une ruine que je m'empressai de retaper approximativement, en quelques jours de chantier qui me mirent en grande forme. Je me sentais divinement bien.

Derrière la maison coulait un torrent, où brillait par moments le ventre de belles truites. Quelques arbres nous offraient leur ombre. Il y avait assez de bois mort pour faire du feu pendant mille ans. Nom d'un chien, c'était trop beau ! J'installai le camp dont j'avais tant rêvé, enfant.

Nous étions particulièrement gâtés : il y avait là un four, un dôme en brique de terre sèche à même le sol, certainement construit par des gauchos du coin, où nous fîmes bientôt cuire le pain. Tout un style de vie s'installa peu à peu autour de la cabane.

Certains matins, nous partions en randonnée. J'emportais avec moi carnets et crayons. Ne disposant pas de photos des montagnes avoisinantes, mais juste d'une carte générale dressée par le géographe de l'expédition française de Lionel Terray, en 1953, je dessinais les différents sommets, pour essayer de les identifier. Je renouais avec l'idée que je me faisais de la découverte du monde par les explorateurs. Je me régalais. Cette Patagonie répondait à la plus belle idée que je me faisais d'une exploration.

Toute cette vie idyllique se déroulait à l'ombre de l'impressionnant Fitz Roy… que nous n'avions toujours pas vu !

Depuis notre arrivée, le géant de granit se cachait dans les nuages. De temps en temps, devinant vaguement sa masse dans des trouées de lumière, j'avais l'impression qu'il me faisait signe, comme pour me dire : « Dis donc, mon petit gars, n'étais-tu pas venu ici pour m'escalader les flancs ? »

Escalader le géant invisible ? Plus le temps passait, plus cet aspect, pourtant central, de notre voyage me parut complexe. Certains soirs, je me demandais sérieusement si je n'avais pas placé la barre trop haut. En trois années de pratique irrégulière, j'étais sans doute devenu un grimpeur honorable. Mais m'attaquer au Fitz Roy, réputé l'un des plus difficiles sommets du monde... Je commençais à penser que j'avais voulu brûler les étapes. De toute façon, pas question de grimper seul. Mon ami Jacques ne débarquait toujours pas et je repoussais sans scrupule l'épineux problème aux jours suivants, jouissant au maximum de cette vie en pleine nature.

Je n'avais emporté ni roman ni essai, mais plusieurs ouvrages d'ornithologie sur la région. Je passais des heures à observer les oiseaux, à les dessiner, y mettant même des touches de couleur, puis j'essayais de les identifier. Ce travail me ravissait. J'avais repéré, non loin du camp, une clairière à l'abri des regards, où de grands lièvres se rencontraient, tous les soirs vers 17 heures, dansant sur leurs pattes arrière pour déclarer leurs amours. J'avais l'impression d'avancer sur les traces de Darwin lui-même !

Il m'arrivait aussi d'aller rêvasser sur des sommets faciles, d'où l'on pouvait voir briller le Hielo Continental, un continent de glace, gigantesque glacier plat posé telle une pieuvre géante sur les montagnes de l'extrême sud du Chili. Certains de ses tentacules de milliards de tonnes cristallines rampent vers le Pacifique jusqu'au fond des canaux de Patagonie ; d'autres vers la pampa, pour venir vêler dans d'immenses lacs émeraude.

L'ami Jacques ne vint jamais. Mais deux autres alpinistes français débarquèrent un beau jour, comme pour prendre sa place. Je connaissais l'un d'eux, Marc Batard, un très bon alpiniste, qui venait de réussir à vingt-quatre ans l'ascension d'un sommet de 8 000 mètres en Himalaya. Malgré le temps médiocre, ils avaient l'objectif clair et net de gravir le Fitz Roy, et ils me demandèrent si je voulais me joindre à leur expédition. Oubliant mon appréhension, j'acceptai avec enthousiasme. L'invitation me réveilla, me responsabilisa. Après tout, j'étais venu pour ça !

Je me mis à effectuer les portages avec eux – il s'agissait de transporter à dos d'homme tout le matériel nécessaire : l'équipement de montagne, de bivouac et la nourriture pour une ascension de trois à quatre jours, avec un complément pour les journées de repli à cause du mauvais temps. Le premier portage nous prit une journée entière – jusqu'au couloir de neige conduisant au pied de la paroi.

Le Fitz Roy !

Un jaillissement de granit rose, très vertical, monolithique, avec de longues fissures. Une ascension des plus exigeantes, très technique, athlétique même, avec de nombreux passages en dévers. Un travail long, nécessitant un bon sens de l'itinéraire. Ce qu'il fallait souhaiter, c'était que le vent d'ouest ne se mît pas à souffler en tempête. Ce vent est si violent que Lionel Terray – le premier à avoir fait l'ascension – avait dû lester les cordes avec les sacs de matériel pour les descentes en rappel, sans quoi elles partaient à l'horizontale ! C'est surtout un vent polaire qui peut, d'un seul coup, recouvrir toute la paroi de glace, ce qui exige de partir avec du gros matériel de bivouac et rend l'ascension d'autant plus éprouvante physiquement.

L'explication de cette météo redoutable est simple. Les vents violents chargés d'humidité qui arrivent de l'océan Pacifique se refroidissent brutalement en traversant le glacier géant Hielo Continental, et cette glace vient recouvrir toutes les parois, jusqu'à coiffer certains sommets de « champignons de glace ».

Or ce qui n'aurait pas dû arriver arriva : le temps que nous redescendions au camp de base, Marc, son copain et moi, pour nous charger de la suite du matériel nécessaire, le fameux vent glacé s'était levé. Ce mauvais temps dura des jours, à tel point qu'il ne fut même pas possible d'effectuer un second portage : la neige était trop lourde. Affreusement déçu, Marc comprit qu'il ne fallait venir en Patagonie que si l'on disposait de beaucoup de temps devant soi. Finalement, les deux alpinistes durent rentrer en France sans avoir pu ne serait-ce qu'entamer l'ascension pour laquelle ils étaient venus de l'autre bout du monde.

Quant à moi, ce dernier épisode effaça les ultimes traces de mauvaise conscience qui pouvaient me rester. Je n'étais pas dupe. Le mauvais temps m'avait servi d'alibi. J'allais quitter la Patagonie au comble du bonheur, avec la conviction que c'était bien une vie d'aventure que j'avais envie de mener. Quant à escalader les montagnes, j'avais touché du doigt mes limites. Mais j'étais clairement décidé à ne pas en rester là.

Je quittai Anne-Marie à Buenos Aires, la fin de notre brève aventure où chacun allait reprendre sa route. Je regagnerais la France par les airs et elle par la mer, en tant qu'élève de pont, sur un cargo de la marine marchande.

On était début 1976. L'avion qui me ramenait de Buenos Aires vers Paris faisait escale à Rio de Janeiro, où j'eus la chance de pouvoir m'arrêter quarante-huit heures. Faire connaissance avec la capitale mondiale du carnaval me plaisait d'autant plus que quelques bateaux français y faisaient escale : ceux de la course du Triangle Atlantique, Saint-Malo-Le Cap-Rio et retour à la case départ. Je voulais tenter ma chance : quelqu'un aurait-il besoin d'un toubib à bord, pour la dernière étape ? L'idée de revenir moi aussi par la mer, lentement, physiquement, me plaisait beaucoup.

Je me présentai à la porte du très sélect yacht-club de Rio : ici, on ne passait pas. Toute personne y arrivant à pied était suspecte. Je réussis finalement à m'immiscer dans un groupe de navigateurs qui montraient en masse leur badge et à passer à l'as.

Les bateaux de la course étaient alignés, cul à quai. Et voilà que j'entendais parler français. Mais comment aborder ces stars inconnues ? C'était un milieu que je ne connaissais pas. Sur *33 Export*, l'équipage fut accueillant. Gérard Guillet était intéressé par mes histoires sur le Fitz Roy : il était guide de montagne. Il me parla de l'étape Le Cap-Rio qu'il venait d'achever – une vraie bataille avec les vagues sur ce bateau « gîtard » et bas sur l'eau. Les déferlantes, il les craignait plus que quiconque : l'une d'elles avait emporté son frère Dominique, deux ans plus tôt, en plein océan Indien. Cette première course autour du monde avait été meurtrière : deux autres équipiers, sur *Tauranga* et *Great Britain*, avaient également trouvé la mort en tombant à la mer.

Il y avait sur ce quai un grand va-et-vient et une convivialité entre les équipages que j'aimais bien. Je me sentais déjà un pied en mer, prêt à prendre le large. Daniel Millet, le skippeur de *33 Export*, devina une question que je n'osais même pas me poser à moi-même :

– Si tu veux faire la prochaine course autour du monde, me dit-il, il faut que tu contactes les skippeurs quand ils forment les équipages. Il y a un médecin sur tous les bateaux. La prochaine course part en 77, et, pour le moment, Éric Tabarly est le seul engagé. Il faut que tu le rencontres. Il n'est pas encore arrivé, mais il ne devrait pas tarder. Il est en mer pour les 500 milles de qualification obligatoire, car il veut d'abord faire la prochaine Transat en solitaire sur *Pen Duick VI*.

J'étais soulagé qu'il ne fût pas là, ne me sentant pas l'audace d'aller lui parler de mon soudain désir. Rencontrer Tabarly ! Autant dire à un curé de campagne d'aller interpeller le pape.

Non, c'était assez pour cette fois. Je quittai Rio le lendemain, satisfait de ces rencontres et soulagé d'avoir osé approcher cet univers que je ne connaissais pas. Lassé de déambuler dans la capitale de la samba, j'allai me réfugier à l'aéroport en attendant le départ.

Il y avait dans ce hall immense les mêmes voyageurs fatigués que l'on retrouve allongés par terre dans tous les lieux de transit du monde. Un mélange de vacances et de stress. Soudain, à travers la foule, je devinai la silhouette d'un homme qui traversait la grande salle d'un pas long et décidé. Il portait des tongs aux pieds, un short et un tee-shirt blanc qui moulait son thorax d'hercule. C'était la première fois que je le voyais, mais pas de doute : Éric Tabarly était bien là, à quelques pas. Je me levai, blême, et marchai à sa rencontre, poussé par une impulsion incontrôlable, sans savoir par quelle phrase j'allais l'aborder.

— Excusez-moi, vous êtes bien monsieur Tabarly ?

— Oui.

— Veuillez m'excuser, je serai très bref. Je voudrais savoir si vous avez déjà un médecin pour la prochaine course autour du monde.

Il était évident que je le dérangeais, qu'il n'était pas d'humeur à entrer dans mes histoires. Il marmonna :

— Vous êtes ici sur un bateau ?

— N… non, je suis alpiniste, j'arrive de Patagonie.

— Vous avez déjà navigué ?

— Non, mais je suis médecin, j'ai du temps, de l'énergie et je pense que je peux devenir un équipier efficace…

Je ne me souviens plus des détails de la conversation, mais ce fut rapide. Il dit simplement :

— Vous pouvez me donner vos coordonnées ?

J'écrivis nerveusement sur un bout de papier. Il ne parvenait pas à me relire. Je recommençai. Enfin, il me quitta avec mon adresse dans la poche de son short. Il m'était apparu exactement tel que je le connaîtrais plus tard : peu bavard, précis, et tellement intimidant qu'il en était embarrassé lui-même. Pour l'heure, j'étais intimement convaincu que cette petite trace de notre rencontre disparaîtrait à la prochaine lessive de son short. Mais ça ne faisait rien. Moite d'émotion, je me félicitai d'être allé jusqu'au bout de ma démarche. Je pouvais m'envoler tranquillement pour la France.

6
Bel Espoir, *mon premier océan*

À Paris, en ce mois de février 1976, régnaient froid, neige et grisaille. Heureusement, il y avait un soleil dans la ville : les Amis du Jeudi-Dimanche, rue du Grenier-Saint-Lazare. C'est l'adresse du père Jaouen. Depuis notre rencontre dans le port de Toulon sur le *Rara Avis*, nous étions restés en contact. Le *Rara Avis*, c'est l'ancien patron du BHV qui le lui a donné. Pour un franc symbolique. Avec le *Bel Espoir*, le fleuron de sa flotte, le père Jaouen fait flotter l'âme de ceux que la vie tient en souffrance. Cependant, malgré toutes les générosités qu'on lui accorde, faire tourner ces deux trois-mâts n'est pas une sinécure. La clientèle n'est pas facile et totalement fauchée. C'est bien souvent la galère, mais l'homme a de l'envergure.

Michel Jaouen a commencé avec de vieux autobus. Il traversait la France pour prendre en main de jeunes délinquants à leur sortie de prison. Ses compétences en mécanique générale datent de cette époque. Ses bus Chausson consommaient en moyenne un joint de culasse par voyage ! Mais Michel Jaouen, né à Ouessant, a plus l'âme d'un marin breton que d'un chauffeur routier. Le *Bel Espoir I* fut son premier bateau. Depuis l'Aber-Wrach, sur la côte nord de la Bretagne, il a lancé ses premières croisières pour jeunes en rupture. À Paris, il a créé le foyer des Épinettes, du côté de la place Clichy. Sa clientèle n'a jamais été des plus faciles : bien souvent des cœurs d'artichauts à la cuirasse clinquante; de « braves types », comme dit le père, recrutés à la sortie de la Santé ou des autres prisons de la région parisienne.

La boîte de nuit de l'association est installée au sous-sol. « Ici, se vante Jaouen, jamais de bagarre : ils font la police entre eux! » Il existe un code de bonne conduite entre tous ces gens qui ont mordu la ligne jaune. Michel n'est pas là pour leur servir des coups à boire, mais pour leur montrer la route. Il a l'étoile du berger, le talent du pasteur d'âmes, et passe son temps à mettre en branle toutes ses relations pour trouver du travail à ses « braves gars ». Mieux que quiconque, il sait vendre leurs mérites, même quand il s'agit du plus rusé des loubards. Il sait aussi une chose, c'est qu'il suffit parfois d'un rien pour tout faire basculer : une confiance accordée, un sourire, un boulot, un premier salaire, et tout peut repartir. Sinon, c'est le plongeon assuré, le malaise, le casse, la taule, le repentir, et on recommence. La spirale infernale, jusqu'à la déchirure complète.

Il faut une force colossale pour vivre dans ce don de soi permanent, sans jamais faiblir. Jaouen sait toujours rester à l'écoute. Il est souvent la dernière oreille, l'ultime garde-fou avant la chute.

En arrivant chez lui, ce matin de février 1976, je tombai d'abord sur Mounie, la comptable des bons offices du père. Jaouen donne sans retenue, mais Mounie garde la tête froide – tout en entretenant un très bon contact avec les « clients ». Chez Jaouen, avant de prendre une décision, on commence toujours par écouter l'avis du patron.

Il m'aperçut :

– Tiens, un revenant! Alors, comment ça va? Je parlais justement de toi il y a deux jours… Tu es libre entre avril et juillet? Je cherche un médecin pour le *Bel Espoir*. Nous allons, tiens-toi bien, représenter la France à New York pour les fêtes du Bicentenaire de l'Indépendance américaine! Vingt-cinq passagers : des délinquants, des toxicomanes, un infirme très impotent, que sa fille accompagnera, un banquier, un couple de Danois avec leurs quatre enfants, un équipage de quatre jeunes officiers de la marine marchande qui feront leur service national à bord, une cuisinière et un toubib. On va suivre la route des navires-écoles qui partent d'Angleterre vers les États-Unis au rassemblement des Grands Voiliers. Portsmouth, Madère, Tenerife, les Bermudes, Newport et hop, New York, où nous serons pour la grande parade du 4-Juillet. Ça te dit ?

— J'ai un remplacement de médecin du côté de Toulon en mars. Mais début avril, OK, je suis des vôtres.

— Ça marche. Il faudra que tu jettes un œil à la pharmacie du bateau, il y a beaucoup de vieilleries. Un truc à ne surtout pas oublier, c'est les Tampax : les filles toxicos n'y pensent même pas, elles n'ont plus leurs règles, mais dès qu'elles vont mieux, ça revient… Et des pilules aussi, parce qu'avec les beaux jours les désirs se raniment et que je ne veux surtout pas avoir d'emmerdes…

Il a une grosse expérience, le père Jaouen. Il connaît tous les petits détails qui prennent une importance énorme au milieu de l'océan. Moi, je ne savais pas très bien ce qui m'attendait, mais ce voyage m'attirait. L'univers des toxicomanes, je l'avais fréquenté un peu à Marseille… On verrait bien en mer.

Début avril, je rejoignis donc le *Bel Espoir* à l'Aber-Wrach.

Après une semaine de travaux, le bateau était prêt, ses cales pleines. Tout le monde prit possession de sa cabine, et un beau samedi d'avril 1976, à midi, notre trois-mâts quittait la Bretagne en direction de l'Angleterre. Nous n'étions pas officiellement inscrits sur la liste des invités, mais l'accueil outre-Manche fut chaleureux. Les Anglais aiment les bateaux et ont du respect pour tous ceux qui prennent la mer.

Le grand départ du dimanche fut impressionnant. Je n'avais jamais imaginé cela de ma vie. Nous étions au milieu d'une armada de voiliers géants. Mon cœur tambourinait. Au coup de canon, les équipages montèrent comme des fourmis le long des haubans de la mâture et se répartirent à l'horizontale sur les vergues. En tête de mât, les mousses paraissaient minuscules, 50 mètres au-dessus de l'eau. Soudain, les pics furent hissés, les toiles ferlées se déroulèrent une à une et descendirent comme des décors de théâtre, nous enfermant au cœur de la manœuvre. On se serait cru au centre d'une bataille navale. La côte anglaise disparaissait derrière un rideau de voiles de toutes les couleurs, blanches, vertes, sépia, fondues dans une brume légèrement ensoleillée.

Il faisait assez froid sur le pont, la brise du nord rougissait les visages, nous faisant pleurer. Le travail des marins dans les mâtures me fascinait. Il faut énormément de poigne pour manœuvrer d'une main et se retenir de l'autre, surtout quand on est forcé d'aller carguer la toile dans le gros temps. Ces hommes retrouvaient les gestes de ceux qui ont fait la légende du cap Horn. Il est important de maintenir à flot ces navires du courage.

Après quelques heures de mer, plus grand monde n'était encore debout et, dehors, les bateaux avaient disparu. Nous nous retrouvions seuls sur un océan vide. Je demandai :

– Sommes-nous déjà si loin derrière les autres ?

– Pas du tout, me rassura le capitaine, la mer est immense, la Terre est ronde et on disparaît vite derrière l'horizon.

Arriva le golfe de Gascogne.

Le *Bel Espoir* roulait bord sur bord sa carcasse de navire de charge de la Baltique. Je n'avais rien mangé depuis deux jours. Il faisait froid, humide, ça commençait à sentir le vomi. Et ça n'en finissait pas de bouger, de tanguer, de rouler. Le mal de mer s'installa. Pour l'éternité. Je n'aurais jamais dû venir…

Personne ne fut épargné.

Peu à peu, le soleil et une douce brise emportèrent nos regrets, et après les milles de purgatoire, la faim revint. Jaouen le savait bien, il avait sorti les grandes gamelles. La cloche sonna l'heure du repas. Les bavardages furent bruyants autour de la table. Le père dut même intervenir. Tout d'un coup, Monique, qui était descendue pour aller chercher du pain, se mit à hurler. Elle remonta à toute allure dans le carré, terrorisée :

— Venez vite, vite ! C'est horrible !

Un corps était enroulé dans une couverture rouge de sang, un couteau de cuisine au pied de la bannette. Je le découvris. Le bras était tailladé tout du long. Un rapide coup d'œil me rassura sur la gravité des plaies. Mais il y avait tout de même de la couture à faire et ce n'était pas facile d'être précis sur ce bateau qui roulait. Peter Bramsen, le papa de la famille danoise, m'immobilisa dans ses bras de géant, afin que je puisse opérer sans me soucier de mon équilibre. Une quarantaine de points sur une dizaine d'entailles. Par chance, aucun nerf, aucun gros vaisseau ni tendon n'avait été sectionné. L'homme s'en sortirait avec une sacrée cicatrice.

Madère. Arrivés les derniers, nous fûmes conduits à l'écart des vaisseaux de parade. Les démons du manque firent leur apparition à peine la terre touchée. La traversée était trop courte. Mus par un instinct sûr, clients et petits dealers se repéraient vite fait et commençaient à renifler. Un jeu invisible de chien ou de chat. Le manque rend intuitif.

En montant à bord, chacun avait officiellement accepté le principe de rompre avec tout fournisseur. Jaouen sait que la mer isole du monde, c'est une barrière infranchissable qui met chacun à l'abri des convoitises et face à lui-même dans l'espace limité du bateau.

Qui étaient ces jeunes ? Fils d'acteur célèbre, prolo, sans grade, frère de prince, chômeur, rejeton d'industriel, petite frappe repentie, nature fragile, enfant du divorce, enfance « sans problème »… Toute une humanité, mais ils avaient en commun d'être pris au piège de ce filet maillant du petit trafic, la curée de l'argent sale. Ils avaient plié sous le poids de la croix, sur ce chemin de la décadence qui les conduisait, un à un, vers une mort ordinaire sur le trottoir de l'abandon.

À Tenerife, Michel Jaouen nous quitta. Il rentrait en France pour embarquer sur le *Rara Avis* qu'il comptait également faire participer à la fête américaine. J'étais désormais en première ligne. Le médecin est le dernier rempart avant la crise. Ne pas céder au chantage du suicide, savoir apprécier la gravité de la détresse. J'étais seul maintenant à porter cette ingrate responsabilité pour la traversée de l'Atlantique. Il n'y aurait plus d'escale jusqu'aux Bermudes…

De leur côté, Ingrid, Peter, Marie, Berthe, Sophie, Cristian, les six membres de la famille danoise, étaient là pour nous rappeler qu'il existe des gens normaux qui font des rêves fous. Peter emmenait sa famille au Mexique, rencontrer des peintres pour lesquels il travaillait dans son atelier de lithographie de la rue Vieille-du-Temple, à Paris. Ces Danois aimaient la mer. Ils avaient décidé de rejoindre l'Amérique par bateau, de prendre leur temps. Pour nous tous à bord, leur présence était un repère fort sur d'autres réalités du monde. Les gens qui vont bien font rarement parler d'eux.

Avec les jours qui passaient, les curistes jouaient les alchimistes.

— Qu'est-ce qui pourrait encore bien défoncer sur ce putain de rafiot, me lança B., on a même essayé les peaux de bananes séchées, mais ça fait que dalle !

Aux attentions que l'on me prêtait, je sentais que l'on attendait beaucoup de moi.

— T'as intérêt à planquer les clés de la pharmacie, me dit S. d'un air entendu, certains vont bientôt perdre le contrôle.

Il faut se méfier aussi de ces indicateurs, qui tentent de gagner votre confiance avec une idée derrière la tête. Il y a les toxicomanes qui cassent et ceux qui roucoulent. La crise de manque est un tel mal-être que, d'une manière ou d'une autre, l'objectif à atteindre reste le même. Tout est tendu vers cette dose à obtenir, car la vie ne tient plus que par le soulagement de la souffrance provoquée par le manque. Régulièrement, la bonne intention d'arrêter revient, mais elle est si fragile !

Au milieu de l'océan, le bateau n'avançait plus. Panne de vent. La chaleur tomba sur le pont. Attendre. Ciel, que la terre est loin ! Au fil des jours, l'éloignement de tout intensifiait la magie.

À bord, beaucoup repensaient à l'enfer qu'avait été la nausée au début du voyage. Mal de mer plus manque de drogue, l'océan y était allé fort ! De qui nos toxicomanes auraient-ils accepté une telle souffrance, une telle humiliation ?

L'épreuve passée, chacun se réinventait un monde, reprenait ses marques. Les quarts sur le pont donnaient un cadre et le périmètre du bateau une frontière de protection infranchissable, même à la plus forte tentation.

La majorité des toxicos n'avaient pas revu leur corps depuis des lustres. Et voilà qu'ils recommençaient à l'aimer, à oser le montrer. La mer les avait lessivés. Presque tous avaient repassé la porte étroite de l'existence qui était en train de se refermer sur eux. Bien sûr, rien n'était réglé. Une fois à terre, auraient-ils assez d'amour pour eux-mêmes, assez de force pour s'épargner une nouvelle descente aux enfers ? Auraient-ils le courage de cracher à la gueule des dealers ? La haine des marchands de mort pourrait-elle se révéler une arme thérapeutique ?

Newport. Après deux mois de mer, nous touchâmes enfin l'Amérique. Éric Tabarly venait de remporter sa deuxième Transat en solitaire, à bord de son *Pen Duick VI*. Alain Colas était arrivé deuxième, sur son géant de 72 mètres, mais il allait être déclassé pour avoir été assisté à Terre-Neuve. Mike Birch était troisième sur un petit trimaran de 12 mètres à peine…

Sur le *Bel Espoir*, nous n'avions pas grand-chose à faire, dans cette ambiance de Coupe de l'America qui régnait à

Newport, la Mecque du yachting yankee, où étaient regroupés les grands voiliers, avant la parade du Bicentenaire, à New York. Nous accostâmes à Mystic Seaport, un village-musée de la marine, où cordeliers, charpentiers et voiliers s'appliquaient à faire survivre les vieux gréements. Notre bateau, qui dans sa jeunesse transportait des vaches en mer Baltique, se trouvait là dans un décor à sa mesure.

Tout aurait été pour le mieux si nous n'avions eu des doutes sur la fiabilité de l'embrayage : que se passerait-il si nous tombions en panne au beau milieu de la parade, au cœur de Manhattan ? L'équipage ne voulut pas prendre un tel risque. Que faire ? Il était trop tard pour entamer des réparations avant le 4 juillet, jour de l'Indépendance et fête nationale américaine. Ne pas y aller ? Nous n'étions certes pas officiellement invités, et notre absence n'aurait pas gêné les organisateurs, bien au contraire ! Mais quand même, s'ils voulaient voir flotter le pavillon bleu, blanc, rouge dans ce grand rassemblement mondial, il leur fallait faire un effort en notre faveur : nous étions les seuls représentants de la marine française !

Après coups de fil et tractations, un remorqueur nous fut gracieusement proposé par un Basque qui avait réussi sa vie en Amérique et qui était heureux de contribuer à sa manière à la présence de la France dans la grande parade de l'Indépendance des États-Unis. Tractés par ce sauveur, nous fûmes à l'heure au rendez-vous sous le pont Verrazano, à l'entrée de New York, à 7 heures du matin. Les *coast guards* étaient sur le pied de guerre, les VHF crépitaient des informations que nous ne comprenions qu'à peine. Une place dans ce cortège d'une quarantaine de bateaux nous fut attribuée. La tension grandissait sur ce plan d'eau de plus en plus minuscule, envahi par une forêt de grands mâts.

Maintenant, le *Bel Espoir* se trouvait à couple du remorqueur qui allait prendre la responsabilité du déplacement. Il était brêlé sur tribord, car la tribune présidentielle, installée sur le porte-avions *Enterprise*, se trouverait sur notre gauche, à l'entrée de l'Hudson River, après la statue de la Liberté, et il nous faudrait la saluer.

À 10 heures, le convoi s'ébranla, à très faible allure, et nous prîmes la place que l'on nous avait donnée. D'être ainsi confortablement guidés par le pilote du remorqueur nous laissait tout le loisir d'admirer le spectacle…

Soudain, une vedette des coast guards nous fonça dessus, toutes sirènes dehors. À la proue, un homme hurlait dans son porte-voix des mots incompréhensibles. « *Dog… Dog…* » On aurait dit qu'il parlait d'un chien. Bon sang ! Titus était à l'eau ! La mascotte du bateau avait réussi à s'échapper de la cabine où nous l'avions enfermé pour la cérémonie. Il avait en effet la mauvaise habitude de sauter à l'eau quand bon lui semblait. Ça lui était déjà arrivé en pleine mer ! Il avait eu la chance qu'on l'ait toujours repêché. Mais là, il exagérait. Se faire ainsi remarquer par les autorités américaines alors qu'il était « sans papiers »…

Pour le moment, il s'agissait de le repêcher, pour arrêter la panique : les bateaux qui nous suivaient devaient tous dévier leur route pour l'éviter ! Les coast guards, rouges de colère, sortirent une grande épuisette. Il fallait vite intervenir, car Titus, vieux carnassier, pouvait les mordre et nous mettre dans une sale affaire. En moins de deux, le capitaine mit le Zodiac à l'eau et réussit à ramener le fugueur. À bord, tout le monde, plié de rire, accueillit Titus en héros. Le misérable en fut quitte pour une quarantaine de… quarante-huit heures.

Arriva le grand moment : notre tour de passer devant la tribune officielle. Le président des États-Unis se leva et salua notre bateau. Nous lui rendîmes son salut en hissant les trois focs en même temps. Grâce à la flotte du père Jaouen, la France était présente au Bicentenaire de l'Indépendance des États-Unis d'Amérique !

Au bout de la procession, on nous attribua une place à quai, en plein cœur de Manhattan. Plus tard, dans la nuit, le *Rara*

Avis nous rejoignit, tout juste arrivé de sa traversée de l'Atlantique, et s'amarra à couple avec nous. Les deux bateaux se trouveraient réunis pour le feu d'artifice géant au-dessus de New York.

Au petit matin, un ancien capitaine du *Bel Espoir*, Jean-Louis Baju, nous rendit visite. Agréable surprise : je le connaissais, c'était lui qui, un jour à Toulon, m'avait présenté au père Jaouen. Il arrivait tout juste de France, en compagnie d'un petit équipage, avec une mission précise : ramener à bon port le bateau géant d'Alain Colas. J'ignorais encore que j'allais repartir avec eux.

Alain Colas, le vainqueur de la Transat en 1972, n'avait pas réussi son pari fou de mener seul son quatre-mâts à la victoire. Il ne s'était pas mal débrouillé quand même, puisque arrivé deuxième... Mais à quel prix! Dans une manœuvre, il s'était broyé un pied.

– Alain est très déprimé, me dit Baju, pourtant, pour le retour en France, il compte quand même s'attaquer au record de l'Atlantique. On est là pour l'assister et j'aimerais que tu viennes avec nous. On va forcément avoir besoin d'un toubib, car les manœuvres sont dangereuses et Alain souffre terriblement avec son pied en charpie.

Le record de l'Atlantique! Chose à peine croyable, il était alors détenu depuis 1912 – soixante-quatre ans plus tôt – par le *Cutty Sark*, qui avait fait la traversée en douze jours et six heures. Cette aventure me tentait évidemment beaucoup. Je répondis à Jean-Louis Baju :

– J'avais prévu de débarquer ici et de rentrer directement en France. J'ai des remplacements à faire cet été. Mais, si on part très vite, je peux venir avec vous.

– OK, dit-il, je compte sur toi.

Le 72-mètres d'Alain Colas n'allait hélas! battre aucun record. Il nous fallut pas moins de dix-sept jours pour traverser l'Atlantique, de New York au cap Lizard, par un vrai temps de chien. La fureur de vivre d'Alain Colas lui permit cependant de maîtriser son pied infirme, malgré les tourments financiers où son navire géant l'avait entraîné...

Vingt ans plus tard, il m'arrive de revoir le père Jaouen. Toujours fidèle au poste. Même s'il en a souvent marre des ingratitudes, des trahisons et de la bêtise humaine, il sait qu'il faut des phares dans la nuit, pour que les bateaux aient une chance de ne pas s'écraser sur les rochers. La tempête peut conduire n'importe qui au naufrage si aucune lumière ne s'élève sur l'horizon. Grâce à Jaouen, certains ont retrouvé le port. Le bon port.

Quant à Alain Colas, parti pour la Route du rhum sur son voilier, le *Manureva*, qui l'avait rendu célèbre, il a disparu en mer.

7
Médecine buissonnière

Il est 14 heures, un dimanche de février 1972, quand le téléphone sonne au cabinet du docteur de ce petit village de montagne, où je fais, le temps d'un week-end de remplacement, mon premier exercice de médecine libérale.

— Allô, docteur? Venez vite, c'est très grave!

Un coup d'œil sur la carte, la ferme est à une dizaine de kilomètres, très isolée sur le plateau. La route est étroite, sinueuse et le brouillard ne facilite rien. J'aime bien la navigation à la carte d'état-major, mais là je suis un peu tendu, je me demande ce que je vais découvrir. Jusqu'à présent, j'ai assuré les urgences à l'hôpital. Là, c'est la première fois que je vais me trouver seul pour faire un diagnostic et prendre une décision avec les moyens du bord.

Quelqu'un m'attend sur le bord de la route.

— Suivez-moi, c'est ici !

Un vieil homme au visage violacé est allongé sur le carrelage de la cuisine, au pied de la cheminée. Je me penche sur lui, et tous les regards se tournent vers moi.

Il vient à l'instant de mourir, probablement d'une hémorragie cérébrale. Le chef de famille me prend à part.

— Docteur, c'est l'ancien propriétaire de la ferme. Nous la lui avons achetée en viager il y a douze ans et il est venu aujourd'hui, comme tous les premiers dimanches du mois, chercher sa rente viagère. Il ne faut pas que l'on sache qu'il est mort ici, sinon les voisins vont « penser à mal ». Il est encore chaud, faites-le transporter à l'hôpital, s'il vous plaît.

L'ambiance est lourde dans cette pièce enfumée au tabac gris, où des effluves d'eau-de-vie de marc se mêlent à une forte odeur de nourriture paysanne. Le repas a été riche...

Né à la campagne, je connais le poids de la rumeur. Aussi, pour calmer l'inquiétude de cette famille autant que la mienne, dans une situation à laquelle rien ne m'a préparé, j'appelle une ambulance, et on embarque le corps.

Quelle histoire ! En redescendant dans la plaine, j'ai l'impression d'avoir joué un rôle bizarre...

Le lendemain matin, mon remplacement se termine et je reprends mes fonctions d'interne au bloc opératoire.

Au milieu de la matinée, le chef du service de médecine m'appelle :

— Étienne, c'est bien vous qui avez fait entrer ce vieil homme mourant hier après-midi ?

— Oui, c'est moi.

— Lui aviez-vous bien examiné le crâne ?

— Non, monsieur, je n'y ai pas pensé...

Mon sang se fige. Je viens innocemment de cautionner un crime ! J'explique carrément toute la situation.

— Rassurez-vous, me dit le chef de service, il n'a aucune trace de coup, mais sachez qu'il faut toujours le faire en pareilles circonstances. On peut avoir des surprises. L'angle de la cheminée après un repas de dimanche bien arrosé est un bon alibi.

Ouf! Je venais de vivre, de l'intérieur, une édifiante leçon. A-t-on idée de ce que peut cacher un banal fait divers?

Petit à petit, la médecine générale allait m'ouvrir le regard sur l'existence des autres. Diamétralement opposée à l'univers chirurgical qui est focalisé sous le faisceau du scialytique, la médecine générale embrasse la vie des gens dans sa totalité. Se mettre à l'écoute, pour tenter de percevoir ce qui se joue au-delà du symptôme. Une noble manière de servir autrui, un sacerdoce que j'allais épouser par intermittence au cours de treize années de ce qui allait devenir ma profession : médecin-généraliste-remplaçant.

Un métier bien particulier : éclectique, exigeant beaucoup de souplesse; un renoncement, au moins temporaire, à toute idée de carrière, de clientèle, d'installation; l'acceptation de conditions parfois précaires... mais vous offrant en échange une vue absolument unique sur les soubassements humains de notre civilisation. Un métier qui allait me faire incontestablement grandir.

Je remplaçais, par définition, des médecins généralistes qui s'absentaient pour des raisons professionnelles, ou de santé (même les médecins peuvent tomber malades), mais surtout pour prendre du repos. Les fortes demandes de remplacement portaient sur les périodes de Noël ou de Pâques, et sur les vacances d'été. Autant dire que je travaillais quand tout le monde partait en vacances. Pour en vivre toute l'année, il me fallut constituer une large « clientèle » de confrères à remplacer, c'est-à-dire prospecter, téléphoner aux uns et aux autres pour proposer mes services. Mon réseau s'étendait de Toulouse à Toulon, et au nord jusqu'à Grenoble. Il ne fallait pas faire la fine bouche, mais accepter toutes les offres, quitte à jongler avec les calendriers de chacun, être prêt à traverser la France pour rendre service à un confrère, ne serait-ce que l'espace d'un week-end.

Médecins comme malades aiment bien garder, d'une année sur l'autre, le même remplaçant. Il faut savoir que lorsque vous remplacez un médecin généraliste, vous entrez dans son intimité : vous vivez dans sa maison, vous dormez dans son lit, vous disposez de son secrétariat, de sa femme de ménage… vous épousez littéralement la vie de celui que vous remplacez ! Attention de ne pas succomber à la tentation de vous prendre pour lui : la première consultation saura durement vous défaire de vos illusions. Cela se passe en général ainsi :

Vers 13 heures, le déjeuner est servi dans la salle à manger du docteur, ce qui est très « nourrissant » pour l'esprit d'un jeune médecin en herbe. Tout le temps du repas, la sonnette de la salle d'attente ne cesse pas de retentir. Quel succès ! Il y a même quelqu'un qui est arrivé à 12 h 30 pour être assuré de passer le premier à 14 heures, à l'ouverture de la consultation. Un coup de peigne et de brosse à dents, et c'est parti… pour une belle désillusion.

Quand vous ouvrez la porte de la salle d'attente, la foule, surprise, détourne rapidement les yeux – chacun regarde son voisin. Le premier client, celui qui attend là depuis une heure et demie, n'a pas vraiment le choix : il est condamné à se lever et à vous précéder dans la salle de consultation. C'est souvent un retraité, venu pour un renouvellement d'ordonnance sans grande conséquence. Mais à peine a-t-on commencé à prendre la tension de ce brave patient, que l'on entend la rumeur de l'exode : la plupart des autres prennent la poudre d'escampette ! La deuxième fois que vous ouvrez la porte de la salle d'attente, il ne reste plus que quatre personnes : deux pour un certificat médical urgent et deux courageux : ce seront vos premiers vrais clients dans le secteur.

Il y a aussi les patients qui se font soigner à la maison et qui vous découvrent fortuitement au téléphone.

— Allô, docteur ?

— Oui.

— Mais vous n'êtes pas le docteur !

— Non, je suis le remplaçant.

— Ah... Quand est-ce qu'il revient, le docteur ?

— À la fin du mois, madame.

— Hou là là, mais c'est que nous n'allons pas pouvoir patienter jusque-là. Attendez un instant s'il vous plaît. (Chuchotements : *Marcel, le docteur n'est pas là, c'est un remplaçant et...* silence). Mon mari demande si vous êtes le remplaçant de l'année dernière.

— Non, madame, c'est la première fois que je remplace le docteur.

— Parce que, l'année dernière, mon mari n'avait pas été très content du remplaçant. (Chuchotements : *Alors qu'est-ce qu'on fait ?*)... Eh bien, tant pis, venez quand même, docteur.

Que ce soit à la consultation ou pour une visite à domicile, voilà ce que le médecin remplaçant doit s'apprêter à vivre tous les jours de son éphémère carrière. C'est un peu déstabilisant, surtout au début quand, pétri de doutes, le jeune toubib a surtout besoin d'encouragements et de marques de confiance. Il ne faut pas se formaliser, mais simplement y voir un premier indicateur de l'inquiétude des gens.

Sauf en période d'épidémie de grippe, de rougeole ou autres maladies infectieuses – où les patients s'adaptent vaille que vaille –, il me semble que ce rejet du remplaçant témoigne, dans l'ensemble, du bon état de santé général de nos contemporains. Comme si les gens se prenaient davantage en charge en l'absence du médecin.

La médecine libérale m'a énormément enrichi et informé sur la nature humaine. Elle m'a forcé à écouter les autres, à ouvrir les yeux sur la société dans laquelle j'avais vécu jusque-là, en ignorant tout de ce qui se passait réellement derrière les murs. La hiérarchie hospitalière m'avait fait toucher du doigt les jeux de rôle dans lesquels nous nous laissons emprisonner. La médecine générale a étendu le champ de mon observation à l'ensemble de la société.

Le médecin de famille a accès à beaucoup de vérités cachées. C'est d'autant plus évident que l'on fait des visites à domicile. Tout d'un coup, vous découvrez la réalité sociale crue, intime. Vous vous rendez compte des conditions dans lesquelles vivent les gens, des zones qu'ils doivent traverser tous les jours pour se rendre chez eux, de la difficulté qu'ils ont à y vivre. J'ai des souvenirs d'appartements tristes à se pendre, d'immeubles atroces, de cages d'escalier pires que tout ce que j'avais imaginé – je n'avais pourtant pas été gâté. Je me disais : « Si tu avais démarré ta vie ici, aurais-tu eu la moindre chance de décoller un jour ? »

À l'inverse, je me retrouvais aussi dans des palaces, des villas de nabab, surtout en Haute-Provence ou sur la Côte d'Azur. Mais je peux vous assurer que les riches souffrent des mêmes maux que les pauvres. Les problèmes sont *grosso modo* partout les mêmes, dans des décors différents. Il m'est arrivé, par exemple, d'avoir à ma consultation de l'après-midi la caissière d'un supermarché et le soir son patron, qui me faisait venir chez lui à 20 heures, usant de sa situation pour se donner le temps de m'expliquer ses misères. Eh bien, ils souffraient des mêmes maux : crise de spasmophilie, brûlures d'estomac, mal de dos… En fait, ils présentaient le même terrain de personne stressée, fatiguée, fragilisée par la pression économique, par cette nécessité de satisfaire : elle son directeur, lui le *big boss* de la chaîne de supermarchés… et ainsi de suite, du haut en bas de l'échelle sociale.

La médecine générale me fit découvrir ces cascades de stress, d'intolérance, d'exigence, d'inquiétude, de colère, qui descendent, comme des coulées de poison, le long de nos hiérarchies humaines. Je fus frappé par le niveau d'angoisse dans lequel vivent les gens !

En comparaison, je me sentais bien léger. Sans ancrage familial ni professionnel, j'offrais moins de prise aux pesanteurs de la vie. J'avais eu des soucis d'adulte quand j'étais enfant ; j'étais déterminé à ne pas me laisser ronger par cet arsenal de tortures sociales que je voyais s'abattre sur mes congénères, les ruinant de la part de vitalité et de joie de vivre qui est en chacun d'entre nous. C'était pour moi autant d'économies disponibles, en force, en optimisme et en courage, que j'essayais de transmettre sans retenue, dans ces périodes de remplacement relativement courtes.

Mais la jeunesse a ses limites, et l'expérience me fit parfois défaut. Lors d'un remplacement à la campagne, je fus appelé par une femme à la voix terriblement soucieuse au téléphone. Sitôt entré dans la cuisine de la ferme, je sentis un poids me tomber sur les épaules :

– Docteur, je vous ai fait venir parce qu'il y a un problème. Voilà : ma fille est enceinte.

À cette époque, il n'y avait pas d'IVG. Je me demandais ce que j'allais faire. Mais la mère poursuivit, en baissant les yeux :

– Le problème, c'est que c'est son père.

On sait que ce fléau frappe encore très fort, mais c'était la première fois que je tombais sur un cas d'inceste. Je ne me souviens plus quelle fut mon attitude, je me souviens en revanche d'avoir été désemparé. Le généraliste se trouve vraiment en première ligne, face aux pires avanies de la condition humaine. C'est un métier difficile et extrêmement prenant. Il m'a aidé à donner du relief à mes bonheurs simples.

– Regardez ce que j'ai reçu, docteur, s'écria un jour une patiente en me tendant une lettre de la Sécurité sociale.

On lui expliquait qu'après six ans de traitement, sa tumeur maligne du sein ayant disparu, elle était désormais considérée comme définitivement guérie. On l'invitait cependant à se rendre, une fois par an, à l'hôpital, pour un contrôle de routine. C'était de toute évidence une bonne nouvelle et je ne comprenais pas le désarroi de la dame.

– Vous ne voyez donc pas qu'ils veulent me retirer le 100 % ?

Ce n'était pas une question économique, elle était clairement à l'abri de la misère. Mais je réalisai que de revenir au régime normal de la Sécurité sociale signifiait pour elle la perte de son statut de malade – le statut sans lequel, après une si longue prise en charge, elle se sentait nue, comme si elle avait perdu sa carapace protectrice. Que dire à cette dame, sinon quelques paroles de réconfort ?

Le médecin généraliste se trouve en prise directe sur l'immense fragilité de l'individu moderne. Combien de fois ai-je entendu les malades se présenter à moi comme des personnages importants en me disant :

– Docteur, vous ne connaissez pas mon cas, mais il faut que vous sachiez que je suis au 100 %.

C'était dit avec le même ton que s'ils m'avaient montré un important diplôme ou une médaille militaire obtenue au front. Craignant de me voir prendre une quelconque initiative, moi simple remplaçant, ils me dictaient ensuite tout bonnement ce que je devais faire :

– Alors voilà, docteur, vous allez tout d'abord me prendre la tension...

Au début, j'étais vexé : ils n'allaient quand même pas m'apprendre mon métier ! Avec l'expérience, je compris qu'il s'agissait d'un rituel. À la fin de l'examen, ils me dictaient aussi mon ordonnance :

– Alors, vous allez me marquer : du P., il m'en faut trois boîtes, du L. trois boîtes aussi, du G. deux boîtes...

Ils savaient par cœur ce que leur prescrivait leur médecin habituel. Il n'aurait pas fallu que je m'avise, moi blanc-bec de rien du tout, de faire dévier la sacro-sainte ordonnance d'un iota ! N'ayant généralement rien à redire à la prescription du confrère, je m'exécutais donc.

Chaque médecin de France a, chaque jour, quelques visites de cette sorte. Je suis persuadé que certains patients sont tellement installés dans leur maladie que, si vous leur dites qu'ils sont guéris, ils meurent ! C'est ainsi que trop d'assistance peut conduire à l'impotence, comme si l'abus de la béquille finissait par nous rendre infirmes.

Paradoxe d'une société très évoluée, qui a donné à chaque individu l'accès gratuit aux soins et à l'école. Ces avancées sociales formidables, gagnées parfois de haute lutte pour protéger les citoyens, les émanciper, les élever dans la culture, devaient nous libérer l'esprit. Elles nous ont en fait emprisonnés.

Après quatre années sans contrainte, à prendre la vie comme elle venait, à courir le monde et d'un cabinet de médecin à l'autre, je sentis peu à peu mûrir en moi le désir de m'investir à nouveau dans un travail prenant.

Je me rendis donc à la faculté de médecine de Toulouse et pris rendez-vous avec le patron du laboratoire de neurophysiologie, avec l'idée de m'impliquer dans la recherche. Comprendre le système nerveux est une exploration fascinante, au cœur des mystères de la motricité, de la mémoire, de la pensée humaine. Dans cette recherche, le génie technologique et la gamberge intellectuelle se stimulent dans un savant mélange.

En acceptant le rendez-vous, le Pr Bessou m'avait dit :

— Je n'aurai que dix minutes à vous accorder.

En si peu de temps et avec beaucoup de conviction, je tentai de lui faire comprendre mon souhait : tout simplement agir dans son service, sans me préoccuper de carrière.

Au bout de quelques secondes, il ouvrit un tiroir et en tira un gros paquet de lettres :

— Voilà les cent vingt dernières demandes de poste d'assistant que nous avons reçues ! Vous pouvez toujours ajouter votre nom à la liste.

J'insistai :

— Je ne suis pas venu vous demander du travail, ni même un salaire, simplement un accès à votre laboratoire.

Notre entretien dura finalement deux heures. Je me souviens que ma passion pour la chirurgie avait débuté ainsi, en commençant par regarder, puis à donner la main, en me rendant disponible.

Quelques semaines plus tard, en plein mois d'août, alors que j'effectuais un remplacement dans les Pyrénées, je reçus un coup de téléphone du Pr David, du laboratoire d'histologie de la faculté de Toulouse. Je crus d'abord qu'il m'appelait pour me donner des nouvelles d'un patient. Mais non :

— Vous avez fait une demande de poste d'assistant auprès du Pr Bessou. Il m'en a parlé. J'ai quelque chose à vous proposer.

Ce n'était pas exactement le laboratoire où j'aurais eu envie de travailler, mais l'idée me plut. On était à la fin de l'été et j'avais prévu d'aller grimper à Chamonix.

— Si vous voulez ce poste d'assistant, je vous attends lundi, ajouta le Pr David.

Je renonçai à ma course en montagne et il m'engagea séance tenante. Du jour au lendemain, j'allais devenir assistant de fac, à la fois chercheur et enseignant !

Assistant à la faculté de médecine est un poste de responsabilité, surtout en matière d'enseignement. Souvent tard le soir, je me retrouvais assis face à des cours que j'avais à cœur de préparer. C'était un vrai plaisir de redécouvrir les questions de biologie, de mettre en ordre ma mémoire avec l'éclairage de l'expérience. Le savoir procure des joies tout autres quand on a franchi un certain seuil de connaissances. Les synthèses sont plus faciles. Il arriva aussi que les questions des étudiants dépassent ma culture, me forçant à de nouvelles lectures sur le sujet.

Le programme du premier trimestre en deuxième année de médecine portait sur l'appareil de reproduction féminin. Cette fonction essentielle, au cœur même de notre existence, soulève d'innombrables questions et l'on se sent plus passionnément écouté sur les fonctions génitales que sur les cellules du pancréas. La physiologie de la reproduction interroge, plus que toute autre question, la vie personnelle des étudiants.

Je fus moins impressionné que je ne le craignais par les ricanements de l'auditoire, toujours émoustillé par le sujet. L'exercice de la médecine m'avait visiblement préparé à parler de ces questions intimes. On est moins intimidé par la foule quand on connaît mieux les fonctionnements individuels. Le contact avec la réalité médicale m'aidait à présenter de façon concrète des données physiologiques souvent abstraites. C'est ce lien entre la science et la vie qu'il me plaisait de privilégier en travaux dirigés avec les étudiants. Pour qu'une fonction complexe soit bien comprise et retenue, il fallait qu'ils en sentent l'explication en eux-mêmes. Réaliser simplement que la femme et la lune ont des cycles en harmonie est déjà une aide à la compréhension des choses !

L'enseignement me passionnait et, certains jours, je me disais que ça y était, que j'avais trouvé ma voie. Finalement, cela n'avait pas été si compliqué ! En revanche, dans ce service où travaillait une majorité de filles et de belles-filles de professeurs de la faculté de médecine de Toulouse, les perspectives de recherche mettaient du temps à se profiler. Heureusement, le devoir d'enseigner, ce contrat d'honnêteté qui me liait aux étudiants, m'entraînait à poursuivre coûte que coûte.

Certes, il y avait longtemps que je n'avais pas exercé d'activité sédentaire et, certains jours, les murs de l'institution me pesaient. Jacques Lacaze et André Bouissière, deux amis guides de montagne, m'emmenaient souvent avec eux dans les Pyrénées faire de belles ascensions.

Et puis j'avais un autre repaire dans la Montagne Noire, sur les plateaux qui dominent la plaine du Lauragais… Une sorte d'arche de Noé. Un refuge où les histoires qui se cousaient tard le soir, au coin du feu, allaient toujours dans le sens des choses que j'aimais. Après une jeunesse sauvage à arpenter les Pyrénées derrière les troupeaux, Jacques Planas vivait là maintenant, avec sa famille. C'était un berger de légende. Ses chiens gagnaient tous les concours de dressage. Ses deux borders collies vous faisaient passer une poule entre les jambes ! Sa femme Hélène montait des chevaux magnifiques. Son fils vivait avec des serpents dans les poches. Depuis la fracture du col du fémur de la grand-mère, le sanglier était interdit de séjour dans la cuisine. Tous étaient imprégnés de cette puissance sauvage et sensible des êtres façonnés au contact permanent de la nature. Mais Jacques avait par-dessus tout un talent exceptionnel de fauconnier. Il connaissait tous les rapaces et pouvait dessiner le plan cadastral de leurs aires, des Cévennes aux Pyrénées. Même les rois d'Arabie l'invitaient pour chasser au poing dans le désert ! Ses oiseaux habitaient dans un vieux bâtiment de pierre qu'il ne faisait jamais visiter, ce qui ajoutait au mystère qui drape le fauconnier. À tour de rôle, il faisait voler un aigle royal ramené de l'Himalaya, un autour, des palombes ou un épervier. J'étais fasciné par le lien subtil qui unissait cet homme à ses animaux, une relation exclusive née du talent et de la patience. Quand je redescendais de ce repaire incomparable, mon cerveau avait gagné des ailes.

En ce jour de février à Toulouse, le canal du Midi et la Garonne enlisaient la ville dans un épais brouillard. Il était 13 heures, je rentrais de la fac.

Dans ma boîte aux lettres, un courrier envoyé par quelqu'un qui, de toute évidence, n'écrivait pas souvent : petite écriture malhabile, mon nom tout en haut de l'enveloppe… Je l'ouvris en montant l'escalier et, soudain, mon cœur manqua s'arrêter. Je lus :

> Monsieur
> Si vous avez toujours le désir d'embarquer à bord de *Pen Duick VI*, je peux vous prendre pour les courses Los Angeles-Honolulu, Auckland-Rio et Rio-Portsmouth…
> Voici en gros le programme de *Pen Duick VI* :
> Fin mars au 15 mai : croisière aux Antilles.
> 20 mai : passage du canal de Panamá.

15 juin au plus tard : arrivée à Los Angeles.

2 juillet : Los Angeles-Honolulu.

Vers le 11 juillet : arrivée à Honolulu.

Et après croisière à travers le Pacifique pour être en Nouvelle-Zélande début décembre.

Départ d'Auckland en Nouvelle-Zélande : fin décembre.

Arrivée à Portsmouth en Angleterre : en avril 78.

Vous pouvez si vous préférez ne nous rejoindre qu'à Auckland, ou à Tahiti, ou ailleurs.

Bien cordialement
ÉRIC TABARLY.

Je dus relire cette lettre dix fois avant d'oser y croire. Tabarly ! Le tour du monde ! Médecin du bord ! Une véritable liesse s'empara de moi.

J'en parlai au Pr David, amoureux de la mer et des bateaux. En homme intelligent, il n'essaya pas de me retenir, il sentait bien qu'au fond de moi le choix était déjà fait.

— À votre place j'irais, me dit-il avec un sourire d'envie.

Les jours qui suivirent, les candidats à ma succession furent nombreux à demander de mes nouvelles. Je pris conscience pour la première fois du poste de choix que m'avait accordé le Pr David et lui renouvelai ma gratitude pour sa confiance spontanée. En démissionnant je savais que je regretterais l'enseignement, mais l'aventure que me proposait Tabarly ne se présenterait plus jamais.

« On n'empêche pas une mouette de prendre le large. »

J'avais écrit cette phrase de Bernard Moitessier en grosses lettres rouges sur le mur de ma chambre, en face de mon lit, pour me rappeler, s'il en était besoin, qu'on est toujours libre de ses choix.

Au fil des mois, je n'y avais plus fait attention. Soudain, cette parole rayonnait, comme une image sainte veillant sur mon destin.

8
Éric Tabarly, une éternelle présence silencieuse

Mes parents ne comprenaient pas bien les raisons de ce nouveau départ. Pourquoi toujours remettre en question ce qui demande tant de travail à construire? S'ils s'interrogeaient sur ma décision d'abandonner si vite une rare opportunité universitaire, ils gardaient pourtant tous les deux une attitude discrète, sans chercher à m'influencer. Une chose les rassurait : je partais avec un homme de grande renommée. Ils étaient même assez fiers de la confiance que m'accordait Tabarly.

Quand je franchis la porte avec mes deux gros sacs sur le dos, mon père et ma mère me regardèrent, les yeux rougis, sans rien dire. Il n'est pas facile de parler la gorge serrée.

– Fais attention! me lança une dernière fois maman.

Mise en garde instinctive d'une mère. Le départ de l'enfant est toujours une déchirure. Le bras tendu, j'agitais la main pour un dernier au revoir, en m'appliquant à sourire pour les rassurer sur la bonne maîtrise de mon destin.

Passé le coin de la rue, mon cœur et ma gorge se dilatèrent. Le long de la route conduisant à la gare, les maisons et les champs qui avaient balisé mon enfance semblaient me montrer un nouveau visage, rieur, aux couleurs de liberté.

Ce départ fut un grand moment de jubilation. J'avais l'impression de m'arracher à une immobilité existentielle. Je savais maintenant où j'allais, sans vraiment deviner jusqu'où cela me conduirait. L'occasion s'était présentée et je l'avais saisie. J'aurais certes pu argumenter sur la légèreté de mon choix, semblable à un coup de tête, lister mille raisons futiles pour condamner cette fuite. Mais j'avais autant d'arguments pour la défendre. Il y a les schémas logiques du cerveau et les aspirations du cœur. Faut-il s'imposer des choix rationnels, quitte à s'éloigner de ses désirs ? Les regrets accumulés bâtissent trop souvent les murs infranchissables des remords. En fait, je me refusais à toute discussion intérieure. Je fonçais donc droit devant moi, avec l'aventure pour seul mobile. Un désir si vivace devait être nourri par une racine profonde ! Pourquoi combattre sa nature ?

Il était minuit quand j'arrivai sur *Pen Duick*. Je fus accueilli par Titouan Lamazou, un Béarnais tout de suite en sympathie avec mon accent du Sud-Ouest. Au matin, Tabarly me souhaita une « bienvenue à bord » des plus sobres, sans lever les yeux de ses chaussures. Cette entrée par la grande porte, au beau milieu d'une course au large dont je ne connaissais rien, était un peu déroutante. Et je n'étais franchement pas dans le coup, avec mon teint d'endive, mon chapeau de paille, mes lunettes de soleil, mes sandales en plastique et mon short de montagne taillé dans un pantalon noir en velours à grosses côtes ! Il allait falloir que j'affine mon look.

Quand l'immense coupole du grand spinnaker orange et noir de *Pen Duick VI* se déploya pour la première fois au-dessus de ma tête, j'eus l'impression d'être en pleine mer au cœur d'une cathédrale. Les mains serrées sur les haubans, les deux pieds bien écartés, la tête dans le ciel, je gardais les yeux rivés sur ce dôme géant qui nous entraînait à grande puissance. Avec le rythme de la houle, l'étrave se soulevait, semblait chercher sa route puis accélérait en se rapprochant de la surface, enfournant par moments son nez dans la vague qui nous précédait. Ces départs au surf sur les vagues dépassaient tout ce que j'avais imaginé. La mobilité et l'enchaînement des mouvements de l'équipage m'impressionnaient. Je me demandais sans cesse où me mettre sur ce pont encombré de winchs et de cordages : pas un seul mètre carré n'était libre. Je ne savais faire qu'une seule chose : tourner les manivelles – à condition d'être dirigé.

Je m'attelai donc à un « moulin à café », et tournai de toutes mes forces sur les ordres de qui voulait bien me les donner. Tabarly ne dirigeait jamais la manœuvre.

Nous parcourûmes les Antilles, de Trinidad pour assister au carnaval jusqu'à la régate de la Semaine d'Antigua, avant de traverser la mer des Caraïbes en direction de Panamá. Les équipiers s'appelaient Arestan, Petit, Poupon, Coste, Lamazou... ils avaient tous huit à dix ans de moins que moi, mais le toubib bénéficiait de certaines attentions, si bien que je trouvai vite ma place dans cette équipe.

La vie du marin qui traversait la mer des Caraïbes sur *Pen Duick VI* n'était pas triste. Bien sûr il faisait chaud, une moiteur tropicale à 27 °C avec un alizé très peu violent. Pas de frigo, ni même de glacière, donc ni boissons fraîches, ni légumes frais – il ne restait que quelques bananes bien mûres, comme Éric les aimait : si dégoulinantes que nous n'y touchions pas. Mais l'ambiance était bonne, décontractée. Nous ne fournissions pas d'efforts démesurés, la régularité du vent permettant de porter le spi léger sans interruption. De temps en temps, une manœuvre d'empannage réveillait l'équipage, qui s'adonnait sinon au *farniente*, à la lecture, à la baignade à la traîne derrière le bateau ou à des bricolages divers. Philippe Poupon réparait les deux spis que nous avions éclatés à la Semaine d'Antigua. Jacques Arestan avait plongé la tête et les bras dans le groupe électrogène en panne. Titouan dessinait les illustrations d'un article à paraître dans *Régates*. Cette jeune équipe était nourrie au bon poisson frais pêché à la traîne, préparé par Boubou, mareyeur à Concarneau.

Panamá. Le franchissement du canal fut une expérience mémorable. À 6 heures du matin, le pilote arriva à bord, portant un arsenal de radios et de téléphones autour de la taille et ses vivres pour la journée dans un sac en plastique. Ses ordres tombaient, secs et précis, dans un américain du fin fond des choanes.

– Suivez ce cargo, nous passerons les écluses avec lui.

Une bifurcation du canal partait vers la droite dans la forêt.

– C'est le chantier des Français, dit le pilote, une catastrophe avant que les Américains ne reprennent la situation en main, au siècle dernier.

Le cargo devant nous avançait lentement dans un entonnoir de béton conduisant vers la tranchée profonde de l'écluse, fermée par une porte massive. À la barre, Tabarly étirait le cou pour amener l'étrave de *Pen Duick* à la poupe du navire qui nous dominait. Il fallait se serrer. Derrière nous, la porte de l'écluse, haute d'une vingtaine de mètres, se ferma lentement sur l'océan Atlantique. Des coups de sifflet stridents nous firent lever les yeux sur quatre énormes câbles qui tombèrent à nos pieds avec la précision diabolique des meilleurs coups de lasso du Far West. Saisi par ces quatre haussières – les câbles accompagnaient notre mouvement vers le haut en s'enroulant autour de treuils de belle taille –, *Pen Duick* se retrouva immobilisé. Par radio, le pilote échangeait avec les hommes d'en haut des mots que nous ne comprenions pas. Tout d'un coup, signalant qu'une énorme vanne s'était ouverte, l'eau se mit à tourbillonner à grands remous. Au fur et à mesure que le bateau montait, les haussières se trouvaient aspirées et avalées par en haut. Moins de dix minutes plus tard, le sas était plein et nous émergions au-dessus de la porte dans une situation tout à fait inhabituelle : une vingtaine de mètres au-dessus de l'Atlantique, et à la hauteur de la passerelle d'un cargo qui s'était enfoncé dans l'écluse descendante.

Trois marches successives conduisent ainsi au lac de Gatún, une réserve d'eau douce artificielle qui s'étend d'une côte à l'autre de l'isthme de Panamá…

À la latitude du Costa Rica, nous avions tout intérêt à faire route vers le large pour nous éloigner du courant froid qui descend du nord le long de la côte mexicaine. Mais nous ne pûmes échapper aux vents contraires pour remonter vers la Californie. La vie à bord, déjà assez spartiate, devint franchement ascétique : l'eau et le gaz furent rationnés, l'installation électrique ne fonctionnait plus, sans parler de la radio qui n'avait jamais marché. Tabarly n'avait cure de tout cela. Ce vide technologique lui donnait davantage de liberté. Il tirait ses plaisirs simples de compositions harmonieuses entre les voiles et le vent, la coque et les courants, il jouait avec la mer.

Au fil des milles, des manœuvres et des quarts, je m'étais fondu peu à peu dans l'équipe, au-delà de mon rôle de médecin. Je savais déjà depuis longtemps que c'est un poste d'écoute, de confidence. J'étais tout autant le père, la mère que le curé. Mais j'assurais aussi la fonction de maillon entre l'équipage et Éric. Notre capitaine, dit Pépé, avait quarante-sept printemps. Avec mes trente et un ans, j'étais l'ancien de l'équipage, et l'on m'avait surnommé Papy. Je le prenais comme une marque de respect et d'affection. Plus tard, Poupon me dira qu'on m'avait surnommé ainsi parce que je racontais toujours des histoires.

Nous arrivâmes à Long Beach, au sud de Los Angeles, un vendredi en fin d'après-midi. La douane monta à bord enregistrer notre entrée sur le territoire américain. Une fois les formalités terminées, le douanier demanda 50 dollars, car il était plus de 16 heures. Éric se fâcha.

— *It is a racket!* dit-il au douanier d'un air renfrogné.

Ni une ni deux, les autorités refermèrent leurs cartables et quittèrent le bateau en déclarant :

— Nous reviendrons lundi, voir si vous êtes décidés à payer.

Après trois semaines de mer et malgré notre grande envie de descendre en ville, nous passâmes les trois jours amarrés dans un coin sordide, dans les effluves d'une usine de sardines, sous le regard de détenus coincés derrière les grilles d'une prison. Nous avions bien proposé de nous cotiser, pour filer à Los Angeles, mais Éric avait refusé de céder. Une question de principe : à la Marine nationale, on est formé à ne pas aimer les Anglo-Saxons. Radin, Éric ? Très économe certes, mais *Pen Duick* n'était ni *Elf Aquitaine* ni *Fleury Michon*, et Tabarly, sans *sponsor*, devait jongler financièrement pour maintenir son bateau de course à flot.

Nous étions remontés jusqu'en Californie pour participer à la Trans-Pacifique, une course entre Los Angeles et Honolulu, qui aligne les meilleurs *racers* du monde. Pendant trois semaines, à la très *select* Marina del Rey, tout l'équipage participa à tour de rôle aux travaux de préparation du bateau. Chacun cotisa aussi à la caisse du bord pour payer la nourriture. Les quatre chanceux qui faisaient leur service militaire à bord y allèrent même de leur solde : c'était la règle.

Les bateaux de la course étaient tous déjà là, fin prêts. Le soir, les équipiers des bateaux américains, en bel uniforme, rejoignaient leurs hôtels, alors que l'équipage de *Pen Duick* escaladait la grille du chantier pour rejoindre ses bannettes. C'est vrai, nous n'avions pas les moyens, mais aucun de nous n'aurait échangé sa liberté contre les conventions du yachting mondain.

Quelques jours avant le départ, une mauvaise rumeur circula soudain sur les pontons. La direction de la course refusait la participation de *Pen Duick VI*, prétextant la présence d'uranium dans le lest de sa quille. C'était de l'uranium appauvri, non radioactif, mais l'argument pouvait suffire pour éliminer lâchement un sérieux concurrent. Malgré toutes nos démarches, notre disqualification fut déclarée irrévocable.

Éric tint pourtant à participer au départ. Au coup de canon, nous passâmes la ligne les premiers. Après quelques heures de course en tête, nous changeâmes brusquement de cap, direction les Marquises.

Éric était terriblement vexé d'avoir été ainsi rejeté au dernier moment, et furieux : venir jusqu'ici pour courir la Trans-Pac avait représenté pour lui un gros investissement financier…

Après une vingtaine de jours de mer, nous parvînmes aux Marquises. Nous en visitâmes toutes les îles à la « tabarlienne » : quadrillage systématique des lieux uniquement à la voile et à la force des bras – nous allions revenir particulièrement musclés de cette croisière ! D'autant plus que nous étions onze : de quoi faire une équipe de football, le sport favori des Marquisiens. Après une ou deux parties « pour rire » sur la plage, radio-cocotier transforma notre voyage en tournée d'une équipe visiteuse ! Peu de monde connaissait Tabarly là-bas – l'archipel ne recevait pas encore la télévision. Mais quand notre bateau noir arrivait près d'un village, tout le monde semblait savoir qu'un match de foot allait avoir lieu.

Pour le dopage de l'équipe, nous buvions des décoctions de café vert grillé à la poêle. Après le match, c'était la fête au village, punch coco, thon cru au citron vert et chants marquisiens… Quelle belle vie ! Certains jours, assis sur le pont, dans la tiédeur de l'aube, toutes mes cellules en paix, mon corps s'arrêtait de vieillir. Rien en moi ne se plaignait plus dans cette harmonie. Le temps s'immobilisait dans un instant de bonheur éternel.

Le grand privilège de l'équipier est de ne pas endosser la responsabilité du programme d'une expédition. Merci, monsieur Tabarly, de nous avoir offert ces moments délicieux d'insouciance. Éric participait à tout, notamment au *footing* autour des îles, où il nous grattait régulièrement, aux matchs de foot, comme à la chasse au mouton sauvage ou aux chants de veillée avec les ouvriers d'un chantier, croisés sur une île au hasard de nos pérégrinations.

À Nuku Hiva, nous mouillâmes dans une anse tranquille et, sur la route qui conduisait au village, une Jeep s'arrêta pour nous emmener.

Le chauffeur était le plus illustre insulaire de cette île paradisiaque : Jacques Brel. Éric s'assit à l'avant. Titouan, Philou et moi passâmes à l'arrière. Un journaliste de TF1, qui nous avait rejoints pour faire un portrait de Tabarly, était à la limite de l'apoplexie : il se trouvait sans caméra ni appareil photo, avec Tabarly et Brel assis côte à côte dans une Jeep aux Marquises. Le scoop !

En arrivant au village, Brel nous laissa sur la place, sans chercher davantage de contact.

Le lendemain à la poste, où chacun se rendait avec l'espoir de recevoir du courrier, Brel refit une apparition. Il venait de recevoir un gros colis : un orgue électronique.

Notre reporter l'aborda :

– Jacques, j'ai à te transmettre le bonjour de notre ami Eddie.

– Qui c'est, Eddie ? demanda Brel imperturbable.

– Mais Eddie Barclay !

– Ah bon, eh bien, s'il veut me dire bonjour, il peut très bien le faire lui-même, par courrier, coupa Brel un peu méprisant.

En aparté, l'artiste nous déclara qu'il serait heureux de recevoir Tabarly, mais sans journaliste :

– Ça fait trois ans qu'ils annoncent ma mort. Un sentiment insupportable. Je ne veux plus les voir !

Le soir, sur la terrasse du médecin de l'île, qui nous avait invités à dîner, nous parvinrent les premières mesures de la chanson que Brel avait composée sur les Marquises, traversant le silence apaisant d'une nuit au paradis. Nous ne le revîmes plus.

En Nouvelle-Zélande, nous retrouvâmes les bateaux de la course autour du monde : *33 Export* avec son équipe de choc, Gabay-Parisis-Horeau ; *Neptune*, de Bernard Deguy ; *Japy-Hermes*, de Jimmy Vian ; les anglais *Great Britain II, Condor* ; l'italien *B & B*, d'Enrico Sala et Paolo Martinoni ; etc. L'ambiance était débridée !

Au fil des mois, les rôles à bord de *Pen Duick* s'étaient peu à peu mis en place. Philippe Poupon avait la haute main sur la préparation des voiles et du gréement. Jacques Arestan se débattait toujours avec le même vieux groupe électrogène, Titouan Lamazou terminait les illustrations du futur *Guide de manœuvres* d'Éric Tabarly, pendant qu'Olivier Petit apprenait le morse pour capter la météo quand nous serions en plein Pacifique.

Quelques jours avant Noël 1977, le départ de la troisième étape de la course autour du monde fut donné depuis Auckland. *Pen Duick VI* participait pour la deuxième fois à cette course prestigieuse et Éric avait bien l'intention de prendre sa revanche : quatre ans plus tôt, il avait démâté deux fois !

Brusquement, tout changea. Nous étions à nouveau en course. Plus question de farniente, et d'ailleurs le temps ne s'y prêtait pas du tout. Les dépressions nous arrivaient périodiquement de l'arrière, levant, sous ces latitudes, une mer énorme. Barrer redevint un art. Nos manœuvres ressemblaient à des ballets où je tenais désormais une place à part entière. Je faisais mes heures à la barre comme tout le monde. C'était la grande course au large, méthode Tabarly : tout dessus et à fond.

Pen Duick VI dégageait une puissance rassurante. Éric faisait le point au sextant. Nous n'avions ni appareil de positionnement par satellite (ils n'existaient pas encore), ni radio, ni radar pour nous signaler les éventuels icebergs : pour la veille, il fallait ouvrir grands les yeux, et, quand la nuit était trop noire, on s'en remettait à la providence. L'engagement dans cette mer de déferlantes me fascinait. Il m'arrivait de hurler quand la vague nous entraînait dans un long surf à vive allure…

Après trente-cinq jours de navigation, le cap Horn fut en vue. Les vents d'ouest nous avaient portés jusque-là sans encombre. On me rappela que la légende du cap Horn tient surtout à ceux qui, venant de l'est, avant que Panamá n'existât, ont bravé les tempêtes au risque de périr, à une époque où les bateaux de charge ne remontaient pas contre les vents. Nous leur rendîmes silencieusement hommage.

La remontée vers Rio est la récompense de tout caphornier, soulagé d'avoir échappé aux furies de l'océan Austral. À chaque degré de latitude gagné vers le nord, la température de l'air se réchauffe. En quelques jours, on passe de la fourrure polaire au torse nu. À cette étape, nous arrivâmes largement en tête de la course, devant les deux bateaux britanniques. Ces « faux culs » d'Anglais, nostalgiques du temps où ils dominaient les océans du monde, nous disqualifièrent cependant sans tarder, pour les mêmes raisons que les Américains ! La nouvelle ternit un peu notre arrivée. Mais la fête reprit vite ses droits : Rio préparait son carnaval !

Ce fut la dernière fois que le plus huppé des yacht-clubs du monde accueillit la course autour du monde, les équipages en liesse s'étant, lors de cette escale mémorable, livrés à une vaste orgie, « mordant la ligne jaune » des convenances aristocratiques.

Bientôt, nous disions « *bye bye* » à Rio. Telle une machine bien huilée, nous reprîmes le rythme de la course. Pour la dernière étape, tout se jouait dans une négociation habile avec le pot au noir et l'anticyclone des Açores. Finalement, nous arrivâmes deuxième à Portsmouth, en Angleterre, derrière *Condor*...

Le soir même, Tabarly donnait le signal du retour vers la France, malgré un temps exécrable : le sol anglais lui brûlait les pieds ! Nous entrâmes droit dans la tempête, déchirant la grand-voile, revenant la réparer et repartant dès le lendemain à l'aube. La Manche était chaotique à l'extrême, blanche d'écume. Un vent de force 9 et une mer démontée venaient de pousser le pétrolier *Amoco Cadiz* contre les rochers de la côte. La Bretagne allait connaître sa première catastrophe écologique.

L'entrée dans l'embouchure de l'Odet marqua la fin du voyage.

Le soir, nous quittâmes *Pen Duick*, nos sacs chargés de souvenirs. Cela faisait un an que nous étions partis. Bien des choses avaient dû changer au pays. Nous aussi, nous avions changé.

Éric Tabarly nous avait donné la chance d'embarquer sur un voilier prestigieux, de connaître la mer, d'apprendre à naviguer, de vivre une aventure fabuleuse, dans l'intimité d'une équipe où s'étaient bâties de solides amitiés : Coste, Titouan, Petit, Poupon, Arestan... Tous, nous allions rester liés par ce décisif apprentissage auprès de Tabarly. Sur son bateau, nous avions disposé d'une liberté formidable, alors qu'Éric observait vis-à-vis de lui-même une discipline militaire. Parfois, aux escales, son entrée dans le bateau intimidait les invités de l'équipage et la rigolade baissait d'un ton. Mais, à l'évidence, le sentiment de déranger le dérangeait plus que nous ! Malgré une apparence légèrement maladroite, un orgueil et une fierté bien contenus donnaient de la prestance à cet homme d'une grande pudeur. Il me fallut du temps pour m'apercevoir de tout ce que j'avais appris au contact de ce maître silencieux, à commencer par la réponse sans paroles à la question : comment être simplement là ?

9
Mer et montagne, le mariage de deux passions

Au bout de six mois de navigation à bord de *Pen Duick VI*, la mer avait commencé à m'habiter. Désormais, je me sentais bien sur l'eau. Je savais regarder la terre avec l'œil du marin. Le monde s'ouvrait, sans limites. C'est alors que se produisit un étonnant télescopage. Nous naviguions sous les chaudes latitudes du Pacifique, quelque part entre les Marquises et les Tuamotu, quand, sans doute par nostalgie du froid, le montagnard en moi fit germer l'idée d'une expédition... au Groenland !

Pour l'équipage, j'étais « l'alpiniste ». Il est vrai que j'aimais raconter des histoires de montagne, qui éveillaient la curiosité de mes nouveaux amis marins. Je connaissais aussi la géographie des continents froids. Ainsi leur expliquai-je un soir que le Groenland est une île géante, grande comme quatre fois la France, couverte en totalité par une immense calotte glacière de 2 000 mètres d'épaisseur et entièrement ceinturée par une chaîne ininterrompue de montagnes plongeant directement dans l'océan. J'avais vu quelques images de ces sommets, elles donnaient l'impression d'arriver en haute montagne par la mer, comme si l'on pouvait remonter la mer de Glace en bateau, jusqu'aux Grandes Jorasses ! D'où l'idée qui me vint alors : approcher le pied des parois du Groenland en bateau.

J'avais la sensation d'avoir trouvé la synthèse des synthèses. Un programme qui réunirait à la fois mes amis alpinistes et ceux de mes amis marins qui voudraient bien m'accompagner.

Titouan Lamazou, Olivier Petit et Jean-François Coste trouvèrent l'idée séduisante et retinrent aussitôt leur place. Quant aux montagnards, je les savais convaincus d'avance.

Les parois boréales sont magnifiques, tous les montagnards le savent. Le principal problème est d'y accéder. En arrivant par la mer, on résolvait tout. En peu de temps, l'idée de l'expédition se précisa dans mon esprit. Plein d'enthousiasme, je décidai de baptiser mon projet du nom pompeux de « Groenland 79 ».

Pour la première fois, le coût du voyage dépassait largement mes propres capacités financières. Il fallait trouver des fonds ailleurs. Faire un dossier, prendre des rendez-vous, expliquer que cette expédition était au centre du monde, puisqu'elle se situait au centre de ma vie... Pour la première fois, j'étais confronté à toutes ces pratiques où le courage et l'imagination viennent rudement à la rencontre de l'argent et du spectacle. Les marins avaient ouvert la voie du *sponsoring;* je tentais d'appliquer leur recette à ce projet qui n'était pas une course, mais une aventure originale.

L'alliance entre les compétences de la mer et celles de la montagne était une première. J'avais, il faut dire, la meilleure équipe possible : trois bons grimpeurs pyrénéens, Bruno Prat,

Jacques Prat et Christophe Olivier, les marins de Tabarly, Michel Loye, photographe des expéditions d'Haroun Tazieff... du gâteau ! Nous fîmes tous les dossiers à la main, avec énormément d'application. Pour assurer la logistique et le minimum vital, je faisais, parallèlement, des remplacements. Et l'attente commença.

Toutes les personnes contactées chez les sponsors potentiels se disaient séduites par mon projet. Mais, malgré tous mes efforts, je ne voyais rien venir, côté financement. Ce ne fut qu'au mois de mai, à quelques semaines du départ supposé, que je trouvai enfin un bateau, le *Japy-Hermes*. À l'abandon dans un port depuis le retour de sa dernière course, un an auparavant, le *Japy-Hermes* avait besoin d'un sacré coup de ravalement. Mon ami Bernard Buigues, dit Stef, accepta d'abandonner quelque temps son poste d'ambulancier pour embarquer comme diéséliste – un reportage le présenterait un jour très justement comme un « bricoleur de génie ». Stef apporterait surtout beaucoup d'humanité à bord.

Finalement, au prix d'un travail acharné, d'une collecte générale auprès de tous les copains et de leurs familles, et de sérieux coups de main en matériel prêté, nous pûmes enfin prendre le large, le 14 juillet 1979.

Après deux semaines d'épouvantables roulis sur un bateau dont la seule qualité était de nous emmener au Groenland, un journaliste de France-Inter réussit à nous joindre par la radio des navires en mer :

— Avez-vous vu des icebergs ? demanda-t-il.

— Non, pas encore.

— Avez-vous affronté des tempêtes ?

— Pas vraiment.

— Avez-vous rencontré des monstres marins ?

— Non, nous n'avons rien vu.

— Bon... eh bien, bonne route ! Et appelez-nous s'il se passe quelque chose !

Tout jeune chef d'expédition, je n'avais pas encore saisi que les questions étaient surtout une ponctuation, une relance, une invitation au bavardage.

Sitôt viré le cap Farewell, nous longeâmes la côte ouest du Groenland, une succession de montagnes majestueusement dressées sur l'océan, enlacées par des glaciers géants qui serpentent jusqu'à la mer où ils vêlent des sculptures de glace, aussitôt emportées par le courant du Labrador. C'est là que je rencontrai mon premier iceberg. Une haute cathédrale blanche à voûtes turquoise, dressée sur l'horizon bleu nuit, dans la lumière crue de l'azur polaire. Nous passâmes des heures à le contourner, fascinés par ce géant de cristal qui allait marquer à tout jamais mon entrée dans l'univers polaire.

Trois semaines après notre départ, nous fîmes relâche dans un petit village isolé sur cette côte déserte. Au petit matin, des Inuit rentraient au port, de retour d'une nuit de chasse, leurs esquifs de peaux glissant sur l'eau. Accroupie autour du corps d'un phoque encore fumant, toute la famille mangeait à pleines mains les morceaux de viande crue que le père découpait.

Il nous fallut trois nouvelles semaines de mer avant d'arriver enfin à pied d'œuvre, dans le secteur d'Umanaq. Malheureusement, les montagnards n'avaient pas le cœur à l'ouvrage. Il est vrai que la mer vous scie les jambes en dérobant les appuis – et sur un pont de 20 mètres, les pas sont limités. D'autre part, l'ascension que nous avions projeté de faire se situait au nord-ouest, c'est-à-dire à l'ombre… sauf la nuit ! – mais le soleil nocturne ne chauffe pas beaucoup. Bruno Prat et son frère Jacques me demandèrent si nous ne pourrions pas nous fixer un autre objectif, moins austère. Maintenant que nous étions sur place, il suffisait de longer la côte et de s'immiscer entre les îles : l'album des parois défilerait sous nos yeux.

Nous avions de la chance avec le temps : l'anticyclone était bien installé. Mais, après la traversée éprouvante que nous venions de vivre, cette douceur groenlandaise ne nous incitait guère à foncer tête baissée dans une épreuve de résistance en montagne. D'autant moins que les marins, de leur côté, manifestaient eux aussi leurs envies. Ils voyaient d'un mauvais œil leur rôle se réduire à celui de taxi groenlandais pour alpinistes ! Ils voulaient profiter de la présence des trois guides pour s'initier à la grimpe. Un échange entre deux mondes, que je trouvais somme toute légitime.

Lentement, mais irrémédiablement, notre affaire se mit à dériver. Fléchissant sous la demande générale, j'essayai d'harmoniser les désirs de tous… sans perdre de vue notre objectif.

La vie était belle, ça oui ! Promenades, ascensions pour tous niveaux, pêche à la morue autour du bateau, pêche à l'omble chevalier dans les lacs de montagne, cueillettes de champignons… Je me laissais moi-même emporter par ce courant de vie, par cette envie de découvrir le Groenland qui, en fin de compte, paraissait plus naturelle que de s'engager à trois ou quatre pendant plusieurs semaines sur une paroi de 2 000 mètres, avec les autres qui nous attendraient en bas…

Bref, en quelques semaines de vacances, l'objectif que nous nous étions fixé et qui avait fédéré toutes nos forces disparut dans un grand flou artistique. Notre expédition prit des allures de camp de loisir de luxe, avec toutes les lassitudes que cela peut engendrer. Le temps passa et je me rendis compte que je ne parviendrais pas à redresser la tendance. À l'unanimité des participants, nous commençâmes notre descente vers le sud.

Souvent seul à la barre, je réfléchissais au bilan personnel d'une telle mésaventure. Je regrettais de ne pas avoir soutenu avec plus de fermeté la poursuite du projet initial. En prenant en compte les désirs et les limites de chacun, nous nous en étions détournés. En tentant de satisfaire tout le monde, j'étais passé à côté de mon rôle de chef d'expédition, qui aurait dû être de tout mettre en œuvre pour atteindre notre but. J'avais, en fin de compte, abaissé le dénominateur commun de nos motivations. Nous revenions bredouilles, et même si cela n'avait l'air d'affecter personne, je tenais à assumer cet échec collectif.

Une chose, au moins, me satisfaisait : avoir réussi à monter ce voyage jusqu'au bout, avec trois de mes meilleurs amis – Jean-François Coste, Titouan Lamazou et Olivier Petit. Cela me confortait dans l'idée que j'étais apte à poursuivre sur ce chemin d'aventure.

Je pouvais certes, sans souci, continuer mon parcours de médecin d'expédition. Mais le désir de construire mes propres projets grandissait et ce, en dépit de l'échec groenlandais. Je me disais qu'il me faudrait certainement, un jour, construire un vrai bateau d'expédition. Dans un avenir plus proche, je comptais bien rééditer cette expérience mer et montagne… en Patagonie, cette fois, en visant un sommet mystérieux : le Riso Patrón. Il n'existait qu'une seule photo de ce sommet, tellement les vents qui viennent du Pacifique obscurcissent le ciel de cette terre sauvage de l'extrême sud du Chili.

Quelques mois après notre retour, Jean-François Coste, Philippe Facque et moi prîmes l'opération en main, avec *Gauloise III*, un autre ancien voilier de la course autour du monde. Olivier Petit serait de la partie, en compagnie d'Enrico Sala, un marin italien, et de Jean-Yves Carrioux, spécialiste de la construction navale.

L'équipe d'alpinistes était solide : Bernard Prud'homme, président de la Compagnie des guides de Chamonix, qui allait devenir un de mes plus fidèles amis, Denis Ducros, guide et brillant cinéaste de montagne, Dominique Marchal, lui aussi guide à la vénérable Compagnie, Thierry Leroy qui venait de réussir la deuxième ascension du très sévère couloir nord des Drus, tous les quatre sous la houlette de Jean-Marc Boivin, alpiniste exceptionnel dans tous les domaines.

La navigation dans les canaux de Patagonie n'est pas de tout repos : les vents s'y engouffrent soudainement sans crier gare, à faire blanchir d'écume la surface de l'eau. Avec notre équipe de marins d'expérience, nous étions préparés à affronter tous les caprices du temps. Le vrai problème fut de trouver un fjord donnant accès à un itinéraire praticable jusqu'au pied de la paroi. Une fois sur place, nous fîmes une approche géographique, le sommet du Riso Patrón se cachant invariablement au-dessus des nuages.

La première marche d'approche allait dramatiquement affaiblir l'équipe. Thierry Leroy fit une chute dans une rimaye. Jean-Marc Boivin me prévint par radio :

— Il est coincé entre la paroi rocheuse et le glacier, et il répond difficilement à mes appels. Il souffre terriblement du dos.

Je craignais le pire. Nous démontâmes le cadre d'une couchette du bateau, pour qu'elle servît de civière, et partîmes sur-le-champ. Ils étaient à environ trois heures de marche. À peine avions-nous quitté le bateau que Bernard Prud'homme me prévenait qu'en allant porter secours à Thierry, Denis Ducros s'était, lui, luxé l'épaule. La situation se compliquait sérieusement, comme si le sort avait décidé de nous déclarer la guerre.

Quand j'arrivai sur les lieux de l'accident, Jean-Marc Boivin avait déjà accompli l'exploit de sortir Thierry Leroy de la rimaye et l'avait allongé bien à plat derrière un mur de pierre. Bernard, lui, avait remis en place l'épaule luxée de Denis ! Je remerciai le ciel d'être parti avec des compagnons aussi compétents.

Thierry avait vraiment mal au dos, mais il bougeait bien les orteils de ses deux pieds. L'absence manifeste de toute lésion médullaire fut pour tous un énorme soulagement. Commença alors le lent rapatriement jusqu'au bateau, qui demanda près de vingt-quatre heures d'efforts ininterrompus : hissage en paroi, traversée de cascade, descente d'éboulis... jusqu'à

Gauloise III, où Pierre Baudy nous avait préparé une de ses spécialités toulousaines.

Maintenant il fallait évacuer Thierry.

Nous sortîmes du fjord pour nous rapprocher de la voie de navigation qui va de Punta Arenas à Puerto Montt. Par radio, nous accrochâmes un bateau qui remontait vers le nord. Il serait à Puerto Edén le lendemain soir. Nous arrivâmes juste à temps dans ce village indien, totalement isolé du monde, qui troque des moutons contre toutes les autres nourritures. Thierry fut hissé à bord du navire et nous quitta en compagnie de Pierre Baudy, qui nous rejoindrait plus tard, à Punta Arenas. Nous avions désormais un bon alpiniste de moins dans l'équipe. J'allais tant bien que mal le remplacer.

Nous retournâmes vers notre objectif, en empruntant un autre fjord, du fond duquel partait une arête qui semblait monter tout droit jusqu'au Hielo Continental, ce grand glacier plat séparant l'océan Pacifique du massif du Fitz Roy, que j'avais déjà pu admirer quelque sept années plus tôt.

À peine débarqués, nous découvrîmes un nouvel obstacle, totalement inattendu : la forêt primaire. Une véritable jungle millénaire, inextricable, dont le sol est un enchevêtrement de troncs d'arbres morts, recouverts d'un épais tapis de mousse sur plusieurs mètres d'épaisseur. Ce mur quasiment infranchissable n'occupait qu'une bande de 500 mètres de hauteur le long de la côte, mais nous faillîmes ne pas en venir à bout.

Après trois heures de bagarre acharnée contre ce petit enfer vert, l'arête apparut enfin, belle, lisse, presque facile. Si bien qu'en fin de journée nous prenions déjà pied sur le glacier. Les marins qui nous avaient aidés à porter les charges redescendirent au bateau.

Un moment émouvant. Nous n'aurions plus de contact avec eux pendant quinze jours, puis nous les retrouverions à Puerto Williams, un petit port chilien assis sur le canal Beagle, au sud d'Ushuaia.

Nous étions quatre à présent : Jean-Marc Boivin, Bernard Prud'homme, Dominique Marchal et moi, tirant chacun derrière lui un traîneau chargé de matériel de montagne et de vivres pour dix jours. Denis Ducros était resté à bord, il ne s'était pas remis de son accident à l'épaule. Le ciel n'avait jamais été aussi clair. À l'est, l'immense glacier plat s'étendait jusqu'au sommet du Cerro Torre, que nous devinions à l'horizon. À l'ouest, notre fameux Riso Patrón, que nous apercevions enfin pour la première fois, à environ une journée de marche, sur un décor lointain de brumes du Pacifique.

Nous relevâmes sa direction au compas de route. La face est était toute couverte de neige, barrée par quelques barrières de séracs… Mais rien de bien difficile, comparé à la face ouest, à laquelle nous avions dû renoncer après l'accident de Thierry.

Au petit matin cependant, le vent qui s'était levé dans la nuit soufflait en rafales. La visibilité s'était considérablement réduite, et le sommet que nous visions avait disparu dans le blizzard. Nous décidâmes de nous en approcher à la boussole.

Il fallait être prudent. Le terrain était crevassé et rien de ce secteur n'était cartographié. En fin de matinée, nous tirions toujours nos traîneaux, sans trop savoir où nous étions. Dans l'après-midi, la tempête nous força à nous arrêter. Nous nous perdions de vue à quelques mètres, il fallait vite se mettre à l'abri. Mais le vent était si violent qu'il nous empêchait de monter la tente. Jean-Marc trouva alors une crevasse… hélas trop petite pour Bernard qui mesure 2 mètres ! Nous continuâmes donc à avancer… mais vers où ?

Soudain, le terrain commença à descendre, ce qui était très surprenant, avec même une pente assez raide. Nous ne pouvions courir le risque de poursuivre ainsi. La communication entre nous devenait vraiment difficile dans le vacarme du vent. La seule issue était de creuser une grotte dans la pente de neige.

Au bout de deux heures d'efforts, nous entrâmes enfin au paradis : silence absolu, calme plat, il était temps. Mais à peine étions-nous installés que le réchaud s'arrêta de fonctionner. Même avec une cartouche neuve, il ne voulait pas repartir. Et si nous manquions d'oxygène ?

Effectivement, l'entrée totalement obstruée par la neige empêchait l'air d'entrer. Une fois une ouverture dégagée, le réchaud repartit aussitôt. Heureusement que nous nous en étions aperçus avant de nous coucher : aucun de nous, sinon, ne se serait jamais réveillé ! Enfin, nous pûmes avaler quelque chose de chaud et nous endormir – en observant bien sûr des quarts, pour veiller à ce que l'entrée ne se rebouchât pas de nouveau.

Le lendemain, la tempête n'avait pas faibli. En fin d'après-midi, Jean-Marc décida de sortir explorer les alentours. À une vingtaine de mètres à peine, il découvrit que la paroi plongeait à la verticale dans un abîme ! Le soir, vers 19 heures, quand la visibilité revint enfin, nous nous aperçûmes que nous étions tout bonnement perchés face au vide. Quelques pas de plus la veille et c'était le drame !

Il fallait donc revenir sur nos pas. Jusqu'à un col qui devait nous remettre sur la voie. À minuit, nous ne l'avions toujours pas atteint et la pente devenait de plus en plus raide, nous forçant à mettre les crampons pour ne pas être emportés en avant, entraînés par nos traîneaux. Jean-Marc partit à nouveau en éclaireur, après s'être prudemment encordé. Et 40 mètres plus bas, il se retrouva suspendu comme une araignée en bout de corde ! Il fallait donc une nouvelle fois s'arrêter. Nous taillâmes au piolet un banc dans la pente de glace et y passâmes une nuit glaciale, serrés les uns contre les autres. Quelle grave erreur d'appréciation…

Les jours passaient et nous avions perdu trop de temps pour pouvoir continuer à envisager l'ascension de notre sommet redevenu définitivement fantôme. Il fallait sortir de là tant qu'il était encore temps, traverser le Hielo Continental jusqu'au camp de base du Fitz Roy, où nous rencontrerions certainement du monde.

Les trois journées suivantes furent exténuantes, sur des zones crevassées dangereuses et interminables, jusqu'au Paso del Viento, qui nous ouvrit la porte vers la vallée du salut. Nous n'avions plus rien à manger depuis vingt-quatre heures quand nous arrivâmes enfin à une cabane, où un gaucho préparait son repas : une épaule de mouton aux pommes de terre, qu'il nous invita à partager.

Encore six heures de marche, et, en fin de journée, nous parvenions au camp de base du Fitz Roy. Le garde du parc national fit son travail et prévint aussitôt la gendarmerie de la ville la plus proche, Calafate :

– Quatre Français viennent d'entrer en Argentine en venant du Chili par les montagnes !

Nous fûmes conduits sous escorte militaire à Río Gallegos, la capitale régionale, et gardés en résidence surveillée à l'hôtel. Le lendemain, un colonel nous reçut pour un interrogatoire serré. Les deux pays se disputent la zone frontalière, et toute information sur ce que nous aurions pu voir de l'autre côté intéressait beaucoup les Argentins. Il faut dire qu'ils sortaient tout juste de la guerre des Malouines, contre l'Angleterre, et qu'ils n'avaient pas l'intention de se faire avoir sur tous les fronts.

Malheureusement pour eux, nous n'avions pas grand-chose à leur révéler : aucun bâtiment, aucun matériel, aucune personne, nous n'avions vraiment rien vu.

Libérés en fin de matinée avec les félicitations des gendarmes qui saluèrent notre exploit, nous reprîmes la direction du Chili à bord d'un autocar qui longe le détroit de Magellan jusqu'à Punta Arenas. Le lendemain, un petit avion nous emporta à Puerto Williams où, à midi, nous étions à quai pour recevoir les haussières de *Gauloise III*.

Tout le monde était là : Pierre Baudy, qui avait accompagné Thierry Leroy jusqu'à Puerto Montt, et Laurent

Chevalier, cinéaste venu remplacer Denis après sa blessure à l'épaule. Le soir même, nous nous rendîmes au cap Horn pour fêter nos retrouvailles. Bien que venant de mondes très différents, marins et montagnards avaient prouvé qu'ils pouvaient mener une expédition en harmonie, comme des instruments d'un même orchestre, dissemblables mais jouant à l'unisson – à condition de savoir s'accorder. Il en va ainsi pour tous les hommes, de tous les horizons.

10
Himalaya, redoutables divinités

Devenu médecin itinérant, je m'étais organisé pour partir en expédition en moyenne une fois par an. Je m'en allais, je revenais, je repartais. Au passage, il m'arrivait de faire une spécialisation à la fac. Un DESS de nutrition et un certificat de médecine et biologie du sport, notamment, allaient m'aider à mieux comprendre et à gérer les capacités d'adaptation de l'organisme humain dans des états limites.

Je demeurais sans domicile fixe. La seule adresse sûre où l'on pouvait me laisser un message restait celle de mes parents. Régulièrement, de retour d'une longue expédition, l'envie de m'arrêter et de m'établir me travaillait au corps. Mais ce n'était qu'une façon d'apaiser mon esprit, de refaire mes forces. Au bout de quelques mois, la perspective d'une nouvelle expédition me gagnait à nouveau, jusqu'à l'obsession.

L'Himalaya ! Patrick Vallençant et Georges Bettembourg, deux grands alpinistes, m'avaient invité au Broad Peak, un sommet de plus de 8 000 mètres, le petit voisin du K2, dans le massif du Karakorum, au nord du Pakistan. L'objectif de Patrick, un des pionniers du ski sur pentes extrêmes, était de réussir la descente d'un 8 000. Nous serions cinq, en expédition légère. Tout le monde devrait prendre part à l'ascension. Ce n'était pas une voie très technique, mais elle exigeait tout à la fois force morale et endurance physique. Et il faudrait tout de même faire preuve d'assez d'assurance pour pouvoir évoluer seul – nous ne serions jamais encordés.

Durant les mois de préparation, je vécus la jubilation d'une fusion progressive avec une équipe et un grand projet. L'affairement autour de l'énorme tas de matériel, qu'il fallait méthodiquement classer dans des caisses numérotées, me plaisait comme à un gosse et me donnait vraiment le sentiment d'entrer dans la tradition des grands voyages au bout du monde. J'allais enfin vivre ce qui m'avait toujours attiré dans les récits d'expéditions himalayennes, cet enchaînement qui conduit de la préparation à l'arrivée dans le pays d'accueil, la prise de contact avec les sherpas, puis la vie avec eux, la longue marche d'approche, l'installation du camp de base, la lente recherche du souffle commun avec les forces du lieu, avant que ne commence la noria des portages vers les camps d'altitude.

J'emportai deux grosses cantines de matériel médical, un véritable hôpital de campagne, car j'avais un projet un peu fou en tête : à la fin de l'expédition, je comptais apporter mes services à la résistance afghane, en entrant par Peshawar, poste frontière avec le Pakistan, l'un des passages les plus perméables…

Durant l'attente interminable et kafkaïenne des formalités administratives obligatoires pour partir vers le Broad Peak, nous fûmes très gentiment hébergés par le correspondant de l'Agence France-Presse à Islamabad, capitale administrative du Pakistan. En ce début de l'été 1980, c'était le point de convergence de beaucoup de journalistes venus couvrir l'invasion de l'Afghanistan par l'armée russe. Tous revenaient des montagnes avec des histoires horribles. Nous étions un peu gênés d'avouer que nous n'étions là que pour notre plaisir. Je dois dire que leurs discussions tournaient parfois à l'invective, et nous étions témoins de la compétition sans merci que se livraient les grands reporters dans la course aux photos fortes ramenées du front.

Enfin, un beau matin, après plus d'un mois d'attente, un avion de transport militaire nous conduisit à Skardu, un village au pied des montagnes, point de départ de la marche d'approche vers le Broad Peak.

Le premier matin, tous les porteurs étaient au rendez-vous pour la sélection. Chacun tenait à la main son livret de conduite, où les chefs d'expédition précédents avaient écrit quelques mots d'appréciation. Ils étaient cent vingt et nous en voulions soixante. Il existait une grande rivalité entre les villages de porteurs. Pour des raisons politiques, la répartition devait se faire d'une façon géographiquement équitable. Georges Bettembourg avait choisi pour *sirdar* (chef des porteurs) celui de sa précédente expédition ici, un homme en qui il avait une confiance absolue. Pour les autres, à moi de faire une première sélection, en fonction de l'état de santé de ces hommes qui allaient devoir porter sur leur dos, pendant quinze jours, une charge de 25 kilos jusqu'à 5 000 mètres d'altitude.

Les sherpas se présentèrent un par un face à moi, comme devant un chef militaire, raides comme des piquets, la tête au garde-à-vous. Certains tremblaient d'émotion. Ils voulaient tous travailler. Je les examinai attentivement, mais le petit signe de tête, approbateur ou non, du sirdar – qui les connaissait tous – était décisif. Je dus quand même faire attention, car il avait immanquablement tendance à choisir les gens de son village. À la fin de la sélection, je revis un à un tous ceux pour lesquels j'avais invoqué une quelconque raison médicale, ceux que le sirdar n'avait pas voulus dans son équipe malgré une bonne santé apparente. Je les rassurai, leur dis que leur « maladie » était tout à fait passagère, et ils repartirent, apparemment satisfaits, avec le médicament que je leur avais donné – un produit « à usage courant », valable pour tout type d'affection. Ce rôle me déplut. Tous les médecins des expéditions passant par Skardu, porte du Karakorum, le connaissent bien…

Tous les sélectionnés reçurent obligatoirement : un coupe-vent imperméable, des lunettes de soleil, des chaussettes et une paire de chaussures de marche type Pataugas. Le lendemain matin, ils revinrent tous, sans exception, équipés de vieilleries usées, délavées, qu'ils pousseraient jusqu'à la dernière fibre. Le matériel neuf, ils devaient le garder en réserve, pour plus tard, quand ils ne pourraient plus pratiquer ce métier saisonnier.

Le lendemain, vers midi, la caravane s'ébranla sous les ordres claquants du sirdar. Je ne m'attendais pas à un spectacle si pitoyable, ni à ressentir tant de gêne devant ces petits hommes secs, en guenilles, ficelés pour huit heures à leur charge.

Cette longue marche était orchestrée par un rituel quotidien d'une grande simplicité. Réveil à 4 heures, départ vers 6 heures, marche jusqu'à 14 heures et repos jusqu'au lendemain. Un fabuleux pèlerinage, que je dégustais à petites doses et à chaque pas.

Après dix jours de marche sur le glacier, nous arrivâmes au camp de base. Avec toutes les pierres charriées par la moraine frontale, Fred et Denis construisirent un bon abri. Il fallait bien nous installer, car nous étions là pour deux mois, à 5 000 mètres d'altitude, où le temps passe d'une chaleur tropicale à midi au froid glacial de la nuit et, de façon plus imprévisible, de la clémence à la tempête de neige.

Deux mois !

Avec comme seul objectif de mettre à profit toutes les bonnes conditions météo pour tenter d'atteindre le sommet. Pendant toute cette période, la concentration ne se desserrerait jamais. Car le sommet était là, au-dessus de nous, en permanence. Nous le voyions. Il nous coiffait. C'était LE défi. Intense. Gigantesque.

L'Himalaya est une montagne incroyablement meurtrière, et il n'est pas une journée sans qu'au détour d'une conversation ne soit évoquée une disparition : avalanche, crevasse, mal des montagnes, mauvais temps… chacun a son histoire, qui fait planer une ombre. Je découvrais pour la première fois la haute altitude, le cruel manque d'oxygène, le sac à dos qui pèse des tonnes, et chaque pas qui devient un calvaire. Mes connaissances médicales sur les complications du mal des montagnes ne m'aidaient pas à me détendre. Un œdème du poumon peut entraîner une grave suffocation… Mais le plus traître, c'est la souffrance cérébrale, la lucidité qui s'altère, le jugement qui défaille : quand faire demi-tour avant qu'il ne soit trop tard ? Certains se mettent à avoir des hallucinations. Une simple erreur d'interprétation peut vite s'avérer dramatique.

En Himalaya, les avalanches sont omniprésentes. On les entend sans cesse dévaler les pentes, s'engouffrer dans des couloirs. Leurs grondements répétés rappellent qu'une menace permanente, imprévisible, plane au-dessus des têtes. Et il suffit de pas grand-chose, d'une petite coulée de rien du tout pour vous déséquilibrer.

Un soir que nous montions vers le camp 1, Denis, qui me précédait, se mit à hurler :

— Attention ! Une coulée nous arrive dessus !

J'eus à peine le temps de faire trois pas sur le côté dans ce couloir étroit. En dessous, Fred n'avait pas entendu la voix de Denis, et quand je me retournai il n'était plus là, emporté par la coulée dans une crevasse… heureusement pas trop profonde. C'était un passage assez raide et le temps de descendre, Fred était déjà ressorti, boitant, abasourdi, ne sachant plus très bien où il se trouvait. Le retour au camp de base avec ce grand gaillard blessé nous prit des heures.

Le pire, quand on fait l'ascension de ces monstres, c'est que l'on n'a strictement jamais le loisir de s'arrêter sur une vire et de contempler tranquillement le paysage. La trajectoire est beaucoup trop tendue pour que l'on s'octroie la moindre détente.

Après une concentration permanente de tous les gestes, pendant des jours et des semaines, l'arrivée au sommet est un moment crucial d'une grande intensité. Une libération violente. Dans l'espace final d'un 8 000, l'humain dispose d'une durée de vie des plus réduites. Il n'y a pas de place ici pour la moindre méditation, on ne s'attarde pas. Il faut vite redescendre pour survivre et jouir, après coup, de ce corps à corps intense avec la montagne.

Pour leur dernier assaut, Georges et Patrick ne purent atteindre le toit du Broad Peak, ils s'arrêtèrent 200 mètres en dessous du sommet : ils étaient partis trop chargés. Deux cents mètres, cela pouvait paraître dérisoire, mais à 8 000 mètres d'altitude, c'était énorme. Les deux hommes furent donc dépités. Heureusement, ils réussirent à réaliser leur mission principale : descendre à skis depuis le col sommital jusqu'au camp de base, 2 500 mètres de descente schuss !

Personnellement, je repartis satisfait de cette première virée himalayenne. Je n'avais pas été sélectionné pour mes talents d'alpiniste, mais comme médecin d'expédition. Ma part d'engagement sur la montagne avait servi l'équipe au-delà de ce que j'espérais. Et j'avais découvert la très haute altitude, surpassant mes rêves d'enfance les plus audacieux.

Pour ma seconde expédition en Himalaya, je partis pour l'Everest avec une équipe importante, dirigée par Yannick Seigneur. Nous étions en 1983. Il y avait là les meilleurs alpinistes français du moment : Jean Afanassief, Éric Escoffier, Bernard Prud'homme, avec qui j'avais été en Patagonie, Bruno Gallet, un architecte original, Xavier Fargeas, un psychiatre très cultivé, doué d'un grand sens de l'humour et que j'apprécie beaucoup. L'objectif était l'ascension de l'Everest par le versant nord.

Les autorités alpines chinoises nous avaient vendu l'autorisation pour la saison de l'après-mousson, c'est-à-dire la période à cheval entre l'été et l'automne. Ce fut d'abord un beau voyage à travers la Chine, puis une traversée du Tibet jusqu'au pied de la face nord. Du côté chinois, on monte en camion directement jusqu'à 5 000 mètres. Il n'y a donc pas de lente marche d'approche, comme sur le versant népalais, pas d'acclimatation progressive à l'altitude. Sans trop en parler, chacun de nous subissait cette ascension brutale avec difficulté – pour ma part, une migraine intense me tenailla les premiers jours.

Yannick Seigneur avait opté pour une expédition en « technique alpine ». Autrement dit, chaque membre de l'expédition devait participer à l'installation des bivouacs (constitués d'une tente, d'un réchaud et de vivres), échelonnés tout au long des 3 000 mètres d'ascension. La réussite d'un tel projet repose sur la participation inconditionnelle de chacun; à aucun moment, nul ne doit ménager sa peine. Il s'agissait donc de monter à chaque fois le plus haut possible en emportant le maximum de matériel.

L'ascension de l'Everest est une conquête très aléatoire. Il est impossible de tout prévoir. Nul ne sait dans quel état les membres de l'équipe se trouveront au fur et à mesure de l'aventure, et personne, pas même le chef d'expédition, ne sait à l'avance lequel des alpinistes fera le sommet. Celui-ci constitue l'objectif commun de toute une équipe. Le problème, c'est qu'au fond de soi chacun voudrait bien faire partie du petit groupe des trois ou quatre « veinards » qui tenteront l'ascension finale. Les autres devront se contenter du plaisir d'avoir été de l'expédition victorieuse.

On sait par expérience que, pour avoir le maximum de chances de faire partie des quelques élus du sommet final, la meilleure stratégie est d'intervenir dans l'installation des camps du milieu de la paroi, puis de redescendre se reposer, tandis que d'autres iront s'épuiser à installer les camps supérieurs. Dans la noria continuelle des ascensions de préparation, ceux qui arriveront en forme au dernier camp auront la meilleure chance d'obtenir leur ticket pour la gloire… si la météo le permet.

Ce genre de calcul occupe inévitablement les esprits. Et là, le rôle du médecin devient souvent celui d'une personne de confiance à qui l'on peut tout dire et qui ne répète rien. Devenir la boîte noire, le confident, le confesseur, le psychologue. Souvent, le simple fait d'écouter constituait la moitié de mon travail.

Il m'arriva cependant aussi d'être un simple alpiniste et de hisser des charges en altitude, comme les autres. Si bien qu'un jour, je me retrouvai coincé par une grosse tempête au camp 2.

La tempête dura trois jours, pendant lesquels je restai isolé, absolument seul. Le décor était austère. Nous avions installé le camp sur une moraine, entre le glacier et la montagne. Au fond, vers le haut de la vallée, on devinait l'Everest, avec, dans sa perspective, une foule de pénitents, ces colonnes de glace qui descendent avec le glacier, accentuant l'allure solennelle du décor. Un sublime décor de haute montagne. Sauf qu'il faisait mauvais. La tente était furieusement secouée par le vent, assaillie en permanence par les rafales de neige. Moi, j'étais calfeutré à l'intérieur, bien au chaud dans mon sac de couchage. Mais j'avais peur. J'entendais les avalanches qui dégringolaient à un rythme effroyablement régulier.

Le déluge de neige et de vent rendait la visibilité nulle à 100 %. Je n'osais pas penser à la situation des trois copains qui devaient alors se trouver coincés au-delà de 8 000 !

Le deuxième jour, arrivé de je ne sais où, un oiseau vint se blottir sous l'abside de ma tente. Il avait l'œil aussi rond et brillant qu'un rouge-gorge et il me regardait. Je lui donnai à manger et j'eus le sentiment d'avoir une discussion importante avec lui.

Mais le lendemain, je le retrouvai mort. Avec lui, j'avais vécu quelque chose de très fort, d'une rare intimité.

Le troisième matin, je me réveillai dans un grand silence. Je tirai la fermeture Éclair : le ciel était d'un bleu royal. Je sortis et vis l'Everest, dressé devant moi, divinité complètement nappée par la glace et la neige. C'était magnifique et d'autant plus impressionnant qu'il faisait terriblement froid. Mais jamais de ma vie je ne m'étais senti aussi bien ! J'étais resté trois jours à la fois en vigilance intense et quasiment sans penser. Une sorte de méditation sauvage improvisée. Je m'aperçus alors combien j'avais aimé cette solitude dans la montagne. C'était la première fois que je me retrouvais seul en Himalaya. Par obligation. La météo avait décidé pour moi, en me coinçant là. Face à ma solitude, la nature s'était révélée d'une puissance inouïe.

Je fus bientôt rejoint par une équipe arrivée du camp de base. Ensemble, nous grimpâmes vers les camps supérieurs, pleins d'appréhension. Qu'étaient devenus les trois alpinistes de tête, dont Yannick, notre chef d'expé ?

Au bout de plusieurs heures d'ascension, nous les aperçûmes. Ils avançaient lentement, sur l'arête. Il nous fallut encore un bon moment avant de les rejoindre. Les malheureux n'avaient plus de gaz dans leur réchaud. Ne pouvant plus boire, ils se trouvaient dans un état avancé de déshydratation…

Nous n'avons jamais compris comment ils avaient réussi à tenir dans la tempête puis à redescendre. Yannick était surtout furieux d'avoir dû stopper l'ascension en cours de route. Bruno ne pouvait plus parler, la gorge à vif, comme si ses cordes vocales, toutes sèches, s'étaient collées l'une à l'autre. Quant à Xavier Fargeas, il avait basculé dans un état de conscience proche du délire – c'était un vrai miracle que les autres aient pu le faire redescendre, en profitant de ses éclairs de lucidité.

Quelques heures plus tard, nous nous retrouvâmes tous au camp de base, où l'infirmerie turbina comme jamais ! Pendant ce temps, Éric Escoffier et le Suisse Schafter, deux brillants alpinistes, en pleine forme, étaient repartis à l'assaut du monstre, saisissant l'occasion de la bonne fenêtre météo qui s'annonçait.

Moi, une fois mes patients pansés et couchés, je profitai d'un moment de répit pour une balade en montagne, empruntant une vallée qui s'ouvrait juste au-dessus de nous. À nouveau, je me retrouvai seul dans un grand espace vide.

La sauvagerie des lieux me donna, plus que jamais, une sensation de terre vierge. Un univers purement minéral. Beau à couper le souffle. Haut dans le ciel, un aigle tournait. Soudain, j'eus l'impression de comprendre la tentation de l'ermite : « Et si tu ne rentrais pas au camp ? »

Ce fut un embrasement, une certitude : l'homme peut vivre avec très peu de chose. Littéralement en fusion avec cet univers tellurique, l'intense désir de dépouillement me vida l'esprit de toutes les tensions accumulées au fil des jours.

Quand finalement je rejoignis le camp de base, je trouvai mes compagnons en plein flottement. Éric et son partenaire venaient d'annoncer par radio qu'ils avaient atteint le haut du couloir Hornbein, à 8 300 mètres, mais qu'ils ne prenaient pas le risque de sortir sur le plateau sommital, tellement le vent était glacé et violent.

Deux bons mois s'étaient écoulés depuis notre départ de Paris. Octobre était déjà bien entamé. Yannick Seigneur décida alors de se lancer dans un dernier assaut.

Cela me parut déraisonnable. Après mûre réflexion, je pris sur moi d'intervenir et d'alerter Yannick sur l'usure des gars. En tant que médecin de l'expédition, je pouvais le faire. C'était même mon devoir. Je l'incitai à renoncer. C'était une responsabilité grave. Je savais ce que cela représentait, surtout pour Yannick. Une expédition sur l'Everest se prépare des années à l'avance ! Obtenir les autorisations et trouver les financements demandent un temps infernal et une patience infinie. Et quand on est le chef, on a des engagements moraux de réussite. Pourtant, en mon âme et conscience, je ne pouvais approuver une entreprise qui prenait des allures suicidaires. L'automne était à mi-course et pouvait brusquement déchaîner des tempêtes à côté desquelles celles que nous avions difficilement surmontées paraîtraient ridicules. La mort dans l'âme, Yannick finit par se laisser convaincre. Je l'avais simplement aidé, je crois, à regarder la réalité en face.

PARTIE II
L'omniprésence des pôles
1
L'appel du pôle

L'appel du pôle a surgi dans ma vie comme une évidence, un soir de décembre, alors que je feuilletais un livre d'exploration. Tout à coup, le pôle Nord s'est matérialisé dans mon esprit comme le point de convergence idéal de tout ce que j'étais humainement et techniquement capable de mettre en œuvre.

Nous étions en 1983, j'avais trente-sept ans. Depuis dix ans, la médecine était mon passeport pour l'aventure. Cela faisait tout juste deux mois que j'étais rentré de la grosse expédition sur la face nord de l'Everest, trop lourde à mon goût, et l'envie de lancer un projet personnel, qui me taraudait depuis longtemps, monta d'un cran. Mais, ce soir-là, sous je ne sais quelle influence, dans un déclic immédiat, le pôle Nord s'imposa à moi. Le pôle Nord!

Je bondis sur mon atlas, l'ouvris à la page de l'océan Arctique. Bien sûr, je savais que le pôle Nord est un point théorique au beau milieu d'un océan. Mais, en m'y projetant, j'eus l'impression de découvrir pour la première fois ce que cela signifiait vraiment, physiquement : un océan de glace!

Bizarrement, les conditions climatiques ne m'inquiétaient pas trop. J'avais l'expérience du vent et des froids extrêmes – c'était du moins ce que je croyais! Techniquement, l'entreprise présentait un double visage, qui correspondait bien à mes compétences. D'une part, c'était une aventure de marin : il faudrait se déplacer sur la mer. Certes, cette mer était gelée et le déplacement se ferait à pied; mais la navigation et l'orientation seraient les mêmes que si elle avait été liquide – d'autant que la banquise dérive sous la poussée des courants –, et mes connaissances en navigation étaient largement suffisantes pour une telle mission. D'autre part, c'était une aventure de montagnard : il faudrait progresser sur la glace, même si la banquise n'exige pas de talents particuliers de glaciériste... Bref, cette « ascension » vers le pôle constituait la synthèse parfaite de mes univers préférés et de mes aptitudes.

Je mesurai la distance à parcourir – un peu plus de 800 kilomètres en ligne droite – et le temps dont on disposait – deux mois. Une course contre la montre. Pas question en effet de partir avant début mars – avant, il fait nuit –, et il faudrait impérativement arriver avant la mi-mai – au-delà, la débâcle s'installe, la glace se fracture dans l'océan. J'avais assez lu d'aventures polaires pour savoir qu'il faudrait ajouter d'innombrables détours – comptons 1 000 kilomètres – et retrancher quelques jours perdus à cause du mauvais temps. Il s'agissait donc de parcourir environ 20 kilomètres par jour dans la bonne direction, un peu plus sur la fin, car la banquise dérive nettement plus vite quand la glace a commencé à fondre. Vingt kilomètres par jour... quand même! La chose paraissait réalisable, même à pied – enfin, à skis –, en tirant un traîneau derrière soi.

En faisant et refaisant mes calculs, l'idée s'infiltra peu à peu dans la moindre de mes circonvolutions cérébrales. Toutes les cellules de mon corps se mirent en résonance. Marcher seul jusqu'au pôle Nord, l'entreprise fédérait tout : mon âge, mes forces, mes ambitions et mes capacités techniques. Tout se fondait dans une dynamique puissante : j'étais fait pour ce projet comme il était fait pour moi.

La décision de partir en solitaire et à pied m'était immédiatement apparue comme la seule possible. Après plusieurs années d'engagement en équipe, j'avais envie de ce pôle, de sentir intimement la magie des lieux et d'explorer les limites de mes propres forces.

Je me mis à calculer précisément combien de temps le voyage risquait de me prendre, à visualiser quel serait le minimum de bagage indispensable, à réfléchir au traîneau très léger que j'allais faire construire, à m'informer... Qui pouvait me parler du pôle ?

Pendant l'été 1984, je voyageai au Canada et en Finlande, pour me renseigner auprès de gens qui étaient déjà allés « là-haut ». Un glaciologue de l'université de Toronto, qui connaissait bien la banquise, doutait énormément de la possibilité d'entreprendre un tel voyage seul. Avant tout pour des raisons de sécurité :

— La glace est par endroits si mince, me dit-il, qu'il est très dangereux de s'y engager sans être encordé. Elle risque de craquer à tout moment et si personne n'est là pour te hisser hors de l'eau, tu es foutu !

Il savait de quoi il parlait, il avait connu cette frayeur. Les quatre Finlandais qui avaient atteint le pôle à skis en tirant leurs traîneaux me donnèrent de précieux conseils pratiques en me montrant leur matériel. Mais je sentais qu'ils doutaient tout autant de mes chances de succès. Qu'importe !

Je me rendis à Resolute Bay, l'un des villages les plus au nord du Canada, point de ralliement des aventuriers polaires. Et je rencontrai Bezal Jesudason. Ce véritable Indien de Madras, après avoir appris la mécanique en Allemagne, s'était fait embaucher sur les champs pétroliers de la baie d'Hudson, puis était venu monter une auberge au-delà du cercle polaire. Il y accueillait les amateurs de Grand Nord. Son auberge avait fini par devenir le point de départ de nombreuses expéditions. Avec son bois et sa patine, on se serait attendu à en voir sortir James Oliver Curwood ou Jack London. Ici, les autochtones portaient encore des anoraks en peaux de bêtes.

Bezal me regarda, l'œil légèrement narquois. Nous discutâmes. Il en avait tellement vu, Bezal, des gars pleins d'enthousiasme qui projetaient de se rendre au pôle ! Mon hôte était délicat mais précis. Il n'essaya pas de me dissuader, mais objectivement, dit-il, il y avait vraiment très peu de chances pour que j'atteigne le pôle. Il estimait à 1 %, au grand maximum, mes chances de succès. Pour justifier ce chiffre, il me livra le cruel compte à rebours de la désillusion enregistré ces vingt dernières années. Il avait calculé que sur cent aventuriers polaires en herbe qui lui avaient écrit ou téléphoné en disant : « J'arrive ! », soixante-dix n'étaient jamais venus. Sur les trente qui avaient bel et bien débarqué, comme moi, pour venir renifler le terrain en été, dix n'étaient jamais réapparus. Vingt bien accrochés étaient revenus voir à quoi ressemblait le pays en mars, au moment le plus froid, à la seule date possible pour partir vers le pôle. La plupart avaient renoncé, invoquant tous les prétextes : « Je n'ai pas réussi à réunir assez d'argent », « Je vais revenir l'an prochain », « Je prendrai plus de temps pour m'acclimater »... Bref, seulement quelques mordus avaient eu assez de tonus et de conviction pour faire le saut : ils s'étaient fait déposer à l'extrême nord du Canada, au bout de la dernière langue de terre ferme, là où commence la banquise. Sur ce petit groupe d'aventuriers vraiment bien préparés, seuls Uemura Naomi avec ses chiens et le groupe de Finlandais que j'avais rencontré à Helsinki étaient arrivés au pôle. Tous les autres n'avaient jamais tenu plus d'une semaine sur l'océan gelé, avant d'appeler au secours par radio, demandant qu'un avion vînt les récupérer au plus vite.

Voilà ce que me raconta Bezal, dans son auberge de Resolute Bay. Il n'y avait aucune raison, *a priori*, pour que j'échappe au sort commun.

— Les hommes qui sont allés au pôle, conclut-il, se comptent sur les doigts d'une main. Et aucun d'eux ne l'a fait seul.

Voilà que l'on m'avait mis en garde, avec beaucoup de gentillesse et de placidité, contre le démon des illusions. Bezal avait sans doute raison. Pourtant, il ne parvint pas à me décourager. J'étais ensorcelé par le pôle. Et d'une sérénité absolue. Rien ne m'effrayait, rien n'entamait mon enthousiasme. Je reviendrais en mars, je le savais. J'étais d'un grand calme, avec mon projet qui paraissait dément.

Dément par la difficulté, mais dément aussi par le coût. La logistique aérienne représentait la plus grosse part du budget. Il fallait un Twin Otter sur skis, piloté par des hommes exceptionnels, de la trempe des pionniers de l'Aéropostale. Se faire déposer à Ward Hunt Island, point de départ sur les bords de l'océan Arctique, coûtait la bagatelle de 50 000 francs en 1984. Additionnés les uns aux autres, les frais d'une telle expédition dépassaient les capacités normales d'une bourse personnelle, en tout cas de la mienne. Rechercher le financement, mettre au point le matériel, m'entraîner. Je devais tout mener de front.

Dans ma marche vers le pôle, mes deux ennemis déclarés allaient être le poids de l'équipement et le froid extrême. J'étais donc tout content quand je réussissais à gagner quelques grammes sur le réchaud, sur la tente, sur le sac de couchage… À la lumière des techniques de construction navale légère, Jean-Yves Carrioux, un ami d'expédition en Patagonie, me construisit un traîneau en nids-d'abeilles – c'est-à-dire avec du matériau en alvéoles –, monté sur deux patins.

La recherche de sources de financement constituait la partie ingrate, entièrement soumise à l'appréciation et à l'exploitation qu'une entreprise pouvait faire d'une telle aventure. Le sponsoring était évidemment conditionné par les perspectives de retombées dans la presse. J'établis des contacts avec quelques journalistes. Ils me promirent des reportages qui n'engageaient personne. Dans la foulée, il me vint l'audace de contacter la National Geographic Society, et le très vénérable magazine me prit au sérieux ! Je fus invité aux États-Unis, tous frais payés.

De l'aéroport de Washington, un taxi me conduisit au luxueux Jefferson Hotel. Le lendemain matin, j'étais reçu dans les bureaux de la rédaction avec une délicatesse et une attention remarquables. La rencontre se termina par un déjeuner au salon Asie de la prestigieuse société. Moment solennel. Épreuve de vérité. Il y avait là douze personnalités, dont certaines choisies en fonction des terrains que j'avais fréquentés, notamment un grand marin, en hommage à mes navigations hauturières, et le célèbre alpiniste Bishop, avec qui nous parlâmes d'expédition himalayenne. Impressionné par cet assaut de compétence, de tact, d'intelligence, j'eus l'impression d'être un gamin en culottes courtes, passionnément plongé dans son jeu et faisant brusquement irruption dans le monde des grands.

Visiblement, j'emportai la partie, car l'après-midi nous parlâmes « affaires ». Malgré mon anglais rudimentaire, je parvins à réduire leurs exigences. Ces Américains voulaient l'exclusivité pour la presse magazine mondiale ! À ma demande, ils acceptèrent de la limiter aux pays anglophones, en échange d'une avance qui allait faire du bien à mes pauvres finances.

Je passai ensuite une heure avec le responsable photo, pour ma première leçon ès médias. Il m'expliqua que la revue ne perdait pas de temps avec les clichés de beaux paysages. Ce qui l'intéressait, c'était l'action. Feuilletant quelques numéros, il pointait son doigt à chaque page et me disait :

– *Look : action, action, action !*

C'était leur style. Au besoin, ils publiaient même des images floues, mais toujours proches de la vie, porteuses d'un mouvement, d'une dynamique. Action. Nous prîmes rendez-vous pour le départ à Resolute Bay, où un professionnel devait m'apporter deux appareils photo spécialement dégraissés pour fonctionner par grand froid (à – 40 °C, la moindre trace de graisse paralyserait les mécanismes de l'appareil).

Je rentrai de Washington regonflé à bloc, mais la recherche du financement de tout projet d'aventure est un long marathon qui sape les patiences les mieux forgées. Obtenir le premier rendez-vous prend des mois, et beaucoup d'acharnement téléphonique. Je suivis des dizaines de pistes, frappai à toutes sortes de portes. Trop tôt. Trop tard. Je devins sensible à la moindre sollicitude : un simple petit signe d'encouragement devenait une lumière sur ma route. J'accomplissais en fait mon apprentissage du maillage social. J'apprenais à m'exprimer, à téléphoner, à écrire, à monter un dossier, à savoir insister et à savoir attendre... J'appris aussi que, pour être entendu, il faut déclencher l'enthousiasme de votre interlocuteur, et je constatai avec curiosité que de réellement habiter un projet est une force qui ne laisse jamais indifférents ceux qui vous écoutent.

L'homme par qui mon aventure devint possible s'appelle François Vikar. C'était, à l'époque, le directeur de la communication de l'UAP. Il m'accorda un rendez-vous au début de l'été 1984 (trois mois auparavant j'avais réussi l'exploit de pouvoir parler à sa secrétaire).

— Ça pourrait peut-être marcher, commença-t-il par marmonner.

Trois mois plus tard, c'était devenu :

— Ça risque bien de marcher.

Et en janvier 1985 :

— Ça va marcher !

Alléluia !

En un instant, toutes mes forces se cristallisèrent vers l'objectif qui m'habitait depuis plus de un an.

À quelques semaines du départ, tout était quasiment prêt. Pour la première fois de ma vie, je passai à la télévision, au journal de 13 heures. Yves Mourousi me fit venir sur le plateau, avec mon traîneau rouge. Après les nouvelles importantes du jour, en pause récréative, il me présenta brièvement comme celui qui partait pour le « championnat du monde des mecs qui se caillent le plus ». Je sortis des studios un peu hébété par la rapidité de l'expérience. Rue Cognacq-Jay j'attendis qu'un taxi voulût bien de moi avec mon grand traîneau... J'étais un peu perdu. Mais déjà plus là. Je volais vers le pôle. J'étais prêt.

2
Échec sur la banquise

Enfin je suis parti, avec un mois d'avance sur le programme, pour me familiariser progressivement avec la glace et le froid. J'avais un besoin vital d'entrer en contact physique avec cet univers polaire que je découvrais pour la première fois en hiver.

L'heure de vérité allait bientôt sonner. Les mêmes questions revenaient en permanence depuis le début : à quoi cela ressemblait-il, – 50 °C ? Le matériel fonctionnerait-il comme prévu à si basse température ? Et moi comment allais-je réagir ? La température la plus basse que j'avais rencontrée devait plutôt se rapprocher de – 35 °C.

Ce jour de février 1985, quand je débarquai à Resolute Bay, il faisait – 48 °C ! Bezal Jesudason était souriant comme à son habitude. Je n'étais pas très à l'aise. J'avais un peu peur de ce qui m'attendait, maintenant que je me trouvais là, au pied du mur de glace.

Dès le lendemain j'allai camper dehors, dressai ma tente, allumai mon réchaud. Cet entraînement se passa relativement bien malgré quelques inquiétudes au sujet du traîneau. Au cours des premiers essais sur la banquise, je me rendis vite compte qu'il était un peu lourd et pas très maniable... mais qu'importait maintenant ?

Tout se mit peu à peu en place. Plusieurs personnes me rejoignirent : Éric Préau, photographe de l'agence Sygma, qui allait devenir un ami au fil des expéditions, et Maurice

Olivari, de l'équipe new-yorkaise de TF1. Ils m'accompagneraient jusqu'au départ sur la banquise, avec le fameux photographe du *National Geographic*. Et le jour J arriva. Il fallait partir.

Sous ces latitudes, à cette date, la durée du jour est encore assez courte. Nous partîmes donc de nuit, vers 6 heures du matin. À mi-chemin, l'avion fit escale sur l'île d'Ellesmere, à Eureka, une station météo où une poignée d'hommes vivent au milieu de nulle part. Quelques loups et des renards polaires s'enfuirent, effrayés par le bruit de l'avion. C'étaient des animaux familiers de la base dont ils aimaient venir fouiller les détritus. Un petit groupe de bœufs musqués plus placides se tenait là, sur une colline proche. Pour ma première rencontre avec la faune arctique, j'étais émerveillé.

Le pilote fit le plein de kérosène, trois bidons de 200 litres à transvaser avec une pompe à main. Je l'aidai un peu pour me réchauffer, il faisait cruellement froid. Soudain, en un rien de temps, le ciel se gâta. Et ce fut la tempête. La station météo nous annonça qu'elle pourrait durer plusieurs jours.

— Que voulez-vous faire, me demanda le pilote, attendre ici ou retourner avec nous à Resolute Bay ? Il faut se décider tout de suite.

Je décidai de revenir avec lui, en terrain connu.

Quelques jours plus tard, nous remettions ça. Parmi tous ses bons conseils, Bezal m'avait bien précisé que les vingt premiers kilomètres de banquise étaient effroyablement déchiquetés, car la dérive arctique pousse l'océan de glace vers le bouclier canadien sur lequel il vient se fracasser en un chaos inextricable.

— Si tu veux avoir la moindre chance, fais-toi déposer au large, au-delà des blocs de glace les plus monstrueux. Sinon, tu vas dépenser toute ton énergie sur ces vingt premiers kilomètres, alors qu'il t'en restera 800 à parcourir.

À ma demande, le Twin Otter me déposa donc au large.

Ce 6 mars 1985, à la descente de l'avion, je posai pour la première fois les pieds sur la banquise arctique. La température extérieure était de – 46 °C. Il faisait FROID. Le pilote laissa un moteur allumé. Le photographe américain et les journalistes télé descendirent à leur tour. Je m'éloignai de quelques mètres en tirant le traîneau entre les blocs de glace. Photos, interview rapide, et le pilote les invita à remonter à bord. Je lui demandai où se trouvait le nord, pour avoir une toute dernière confirmation que ma montre à cadran solaire fonctionnait bien, car j'allais devoir me diriger avec le soleil. Les journalistes me dirent au revoir. Ils remontèrent. L'avion mit les gaz, décolla. Tout était allé très vite et je me retrouvai seul, au pied de ma folle entreprise. Seul avec, comme dernier lien au monde, la mémoire intarissable du vrombissement du bimoteur qui venait de me déposer sur cette planète du silence.

D'emblée, tout me tomba dessus avec une force incommensurable : le froid hallucinant, la solitude totale, le désert glacé sans couleur et sans vie. Très vite, je parvins sur une première zone fracturée, dont l'eau avait récemment regelé. J'hésitai un instant. J'y allai prudemment. La glace était fine mais solide, elle supporta mon poids sans le moindre craquement. Je continuai à progresser ainsi pendant deux à trois heures, dans un labyrinthe inextricable, fait de blocs épars et de crêtes de compression abruptes, hautes de plusieurs mètres. J'avançais à une allure de fourmi, peinant comme un forçat à soulever sans cesse les 80 kilos de mon traîneau. Vite épuisé après une journée trop riche en émotions, je montai la tente, me glissai à l'intérieur et me réfugiai tout habillé dans mon sac de couchage. Là, enfoui au cœur de ce que j'avais de plus chaud, je constatai que Son Altesse le Froid polaire ne me lâchait pas. Je tremblais de la tête aux pieds. Et je compris qu'il ne faudrait pas mollir une seule seconde, sous peine de m'endormir pour toujours.

L'estomac serré, je mis en route le réchaud, fis chauffer la glace jusqu'à ébullition et m'envoyai une copieuse ration de soupe bien chaude. J'étais si épuisé que je m'endormis très vite. Hélas ! la nuit durant, le froid n'allait cesser de me réveiller, à intervalles terriblement rapprochés.

Pendant les quinze jours que dura cette première tentative, je vécus en enfer. Dès le deuxième soir, je savais que je courais à l'échec. Ou plutôt que je m'y traînais, car j'avais dépensé une énergie colossale pour faire… 4 kilomètres en huit heures. À ce rythme, il me faudrait plus de six mois pour atteindre le pôle ! J'avais beau espérer une amélioration de la banquise, d'autres facteurs étaient en cause : le froid dont je n'avais pas prévu l'incroyable sévérité, la banquise plus chaotique que ne me le laissait envisager mon départ avancé, mes illusions de néophyte, ignorant des terribles réalités du terrain. Mon matériel, surtout, se révélait beaucoup trop lourd : 85 kilos à hisser dans ce dédale de blocs, c'était infiniment trop. Au cœur du chaos, mon champ de vision dépassait rarement 30 mètres. Il m'était impossible d'adopter un cap et de m'y tenir, tant le terrain était accidenté. Les crêtes de compression, formées par l'affrontement des plaques de banquise en perpétuel mouvement, peuvent mesurer 10 mètres de haut. Il fallait les longer, trouver un petit passage permettant d'atteindre l'autre côté. Je passais les trois quarts de mon temps à hisser péniblement le traîneau par-dessus des blocs de glace sur lesquels je devais d'abord me jucher. Monter, hisser, descendre, monter, hisser, descendre !

Le traîneau se montrait tout aussi inadapté sur les rares portions de terrain régulier. Sans cesse, ses patins le figeaient sur une trajectoire, l'empêchant de suivre les sinuosités de ma route. Sans cesse, je devais le soulever pour le ramener sur mes traces. Quelle idiotie d'avoir mis des patins ! J'en voulais au matériel, mais je n'étais pas complètement dupe, c'était un bouc émissaire qui m'évitait de considérer ma fragilité de plus en plus manifeste face à des éléments qui me dépassaient. Je me sentais par moments comme un enfant qui aurait inventé un jeu dangereux pour épater ses copains, et qui se retrouverait en train de rater son coup.

Abandonner ? Cela aurait mis un terme à mes souffrances. Mais ma fierté voulait que cela se fît avec panache… Quel orgueil !

Cesser de m'interroger et avancer avec obstination, c'était tout ce qui me restait à faire dans cette opération de survie, du moins tant que j'en conservais le contrôle. « Marche, apprends, regarde, n'entre pas dans les calculs, tu es là parce que tu l'as voulu, alors avance. » Ces injonctions résignées ponctuaient mon discours intérieur malade de lui-même.

Les obstacles, la fatigue, le matériel, le froid me ramenaient heureusement à la réalité. L'impossibilité de me débarrasser de l'humidité à l'étape constituait l'une des épreuves les plus pénibles. La sueur de la marche forcée se transformait aussitôt en glace dans la froideur de la tente. Bientôt, toutes mes affaires, en particulier les fermetures à glissière du sac de couchage et, pis encore, de ma veste, furent profondément imprégnées d'une glace que j'avais de plus en plus de mal à évacuer au fil des jours.

Dans cette situation critique, je décidai d'avancer de quelques jours mon premier ravitaillement aérien. Malgré l'échec flagrant – je n'avais parcouru que 50 kilomètres en douze jours –, je voulais continuer.

L'envie d'abandonner était pourtant énorme et quand l'avion atterrit sur l'un des rares bouts de banquise plate de la zone où je me trouvais, je me flagellai littéralement pour ne pas céder à l'irrésistible tentation de monter à bord et de rentrer.

Avec le sac de couchage et les vêtements secs apportés par l'avion, la torture était moins pénible. Mais, au second jour de cette seconde étape, en fin de matinée, ce fut l'accident. Je tombai dans un trou, dont je me sortis *in extremis*, manquant perdre le traîneau.

Je m'étais blessé à l'épaule et une de mes fixations de ski s'était cassée. Je me sentais extrêmement mal. Un mélange de peur et d'épuisement me faisait enfin craquer. Je montai l'antenne de la radio et appelai Resolute Bay.

C'est Bezal qui me répondit :

– Compris, Jean-Louis, on lance l'avion qui va venir te chercher.

3
Le pôle Nord

Le froid, la glace, la solitude.

Un an plus tard, au départ de ma seconde tentative, le choc fut aussi rude. Certes, psychologiquement j'avais déjà un acquis, mais la glace et le froid régnaient toujours en maîtres. Je démarrai cette fois depuis la jonction entre la banquise et la terre, suivant à la lettre les règles, pourtant officieuses, de la course au pôle, surveillée de très près par les Anglo-Saxons. À mon grand soulagement, le terrain n'était pas pire qu'à l'endroit d'où j'étais parti l'année précédente, mais c'était bien suffisant. Sur mes vêtements, de larges bandes Velcro avaient remplacé les fermetures à glissière…

Mais le principal progrès venait du nouveau traîneau en Kevlar construit par mon ami Mégret : 3 kilos à peine ! Je le tirais par deux cordelettes croisées, fixées sur les côtés d'une large ceinture.

Dès les premiers pas, je sentis qu'il glissait avec facilité. Sa poignée permettait de le hisser facilement, sa spatule et son fond lisse le laissaient libre d'emprunter sa propre trajectoire, sans se trouver pris dans des rails. Il me suivait en choisissant la ligne de moindre résistance, une économie d'énergie qui allait compter dans la balance. Ce traîneau était une réussite qui m'apportait mon tout premier bonheur. À la fin de la première journée, j'étais presque confiant.

Le lendemain matin, il faisait – 52 °C. Je déchantai un peu, et plus encore dans les jours suivants. Les difficultés physiques liées à la glace et au froid étaient toujours là. Évidemment ! Si je les appréhendais mieux, elles m'atteignaient tout aussi durement qu'un an plus tôt. Le soir, j'avais terriblement froid, même si j'étais soutenu par le fait d'avoir bien avancé. Dans la journée, les éléments me ramenaient vite à une grande humilité. J'errais de nouveau dans des labyrinthes bleutés, à la recherche de passages entre les crêtes de compression, toujours aussi infranchissables à cette latitude. Monter, hisser, descendre…

Tout entier pris par le froid, les difficultés de la route et la fatigue physique, j'avançais en refusant de m'interroger sur la raison de ma présence en ces lieux inhumains. À mon quatorzième jour de marche, une alerte d'une violente intensité vint rompre brutalement ma précaire routine de survie, qui avait jusqu'alors endigué mes souffrances et ma lancinante envie d'abandonner. Des traces d'ours fraîches ! Où était-il ? L'un des plus grands carnassiers de la planète avait peut-être tourné autour de moi toute la nuit, et il se trouvait là, tout proche, planqué derrière une crête de compression… Des frissons me traversaient le corps quand je pensais qu'il marchait peut-être dans mon dos. Allait-il donner son premier coup de griffe pour tester de quoi mon traîneau était fait ?… Je n'osais pas regarder. J'avais vraiment peur, je me sentais nu comme un ver. Quelle inconscience m'avait poussé à ne pas prendre avec moi ce 44 Magnum que j'avais pourtant acheté à Montréal ? Pour des raisons de poids j'avais décidé de venir ici sans arme, mais à présent, que pesait ma vie face à un ours ?

Marcher comme si de rien n'était, et m'en remettre au destin, seule attitude au royaume du froid. Je pris alors pleinement conscience que j'étais bel et bien entre les mains du pôle et qu'il se jouait de mes forces et de mes prétentions de conquête. Cette acceptation du danger s'étendit peu à peu à tout ce qui m'entourait. L'humilité s'imposait, jusqu'à demander aux puissances du pôle l'autorisation d'y pénétrer. J'allais pourtant souffrir de longues semaines avant que le pôle n'accédât à ma demande.

Chaque jour était un combat contre l'usure. Le terrain n'aurait-il pas dû s'améliorer un peu, après les grandes compressions sur le plateau continental ? Exigences que j'osais de moins en moins formuler. En fait, ce fut une banquise incroyablement tourmentée jusqu'au bout. L'océan Arctique est une masse en perpétuel mouvement, agitée de tempêtes qui cisaillent en permanence sa surface gelée.

Après un mois de marche, ma progression régulière de près de 20 kilomètres par jour – vérifiée chaque soir grâce à ma balise Argos – me laissait entrevoir une chance de succès. C'était la récompense avant le sommeil. Le printemps avançait, les nuits n'étaient plus si longues et froides. Je dormais d'une traite jusqu'à 6 heures du matin, cruel instant du réveil qui sonnait à l'heure la plus glacée de la nuit : – 38 °C sous la tente. Il fallait faire fondre la glace, porter l'eau à ébullition, avaler un petit déjeuner copieux, démonter le camp, tout remettre à sa place dans le traîneau, chausser les skis, et en route pour huit heures de marche !

Tout était bien attaché sur le traîneau, il était 8 heures, le soleil était au sud-est, et le nord droit devant. Le préchauffage était lent, plus facile en terrain praticable. Aussi pris-je vite l'habitude, en fin de journée, de toujours passer un dernier gros obstacle avant de monter la tente, pour pouvoir m'échauffer un peu le matin en terrain libre avant d'avoir à surmonter de nouvelles difficultés.

À la mi-journée, mon corps aurait mérité un peu de repos, mais au moindre arrêt le froid s'abattait sur moi comme une chape de mercure surgelé. Impossible de me détendre. Je grignotais en marchant quelques galettes et fruits secs conservés à la chaleur de mon corps. Ma journée se résumait donc à marcher, marcher encore, franchir les obstacles, tirer le traîneau, entièrement concentré sur la tâche à accomplir. Le terrain imposait sans cesse cette totale implication. Je continuais ainsi jusqu'à 16 heures, d'abord avec entrain, puis en me disant : « Encore deux heures... encore une heure. » Parfois, pris par je ne sais quel train de pensées, je regardais soudain ma montre et surprise ! il était l'heure d'arrêter. Je choisissais toujours soigneusement l'endroit. C'était un moment agréable. Trouver un lieu où je me sente bien était important. Je le voulais plat, un peu à l'abri. Le soleil était encore haut, je me sentais presque heureux d'être là. Je montais la tente, j'y installais mes affaires et y entrais en ôtant mes chaussures. Venait alors la satisfaction du jour. Je prenais le réchaud à l'intérieur de la tente, je plaçais mon visage au-dessus de la flamme et je respirais par grandes bouffées la douceur de la chaleur. J'enlevais mes chaussettes, les sacs de plastique qui, à même mes pieds nus, retenaient la sueur de la journée, je me frottais les pieds avec de la neige, je les séchais, enfilais mes chaussettes, mes gros chaussons en duvet, et hop ! dans le sac de couchage. C'était l'heure d'un bon goûter aux céréales. L'estomac bien rempli d'une masse dont la chaleur semblait se répandre à travers tout mon corps, je tombais généralement dans une douce torpeur. Cet unique moment de relâchement complet durait moins de deux heures.

À 19 heures précises, je communiquais par radio avec Michel Franco à Resolute Bay. Si les ondes portaient, je recevais ma position, qui lui avait été donnée par ma balise Argos – moment de récompense ou de désillusion. Tous les jours, je refaisais les mêmes calculs d'estime et, tous les jours, je m'apercevais qu'à cette vitesse il me faudrait l'éternité. J'écrivais cela dans le journal de bord, unique témoin de mes lamentations. Venait alors le repas du soir, un sachet de Lyofal enrichi, et je sombrais dans un sommeil profond. Souvenir de rêve : zéro. Réveil violent et on recommençait.

À quel premier symptôme fixer le début de mon intégration à ce terrible milieu? Aux noms que je donnais aux blocs de glace dont les caractéristiques me servaient ici et là de repères – la cornue, le carré, la tour? Dans cet acte avant tout pratique, mais aussi très primitif, se cache peut-être la réponse, car une relation particulière avec les éléments s'engagea là, vers le deuxième mois, quand je commençai à m'adresser à la glace. Habité jusqu'alors par mon projet, je me mis à l'habiter à mon tour, à habiter ce lieu, si inhospitalier fût-il. En venant ici j'avais tout apporté avec moi, mon précieux équipement, mais également mes ambitions, mes fardeaux, mes contradictions. Maintenant je me demandais moins souvent « mais qu'est-ce que je fais là? » J'y étais et c'était déjà bien. Je me surprenais à aimer voir ma vie réduite à si peu de chose, à quelques outils essentiels, à des bonheurs très simples. Je m'étais un peu libéré de moi-même. Je me sentais plus vif, plus éveillé, plus félin que jamais, nourri par un lien étroit avec ce qui m'entourait.

Ce « moi » nouveau en train de naître entretenait de nouvelles relations avec un prolongement de moi-même qui m'était essentiel : l'équipement. Tous mes objets étaient vitaux et je pris l'habitude de m'adresser à eux. Le traîneau me semblait parfois tellement lourd qu'il me donnait l'impression de traîner la patte, de ne pas vouloir avancer, alors je l'encourageais : « Allez, viens, avance, passe cette bosse, ne m'oblige pas à te soulever. » Ou bien : « Et toi réchaud qui me donnes la vie... » Je le bichonnais comme le saint sacrement. Les jours de blizzard, quand je voyais les coutures de la tente s'éroder sous les picotements abrasifs des particules de glace soufflées par le vent, c'était presque ma peau que l'on attaquait!

Certains jours, l'idée du pôle ne suffisait plus à réveiller la moindre motivation. Alors je marchais pour les autres. C'était venu le 1er avril, jour de l'anniversaire de mon père, je lui avais dédié ma journée de marche. « À toi, mon cher papa, tous les efforts que je ferai aujourd'hui ! » Dédier une journée est une offrande qui crée un devoir envers son destinataire. Ce rituel primitif m'arrachait aux dures réalités de la banquise et ravivait mes forces.

Toutes ces évocations n'étaient-elles pas des appels au secours, du fond de cette solitude qui commençait à me peser ? Délesté du poids du monde, mon animal social se réveillait, en mal des autres.

Le troisième ravitaillement aérien, comme les précédents, fut une torture. Dix minutes de chaleur humaine, comme au parloir d'un bagne, que le pilote interrompit brutalement, toujours avec la même phrase :

— Les moteurs se refroidissent, les gars, il va falloir y aller !

Les amis qui étaient venus m'apporter des vêtements secs et de la nourriture me regardaient comme un extraterrestre. Je voyais dans leurs yeux que quelque chose avait changé en moi et dans ma relation avec eux. Leur présence ravivait une impérieuse envie d'abandonner, de revenir sur terre. Le bruit des moteurs au décollage martelait l'air et le silence d'un fracas sonore que mes tympans allaient garder en mémoire pendant des heures, et qu'ils me restitueraient si je restais immobile, en particulier sous la tente, quand je lisais mon courrier et me reposais des émotions déclenchées par la rencontre d'autres humains. Je savais, depuis le premier ravitaillement, que la seule issue à cette pause assassine était de se mettre en route immédiatement après le départ de l'avion. Contre le froid et le retour à la solitude, le dialogue avec la banquise était le meilleur remède.

En ce début de second mois, le soleil était déjà bien remonté sur l'horizon. Les crêtes de compression étaient plus espacées, séparées par des zones de chenaux d'eau regelée, sorte de mosaïque de débris de vieilles plaques, cimentés par de la jeune glace. Je savais maintenant percevoir l'épaisseur et la qualité de la banquise, au son du bâton frappant la glace. Tandis que la glace d'eau douce est rigide comme une vitre, la jeune glace d'eau de mer est une saumure qui reste longtemps assez souple. Une fois solidifiée, elle se couvre de petites fleurs de gel. Un « ting-ting » clair du bâton correspondait à une glace dure et solide, un « pong-pong » plutôt sourd signalait que le gel ne l'avait pas encore suffisamment rigidifiée, et qu'elle risquait de casser sous mon poids. Tomber à l'eau était, bien plus que les ours, le principal danger mortel. Je m'avançais donc avec prudence, très lentement lorsque le son devenait sourd. Parfois, je sentais la plaque qui ondulait légèrement sous mon poids, élastique, comme si elle respirait. À ce stade « trampoline », il fallait être très vigilant. Si je sentais qu'il m'était impossible de parvenir à une glace plus ferme, je reculais doucement jusqu'à mon point de départ. Si je ne trouvais pas de passage plus solide, des mesures de sécurité s'imposaient. Je vissais une broche à glace, et m'engageais sur le passage en déroulant une corde à laquelle me rattraper en cas de chute. Arrivé de l'autre côté, je vissais une seconde broche, revenais encordé sur mes pas jusqu'au point de départ, récupérais la première broche et retraversais à nouveau avec le traîneau. Cette méthode n'était pas la panacée; je savais qu'il serait très difficile de se haler dans ces conditions. Elle prenait beaucoup de temps et j'attendais la dernière limite avant de l'installer. Une seule fois, j'allais pousser trop loin…

L'événement arriva à la fin d'une journée harassante sur un terrain chaotique entrecoupé de zones fragiles. Depuis un moment, je cherchais un endroit où monter la tente, une glace dure, bien à l'abri. Un plateau solide se dressait à une cinquantaine de mètres devant moi, mais le terrain pour l'atteindre était plutôt… travaillé, constitué pour l'essentiel d'une glace assez fine. Machinalement je dételai le traîneau, et m'avançai pour ausculter la zone. C'était une pellicule vraiment très fine. J'hésitai à sortir la corde. J'étais fatigué, et j'avais envie de clore au plus vite cette journée. À l'instant même où je m'aperçus de l'absurdité de ma situation, je passai au travers, dans le « pschiouffsshh » caractéristique de la glace qui s'effondre en cédant. La plaque que mes skis venaient de briser s'enfonça et je me mis à crier : « Je passe à l'eau, je passe à l'eau ! » comme un appel de détresse à mes forces vives. Par réflexe je me couchai aussitôt et, chance insensée, le haut de mon corps prit appui sur un bloc plus dur, auquel je m'agrippai de tout mon poids et sur lequel je parvins finalement à ramper et à me dégager. Mes chaussures étaient pleines d'eau, j'étais mouillé jusqu'aux genoux, une éclaboussure m'avait aspergé le torse, et aussitôt je sentis le gel me prendre comme dans un carcan. Le contact entre l'eau à – 2 °C et mes vêtements à – 30 °C provoqua l'apparition immédiate d'une gangue de glace. J'étais tellement secoué que je n'avais pas froid, je pris même le temps de souffler un peu avant de repêcher le bâton que j'avais laissé tomber au milieu de la flaque. Une leçon de plus : ici, la peur ne devait pas être un réflexe, mais une pensée constante. Je m'empressai de trouver un emplacement pour monter la tente afin de vite m'abriter et me remettre de cette violente émotion. Enfin couché au sec, je revis toute la scène. La peur rétrospective la fit tourner au pire. J'imaginai le combat qu'il aurait fallu mener si j'avais coulé, l'engourdissement qui m'aurait gagné, les skis trop difficiles à arracher de mes pieds, mon corps qui se serait alourdi…

Cette chute fut un moment psychologiquement très dur. Je le pris comme un avertissement intime de la banquise. J'étais furieux d'avoir rompu avec la prudence qui m'habitait depuis le départ. Mon jugement, mon sens critique s'étaient-ils émoussés dans cette harmonie naissante entre la banquise et moi ? Avais-je perdu la tête, étais-je vraiment lucide ou déjà inconscient des dangers ? Au plus profond de ma peur, je me souvenais d'avoir demandé pardon, pour être allé trop loin.

Dès le lendemain, quand je repris le traîneau, la réalité se chargea de me rappeler les critères de la santé mentale. Fou ou pas, j'étais sur la banquise, avec la peur comme frein à mes audaces. Cette nouvelle prudence me rassura, mais très vite il fallut reprendre des décisions risquées. Ma chute ne brisa pas mon rythme longtemps, j'avais acquis de l'aisance et je traversais la partie la plus facile du parcours. Cet épisode avait renforcé l'évolution de mon approche : je fus encore plus concentré. Il fallait être totalement là, à tout instant, pour mériter la banquise. Elle ne m'invitait à rien d'autre. Être présent à soi à tout moment.

9 avril. J'avais quitté la terre depuis un mois. Comme tous les soirs, j'avais monté la tente, pris mon goûter et sombré dans cette sieste qui était le meilleur moment de la journée. Tout à coup, des cris aigus s'immiscèrent comme des alarmes dans mon semi-coma. Alerte générale : un ours ! Ces cris se renouvelèrent. Non, je ne rêvais pas. Une bande d'ours ! Non. Je compris qu'il s'agissait de chiens. L'expédition de Will Steger ! Je savais qu'une expédition américaine avec traîneaux et chiens se dirigeait aussi vers le pôle. Ils étaient là, tout près. Je sortis à toute vitesse, en sous-vêtements et chaussons d'intérieur. Je franchis en courant la quinzaine de mètres qui me séparait de la petite crête de compression à l'abri de laquelle j'avais monté la tente. En contrebas, je vis passer une meute, cinq attelages ! Après un mois de solitude, je crus « halluciner ». Aussitôt, l'homme qui skiait à côté du premier traîneau me vit et se dirigea vers moi.

– Will Steger ?

– Jean-Louis Étienne ?

Nous tombâmes dans les bras l'un de l'autre. Il faisait très froid et je ne pouvais rester longtemps dans cette tenue. Will me raccompagna et entra un moment dans la tente. Il était encore sous le choc d'avoir vu brutalement un type sortir au sommet d'un bloc de glace. Une rencontre au milieu de l'océan, totalement improbable, dans ce dédale de glace. Ses compagnons et ses chiens attendaient…

— Suis nos traces, me dit-il, et rejoins-nous demain matin, nous parlerons davantage.

En partant il me lança :

— Tu en as de la chance, de voyager seul et si léger !

Le lendemain matin, après deux heures de marche, j'arrivai à leur campement. Je m'attendais à ce que la meute de chiens annonçât mon arrivée, mais ils restèrent tous bien calmes. Je me demandai s'ils en feraient autant face à un ours. Les humains, eux, dormaient. Je les réveillai et nous passâmes la matinée à boire du thé, à discuter. Je me rendis compte que je n'aimais pas vraiment chauffer l'intérieur de la tente, parce que tout se retrouvait vite trempé. Mieux valait le froid et la glace que l'humidité.

Will m'expliqua pourquoi il m'enviait d'être seul : la lourdeur d'une expédition collective moderne lui pesait. Son équipe et lui étaient partis pour un aller simple, sans ravitaillement. Or le temps passait et il se demandait désormais s'ils allaient parvenir au but. Will me demanda quelle serait ma prochaine aventure et, sans me connaître, me proposa de faire une expédition en Antarctique avec lui. Je restai évasif, trop pris par le pôle Nord pour penser déjà au Sud. Lui en revanche avait besoin de rêver pour échapper à la pression du groupe. Nous échangeâmes nos adresses et je le quittai.

La solitude retrouvée me ramenait à une perception très fine. Tous mes sens en éveil, cette concentration permanente sur chacun de mes pas, chaque jour plus confiante, plus naturelle, m'amena à ressentir une sorte d'état de grâce, une intégration polaire, une paix de plus en plus vaste entre mon projet et moi-même. Le temps opérait, je n'étais plus ici pour rien. Quelles qu'en soient les raisons, je faisais mon tri, le pôle ferait le sien. Je vécus alors les semaines les plus riches de mon voyage, dans un confort émotionnel de plus en plus délectable, une harmonie complice avec les lieux. Le pôle n'était plus une conquête mais un chemin de plus en plus éclairé. Je savais aussi maintenant que du pôle on ne domine rien, ce n'est pas l'ascension d'une montagne, c'est un rendez-vous au milieu de l'océan, un sommet invisible que l'on porte en soi.

Début mai, Michel Franco m'apprit l'arrivée de Steger au pôle. L'un des avions qui les ramenaient à Resolute Bay me survola et me largua quelques rations.

Ça y est, Steger s'en était donc sorti. Ils avaient quitté la banquise ! Je me retrouvais tout seul, ici, avec le poids d'une solitude qui m'apparut soudain plus brutale. Cette nouvelle brisa net le confort émotionnel dans lequel j'étais en train de m'installer. Pour moi, la partie était loin d'être gagnée et je n'avais aucune envie de revenir la jouer une troisième fois ! Jusqu'à présent, j'avais géré mon temps, pris soin de mon corps, veillé à ne pas m'épuiser. Brusquement, je décidai de marcher dix heures au lieu de huit, et d'aller au bout de mes forces dans les derniers jours.

La banquise se morcelait de plus en plus, il ne faisait que – 20 °C, la glace mettait davantage de temps pour se solidifier. Même devenu expert en « zones trampolines », je pouvais rarement faire confiance à la pellicule qui se formait, trop fine pour soutenir mon poids. Je devais sans cesse louvoyer pour chercher de la vieille glace, sachant que, avec la saison qui avançait, la dérive jouait de plus en plus contre moi, que je marchais à présent sur un véritable tapis roulant. Dès que j'arrêtais ma progression, je reculais. Or des zones d'eau libre croisaient de plus en plus souvent ma route. Il aurait fallu un canot pour les traverser.

Le rythme s'accéléra. Je marchais de plus en plus, et de plus en plus vite. Je n'avançais pourtant que de 15 kilomètres par jour dans la bonne direction, car la dérive m'en croquait 5 par vingt-quatre heures, et les détours je ne sais combien. Je passais mon temps à longer des fractures, à les traverser, tout en essayant de garder mon cap dans ce dédale inondé.

La tension devint si forte que je craquai, alors que j'étais certainement à moins de deux jours du pôle. Ce soir-là, lors du contact radio, j'implorai les copains :

— Je ne suis qu'à 30 kilomètres, j'en ai fait 1 000, je n'en peux plus, vous pouvez bien me l'accorder, je l'ai mérité !

Aucune réponse, ils ne me comprirent pas. Pourquoi le cacher ? Les nerfs à fleur de peau après ces deux mois de solitude aride, épuisé par mes efforts et soumis à une pression croissante, je m'effondrai. Je pleurai un moment.

Le réveil vint de moi. J'étais trop près du but ! Il fallait marcher, marcher, marcher ! Je décidai de ne plus m'arrêter. À chaque nouvel obstacle, vint la prière : « Laissez-moi passer ! Dieu du pôle, laissez-moi passer ! »

Je marchais sur des zones d'une fragilité extrême, où j'atteignais rapidement des points de non-retour, d'où je ne pouvais me sortir que par une suite de choix très rapides, parfois complètement scabreux. J'arrivais à m'accrocher à des blocs plus costauds, puis je repartais de là, avec la certitude que je ne pourrais pas revenir, et tout cela avec mon traîneau abandonné, au bout de 50 mètres de corde. Chaque fois, je réussis pourtant à passer. J'étais porté par quelque chose de complètement irrationnel. Je n'étais plus à la recherche des passages sûrs, mais lancé dans une fuite éperdue contre la fatigue et le temps. La pression m'avait rattrapé, me transcendait, m'entraînait jusqu'au bout de mes limites dans l'exploitation du terrain.

De temps en temps, je m'appuyais sur mes bâtons, la tête dans les bras, et j'essayais de dormir comme un oiseau migrateur, à petits coups, juste pour vider la tension qui m'envahissait de toutes parts. Je ne voulais pas m'asseoir sur le traîneau, j'avais peur de m'endormir. Marcher, marcher, marcher...

Je conserve de ce qui suivit un souvenir marqué de grands blancs. Je marchai dans un état de fatigue extrême, les repos de l'oiseau posé sur ses bâtons furent autant de trous noirs, de pertes de conscience. Vers 18 heures, je m'arrêtai pour connaître ma position. J'appris par radio – la balise Argos fonctionnait en permanence – que j'étais à quelques kilomètres du pôle. Mon corps fut traversé par des secousses de bonheur. Je repartis aussitôt dans un état de légèreté jamais ressenti de ma vie. Commencèrent alors des heures féeriques, la traversée du « cercle enchanté ». La banquise s'était assagie, plus plate, plus compacte, plus facile… Je ne l'avais jamais vue sous cette lumière. C'était la première fois en effet que j'avançais, par beau temps, avec le soleil de minuit en face de ma route. Je me sentais porté par la joie d'être là, comme appelé par une voix qui me disait :

– Viens, ça y est, tu peux venir.

Vers 2 heures du matin, d'après mes calculs, je devais être au pôle. Je m'arrêtai un instant, mais une force me poussa à continuer, j'avais le sentiment que ce n'était pas encore tout à fait là. Je marchai quelque temps dans ce coton féerique, ne voyant quasiment plus les obstacles, comme si tout s'aplanissait. Finalement, en accord parfait avec moi-même, le traîneau et la banquise, je décidai que j'y étais. Le rendez-vous avec le pôle était ici.

À la radio, je ne cessai de crier :

– Je suis au pôle, je suis au pôle !

C'est à peine si je fus entendu, mais j'appris en retour qu'une grosse dépression interdisait à l'avion de venir me chercher ! Le mauvais temps pourrait durer sept jours ! Il ne me restait plus qu'à patienter, diviser en deux mes dernières rations et tenter de dormir, attitude la moins coûteuse en émotion et en énergie, pour tenir le plus longtemps possible.

L'euphorie que j'éprouvais depuis l'entrée dans le cercle enchanté se transforma, devint plus intérieure. Une sorte d'accouchement, une obsession exorcisée, une récompense, une réponse suprême à toutes mes demandes de passage qui m'avaient conduit à l'humilité totale face à la puissance naturelle de cette forteresse, face à mon ambition de vouloir prouver je ne sais quoi au monde…

Par son accueil, le pôle me signifiait que je l'avais mérité, et que tous les obstacles mis en travers de ma route n'avaient été là que pour tester ma vérité, ma vocation profonde à le rencontrer. Il m'accueillait en son sein, je faisais maintenant partie de lui.

Le 18 mai 1986, après quatre jours d'attente, le Twin Otter réussit à se poser pas très loin de la tente. Trois amis en descendirent, Michel Franco, Laurent Chevalier et Bernard Prud'homme harnachés de matériel pour les photos, le son et l'image.

Au bout d'une demi-heure, le pilote fit signe qu'il était temps de partir. Tout le monde remonta à bord. Mais cette fois, j'étais avec eux...

4
L'Antarctique, un continent pour la Terre

Il faut le reconnaître : la gloire médiatique fut un phénomène nourrissant. Les messages de félicitations, les interviews depuis Resolute Bay, les plateaux de télévision à Montréal puis à Paris : la renommée me donna l'impression d'avoir fait quelque chose d'important. Premier Français au pôle Nord! Premier homme à l'avoir atteint seul et à pied!

J'avais quarante ans quand la célébrité arriva, et mon expérience de médecin de campagne m'avait déjà forgé aux réalités de la vie, elle m'avait appris à me méfier des pièges de l'illusion. Aussi n'étais-je pas prêt à tout sacrifier. J'acceptais volontiers d'endosser l'uniforme de la vedette du moment, ce qui n'était pas déplaisant. En revanche, je ne me faisais pas à l'idée d'arriver à Paris, en pleine chaleur de la Pentecôte, vêtu de ma grosse parka polaire, sale, puante et déchirée, comme l'auraient souhaité mes sponsors. Je comprenais leur souci d'exploiter à fond le retentissement de mon aventure au bénéfice de leur image de marque, c'est pour cela qu'ils avaient pris le risque de me financer. Mais je me demandais comment ne pas être ingrat sans pour autant me sentir ridicule. Pas d'oripeaux médiatiques à la descente de l'avion, ma gueule ravagée par deux mois d'intempéries serait assez parlante.

Aux questions qui m'étaient posées, je me rendis compte que personne ne comprenait vraiment ce que je venais de vivre pendant ces deux derniers mois. Le battage médiatique reposait essentiellement sur le suspense de ma récupération au pôle Nord, les quatre derniers jours à la dérive sur la banquise. Finalement, le succès tenait beaucoup au calendrier des événements du monde ; il y avait une grande part de chance dans tout cela. On n'aurait peut-être pas parlé de mon aventure si le même jour le pape avait cassé sa pipe, ou si j'étais arrivé quelques semaines plus tôt, au moment de l'explosion de Tchernobyl.

J'étais convoité de toutes parts : on en voulait à ma célébrité comme à l'argent d'un gagnant du gros lot de la Loterie nationale. Il fallait investir tout de suite. « Dans six mois, tout le monde vous aura oublié », me disait-on parfois, sous-entendant : « Vous aurez tout perdu. » On me proposa toutes sortes de publicités, même la marque de cigarettes au célèbre cowboy m'aurait bien vu en Monsieur Aventure, seulement voilà, j'étais médecin et ça ne se brade pas. La pression des sollicitations fut un choc entre deux mondes, celui du pôle d'où je n'étais pas encore totalement revenu et celui des réalités de la vie. Le directeur de la communication de l'UAP, qui s'était mouillé la chemise pour me trouver le financement, me mit très mal à l'aise. Il voulait que je fasse une pub pour des « produits retraite ». C'était impossible, je me sentais si jeune, mais par ailleurs je devais beaucoup à cet homme qui avait défendu mon dossier à un moment où personne ne donnait cher de ma réussite. Dans cette confusion, il ne fut pas facile de faire les bons choix. Au cours de cette marche au pôle, j'avais tellement eu l'impression d'avoir œuvré pour ma vie, d'avoir fait une chose éternelle, que je voulais maintenant la protéger. Un livre? Pourquoi pas? « Quelles sont vos exigences? » me demandèrent les éditeurs. Mais je n'en avais aucune, il est difficile d'estimer sa valeur dans un domaine que l'on ne connaît pas. Laurent Laffont sut me mettre en confiance, et, dans les jours qui suivirent, je m'évadai dans les Cévennes où, avec l'aide d'Éric Dumont et de Valérie Richez, j'écrivis *le Marcheur du Pôle*. J'allais passer là un été magnifique.

Le Marcheur du Pôle fut publié à l'automne, pendant que je commençais les cycles de conférences organisées par les sponsors. Je connaissais cet exercice, j'avais déjà fait des projections de diapositives après la course autour du monde avec Éric Tabarly et une tournée de conférences pour un laboratoire pharmaceutique après la Patagonie, en 1983. Parler en public ne m'effrayait pas, j'ai toujours aimé communiquer et transmettre.

Je me retrouvais dans une situation que j'avais souvent connue : je ne savais pas ce que j'allais faire, mais tout était possible – ce qui était d'autant plus exaltant. C'est un état où l'on est totalement réceptif aux idées qui peuvent passer. Et comme toujours dans ces moments-là, « le hasard s'organisa ». La réponse vint naturellement, dans un curieux mélange entre mon intention encore vague (retrouver cet état), mes idées (élargir ma pyramide) et les événements : Will Steger me téléphona, il voulait absolument que l'on reparlât de ce projet d'expédition en Antarctique qu'il avait évoqué lors de notre brève rencontre sur la route du pôle Nord. Nous convînmes de nous voir chez lui, au printemps.

Je traversai, cet hiver-là, une phase très nourrissante, riche en relations de toutes sortes. Je gagnais ma vie grâce aux conférences, je rencontrais des gens « importants », je profitais des nombreux avantages que la renommée m'apportait. Les restaurants avaient plus souvent une table libre pour moi. Cela nourrit autant l'estomac que l'ego. Soyons francs, je n'étais pas encore saturé du plaisir que me procurait la lueur mêlée d'envie, d'admiration que je lisais désormais dans le regard des gens qui m'abordaient. Puis le désir de monter une nouvelle expédition commença à primer sur tout.

Paris, New York, Minneapolis, Duluth en avion, plus six heures de route jusqu'à Ely à la frontière du Canada, puis deux heures de marche sur un sentier forestier... pour enfin arriver au bord du petit lac où Steger avait construit sa cabane. Décidément ces Américains ont le chic pour les constructions insolites, quelle liberté !

Will était impatient, il avait préparé son rêve. Il étala sur le plancher une carte de l'Antarctique et, traversant du doigt le continent dans sa plus grande largeur, il s'écria :

– *The longest way, this is the road !* (Le chemin le plus long, voilà notre route !)

Évidemment, sa proposition m'intéressa aussitôt, mais je ne savais trop comment répondre. Je n'avais aucune idée de ce dont les chiens sont capables. Will ajouta avec assurance :

– Les chiens peuvent faire une aussi longue route sans problème, j'ai l'expérience, je suis déjà parti d'ici jusqu'à Point Barrow au nord de l'Alaska, c'est à peu près la même distance ; et en Antarctique, la surface est facile, ce n'est pas le chaos du pôle Nord.

L'Antarctique avec des chiens, quelle entreprise grandiose ! Je fus pendant un instant traversé par le même frisson que quinze ans plus tôt, quand je m'étais encordé pour la première fois, sur le névé pentu du pic d'Aneto. Conduire un attelage ! Je sentis que je touchais là, bien davantage encore qu'au pôle Nord, l'essence même du monde polaire le plus authentique. J'étais conquis.

L'Antarctique est grand comme vingt-huit fois la France, comme les États-Unis et l'Europe réunis. Une couche de glace d'une épaisseur de 2 à 3 kilomètres le recouvre presque entièrement, seulement 2 % de terres émergent, de rares sommets ici ou là. Il n'y a donc rien du tout, sinon quelques richesses souterraines ou sous-marines exploitables le long des côtes. Politiquement, la France, la Norvège, le Royaume-Uni, le Chili, l'Argentine, l'Australie et la Nouvelle-Zélande, sous des prétextes historiques ou géographiques, manifestaient depuis longtemps des revendications territoriales, jamais reconnues par aucune instance internationale. Les États-Unis avaient toujours adopté une autre attitude, tout comme l'Union soviétique : ils ne revendiquaient rien mais se réservaient tous les droits. Une façon comme une autre de coiffer l'histoire ! Il avait bien fallu un jour formaliser tout ça.

Issu du succès de la coopération scientifique au cours de l'Année géophysique internationale, le traité de l'Antarctique, signé en 1959 pour une période de trente ans, avait fait du continent une terre dédiée à la science et aux activités pacifiques. C'était la première fois qu'un traité international s'appliquait à un territoire avec une vision mondiale et un souci de paix. Il interdisait son usage stratégique et toute activité nucléaire. Cependant, il ne faisait aucune allusion à ce qui allait devenir une question épineuse, celle des richesses du sous-sol : gaz, charbon, pétrole, minéraux...

En 1989, année prévue pour notre départ, le traité de l'Antarctique allait être renégocié. Pour être reconduit, il devait être signé à l'unanimité. Mais la question de l'exploitation des richesses potentielles divisait les États. Une nouvelle interrogation s'y était ajoutée : quels risques cette exploitation pourrait-elle faire peser sur le fragile équilibre écologique de ce continent ? Les scientifiques, qui avaient intérêt à ce que les États soient motivés par quelques perspectives économiques pour continuer à investir dans la recherche polaire, avaient établi un protocole très sérieux : « Comment exploiter proprement les richesses de l'Antarctique. » Mais ce sujet était-il d'actualité ? Tout le monde savait que ces richesses hypothétiques n'avaient aucun intérêt économique, tellement leur coût aurait été exorbitant, d'autant qu'il y a bien d'autres ressources ailleurs sur la planète. Une autre question sérieuse, et qui touchait à l'équilibre politique du monde, était de savoir à qui appartiendraient ces richesses. Pour le compte de qui se ferait l'exploitation ?

Will et moi étions convaincus, comme la plupart, que l'Antarctique devait conserver son statut de terre de science et de paix décrit par le fameux traité. Et pour qu'il fût reconduit, il fallait que les pays riches lèvent le pied sur leur volonté de puissance. Nous étions là en face d'un défi auquel le monde allait être de plus en plus souvent confronté : la gestion à l'échelle planétaire. Et l'Antarctique, sans habitant ni ressources, était un exercice facile, une chance à ne pas manquer pour l'humanité. Pour qu'une question aussi importante ne fût pas réglée en catimini entre spécialistes, il fallait attirer l'attention du monde sur l'avenir de l'Antarctique. Nous avions deux ans pour mettre au point une grande expédition internationale.

Nous avons beaucoup discuté pendant cette première rencontre. Will allait très vite dans la composition de l'équipe qu'il projetait : six personnes semblaient le bon nombre. Outre une femme américaine, il proposait un Canadien, un Néo-Zélandais et un Anglais. Avec mon anglais assez faible face à son incompréhensible accent du Minnesota, je dus remonter la pente de sa conception très anglo-saxonne du monde. Je n'étais pas d'accord pour la participation d'une Américaine dont l'objectif très avoué était d'attirer l'attention des médias et donc des sponsors.

— Will, nous devons ouvrir l'expédition à la participation des grandes puissances de l'Est, qui sont aussi signataires du traité.

Je proposai d'enrichir l'équipe d'un Japonais, d'un Soviétique et d'un Chinois. Il fut tout de suite intéressé par le Japonais.

— Ils ont de l'argent ! me dit-il, prévoyant.

En revanche, il se montra tout d'abord moins enthousiaste sur la participation de communistes. Il craignait de voir fuir les sponsors. Mais la présence des Soviétiques est très importante en Antarctique, où ils possèdent de nombreuses bases et, au-delà de l'aspect symbolique, elle offrait un intérêt pour la logistique de notre voyage qui n'échappa pas à Will.

Au fil des discussions, la route se précisait. Les questions de ravitaillement et de sécurité étaient de taille. De la pointe de la péninsule Antarctique, en face du cap Horn, jusqu'à la base soviétique de Mirny, sur la côte de l'océan Indien, la traversée compterait plus de 6 000 kilomètres. L'autonomie serait impossible, ce continent n'offre rien à chasser ni à cueillir et il était matériellement inenvisageable de partir avec tout le nécessaire. Pour six mois de route, il aurait fallu compter plusieurs tonnes de nourriture pour les chiens !

Je pensai aussitôt à un bateau capable de transporter tout cela. Le partage des rôles me parut dès lors aller de soi : Will s'occuperait de la traversée proprement dite, des chiens, des traîneaux et de la logistique aérienne, c'est-à-dire de trouver comment établir des dépôts de nourriture à intervalles réguliers. Je me chargerais de la partie maritime, pour nous faire accéder sur les lieux, et de l'élargissement de l'équipe aux pays de l'Est, auquel je tenais beaucoup. Nous tombâmes d'accord sur cette idée. Avant de nous quitter, ma dernière question le fit violemment réagir :

— Qui sera le chef d'expédition ?

Il n'avait jamais imaginé que ce ne soit pas lui. Au cours de cette petite semaine, j'avais mieux cerné ses compétences, aussi n'étais-je pas prêt à lui abandonner l'entière maîtrise du projet. Nous serions coleaders. Je rentrai en France emballé.

Dès mon retour, je parlai du projet avec Michel Franco, qui voulut aussitôt y prendre part. Centralien, précis, brillant, enthousiaste, il deviendrait le pivot de cette aventure. Avec lui, les discussions allèrent très vite. Comment allions-nous travailler ? Je fonctionnais depuis des années sur une structure associative fondée en 1979, pour l'expédition au Groenland, jusqu'alors financée par mes remplacements et mes conférences – sans autre comptabilité qu'un carnet de recettes et de dépenses ! Il allait falloir remédier à ce flou structurel et comptable, mais ce n'était pas vraiment ce qui nous préoccupait. Organiser la logistique maritime et élargir l'équipe en trouvant un Chinois et un Russe furent les deux axes de notre travail. Quelques copains se joignirent à nous : Christian de Marliave, dit Criquet, et Bernard Buigues, dit Stef. Tout le monde vivait et travaillait ensemble, d'abord chez moi, dans une pièce sous les toits, en attendant d'avoir de vrais bureaux. Nous formions une petite équipe enthousiaste, efficace, dévouée sept jours sur sept à la réussite du projet ! Commencèrent alors deux années fabuleuses.

La logistique maritime fut l'occasion de ranimer un rêve que je nourrissais depuis le Groenland, l'envie de faire construire un vrai bateau d'expédition. Avec l'architecte naval Olivier Petit, ami du tour du monde sur *Pen Duick VI*, nous avions déjà imaginé un bateau d'une vingtaine de mètres. Mais là, nous passions à la taille supérieure. Le cahier des charges nous conduisit à l'étude d'un bateau de 36 mètres, dont la forme et la structure permettraient d'échapper à l'écrasement de la banquise. Ce fut la genèse d'*Antarctica*. L'architecture serait signée Olivier Petit et Luc Bouvet, le calcul des contraintes mécaniques confié au génie d'Yves Mégret, et la construction serait l'œuvre du chantier SFCN, aujourd'hui disparu.

De mon côté, j'entrai au cœur des affaires du monde : la diplomatie, la finance et les médias. J'appris l'anglais, je voyageai partout, je découvris les relations internationales, ce que sont les administrations et les luttes de pouvoir. J'avançais là-dedans avec l'assurance que donne l'innocence. J'étais tellement convaincu que notre projet était au centre du monde que je me sentais invulnérable. Je pouvais tout à mon aise téléphoner à tel ambassadeur ou à tel ministre pour demander un avis, un rendez-vous, un soutien. Plus fort, plus confiant après les leçons du pôle, je m'impliquais entièrement, aussi attiré par cette expédition de rêve que saisi par son envergure politique.

Convaincre un sponsor que l'image et la notoriété de sa société vont sortir grandies de son aventure est un exercice qui ne souffre pas le doute envers soi. Convaincre plusieurs sponsors est un véritable casse-tête : on entre alors dans la gestion de sa surface corporelle. Combien pour un badge sur la poitrine, sur l'épaule, sur le col, le bonnet... sachant que les espaces proches du visage sont les plus convoités, car ils sont bien remarqués à l'occasion des interviews télévisées ?

Je disposais du soutien de l'UAP, grâce à l'aide indéfectible de François Vikar, homme passionné par ce que je faisais et à qui je suis reconnaissant d'être toujours monté au créneau pour me soutenir. Mais l'UAP, avec son ticket de sponsor principal, demandait à juste titre un maximum de visibilité. Comment concilier cela avec les intérêts de Will, qui apportait de son côté Gore-Tex au même niveau financier ? UAP compte trois lettres mais ne devait pas pour autant être pénalisée par rapport à Gore-Tex qui prend davantage d'espace !... Et les partenaires techniques, comment les valoriser, eux qui faisaient proportionnellement plus d'efforts, compte tenu de la taille de leur entreprise ? Nos tenues polaires n'allaient tout de même pas ressembler à un patchwork de badges ! Il fallut jongler avec tout cela, dans la transparence que demandait l'enjeu politique et moral du projet.

Je connus bien sûr quelques moments de découragement pendant cette préparation, quand des choses qui paraissaient simples se compliquaient. J'avais la naïveté de penser que cette expédition internationale, ce rassemblement des peuples, était un projet tellement pur et beau qu'il allait recevoir l'assentiment de tous. Et je découvris que l'on ne réinvente pas la roue, on n'est jamais que le maillon d'un tout.

Nous étions notamment victimes du traité que nous voulions défendre, car il interdisait aux États de soutenir des expéditions privées. Avec la diplomatie et la fermeté propres à sa fonction, le responsable de l'Antarctique au Quai d'Orsay m'exposa cet aspect des choses. Je pouvais le regarder furieux, en train de me fourrer des textes sous le nez, expliquant pourquoi il lui était interdit de m'aider, je pouvais me demander quelle était sa légitimité, ce qu'il avait accompli en Antarctique, ce qu'il connaissait des pôles, lui qui ne s'était jamais aventuré dans ces régions... De quel droit venait-il m'astreindre à ses lois ? Je devais pourtant bien admettre que l'Antarctique ne m'appartenait pas. Cette absence de soutien officiel fut un problème crucial, car les Russes l'exigeaient pour participer à notre histoire. Je réussis cependant à obtenir une lettre de soutien moral du Premier ministre, Jacques Chirac – nous étions en 1987 –, qui éludait les questions polaires mais soulignait l'intérêt de cette coopération internationale. Elle allait être d'une grande aide dans mes tractations avec les Soviétiques.

Ces obstacles politiques étaient d'autant plus déprimants qu'ils mettaient l'accent sur la dualité de toute expédition, qui par son côté sauvage consiste à fuir un peu les hommes tout en essayant d'attirer l'attention. Et cette dualité, je la découvrais en moi. Ma vie avait été et restait malgré tout en dehors de la structure sociale : j'avais fait des études de médecine mais je ne m'étais pas installé comme médecin. Le pôle Nord m'avait ouvert une porte, la reconnaissance m'avait donné une assise et une force. Et maintenant, grâce à elles, je remontais une expédition, fondée sur une idée de coopération internationale, une idée forte, puissante, à laquelle je croyais de tout cœur. Mais ce qui m'animait, au fond, n'était-ce pas avant tout le désir d'aventure ? Malgré la justification du traité, traverser l'Antarctique avec des chiens n'était pas un projet vraiment social, c'était d'abord une envie de réalisation personnelle. En même temps, je me rendais compte que j'avais besoin de la société, et je profitais pleinement de la notoriété qu'elle m'accordait.

Pour me remettre de la subjectivité imprévisible des problèmes humains, j'allais assez souvent trouver du réconfort sur le chantier où *Antarctica* se construisait. J'aime l'architecture, la technique, la construction mécanique, et j'avoue que je resterai à jamais frustré de n'avoir pu participer autant que je le voulais à la conception et à la fabrication du bateau. Mais on ne peut pas être à la fois chef d'orchestre et soliste. Si je ne me mêlais pas de la forme du bateau, j'étais tenu de trouver ce qui le ferait flotter : l'argent. Je dus emprunter 5 millions de francs pour le finir, car il nous fallait ce bateau envers et contre tout, en dépit des retards et des complications. Il ne fut pas facile de convaincre les banquiers, mais mon enthousiasme et ma détermination devaient avoir raison de leur scepticisme.

Les négociations avec les Russes tombaient en pleine perestroïka, ce qui expliquait peut-être la relative confusion dans laquelle elles se déroulèrent. Les Expéditions polaires soviétiques, que j'avais contactées *via* l'agence Tass à Paris, m'invitèrent à Moscou et à Leningrad. Je voulais que vînt avec nous Dimitri Shparo, un proche de Gorbatchev, solide gaillard qui avait déjà rallié le pôle Nord à pied, à la russe, avec des sacs de 50 kilos sur les épaules ! Je devais apprendre plus tard que ma visite avait été organisée pour que je ne le rencontre pas. On m'imposa à sa place Victor Boyarski, un grand costaud au large sourire, une bonne gueule blonde aux allures de Viking. Il ne parlait pas un mot d'anglais (était-ce bien certain ?), mais je le sentais plein de vaillance et de chaleur humaine, et nous « accrochions » bien. La lettre de parrainage de Jacques Chirac m'assura le soutien officiel des Soviétiques. Ils allaient peu à peu s'engager à fond et devenir finalement nos partenaires les plus indispensables. Le patron des Expéditions soviétiques m'offrit comme un cadeau le nom de notre entreprise : « Trans-Antarctica ! » s'exclama-t-il avec enthousiasme et en roulant les r, tout en martelant du poing sur la table pour bien séparer les deux mots. Quelques semaines plus tard, le vice-ministre en charge nous rendit une visite mémorable à Paris, un voyage que nous organisâmes nous-mêmes, sans souci du protocole, ce qui lui donna l'occasion d'exprimer franchement ses attentes. Après quoi, il fallut négocier avec des membres bien plus coriaces de son équipe, et mettre au point des montages financiers d'une complexité digne des meilleurs contrats commerciaux. Nous allâmes jusqu'à créer un joint-venture franco-américano-soviétique pour le partage d'éventuelles royalties. Les Russes étaient confrontés à un grave problème, celui d'estimer la valeur financière de leur important soutien logistique. Nous leur donnions l'impression d'être très riches et ils ne voulaient pas « se faire rouler dans la farine ». Ils parlèrent sans complexe de millions de dollars, pour s'excuser ensuite et revenir à des valeurs ridicules, que nous dûmes réestimer à la hausse pour eux…

Aux États-Unis, au contraire, les accords furent négociés au millimètre, et il valait mieux être vif, car la minute d'avocat coûte très cher. Je réussis à imposer un producteur de films français sur ce projet international. Il faut dire qu'Yves Janneau, des Films d'Ici, défendit très bien le sujet. La chaîne ABC acheta les droits de diffusion télévisée pour 1 million de dollars.

Avec les Chinois, tout fut beaucoup plus facile. Le caractère officiel de l'expédition leur paraissait évident. Leur contribution serait de toute façon mineure. Ils nous hébergeraient dans leur base de la péninsule Antarctique, au moment du départ… et nous fourniraient des cartons de gelée royale !

En avril et mai 1988, nous effectuâmes la traversée sud-nord du Groenland pour mieux nous connaître, préparer le matériel et nous entraîner à la conduite des chiens. De son côté, Will avait enrichi l'équipe avec deux bons *mushers* (conducteurs d'attelages), l'Anglais Geoff Somers et le Japonais Keizo Funatsu. Le glaciologue chinois qui m'avait été présenté à Pékin souffrait du dos, il ne vint pas. J'appelai à la rescousse mon ami Bernard Prud'homme, qui à l'époque présidait la vénérable Compagnie des guides de Chamonix. Les deux mois de voyage se passèrent bien. Le projet était vraiment lancé.

À mon retour du Groenland, François Mitterrand parraina officiellement l'expédition Trans-Antarctica, ce qui allait favoriser l'appui de George Bush et du Premier ministre japonais.

Le chantier naval qui poursuivait avec brio la construction d'*Antarctica* me mit en relation avec un homme d'affaires qui avait des contacts au plus haut niveau en Arabie saoudite.

— Il faut emmener un représentant du monde arabe avec vous, me dit-il.

A priori, je ne voyais pas comment nous allions pouvoir donner suite à cette proposition. Puis une idée me vint : et si nous embarquions un scientifique saoudien à bord du bateau ? Je fus alors invité officiellement. Parti avec l'idée d'une éventuelle collaboration avec le laboratoire océanographique de l'université, je fus reçu à Riyad avec les honneurs dus à un émissaire officiel par le directeur de cabinet du ministre de la Défense ! Il se montra très sensible au fait qu'un de leurs océanographes pût embarquer sur le bateau. L'Arabie saoudite était prête à payer sa participation, mais à une condition : qu'il pût nous rejoindre au pôle Sud en avion, pour y être le premier Arabe. Pourquoi pas ? Banco !

En avril 1989, *Antarctica* fut mis à l'eau à Villeneuve-la-Garenne. Il était très imposant, magnifique, j'étais très ému.

L'été arriva très vite et le départ approchait. La presse m'assaillit de questions sur la participation chinoise à cette expédition aux aspirations humanistes. Pékin venait de vivre son mai 89 sur la place Tian'anmen, et le gouvernement chinois était à l'index des pays occidentaux. Que faire avec Qin

Daho, notre glaciologue chinois ? Je ne le connaissais pas, je savais seulement qu'il avait dirigé la base chinoise en Antarctique. Notre décision se prendrait en conseil avec tous les membres, au moment du départ qui se ferait des États-Unis.

Juillet 1989. Nous n'avions signé aucun accord – ce qui avait longtemps effrayé nos partenaires américains – mais les Russes avaient tenu parole et leur gigantesque Iliouchine 76 se posa sur l'aéroport de Minneapolis. Le pilote était accompagné d'une trentaine de personnes que le constructeur d'avions avait voulu récompenser, de l'ingénieur au simple mécano. Tous découvraient l'Amérique, et les Américains abasourdis se rendirent compte que les Soviétiques étaient des hommes comme les autres. Heureusement qu'une équipe de volontaires était là pour les encadrer. Tous leurs mouvements étaient filés par la police qui redoutait les transfuges.

La question de la participation chinoise me taraudait, et nous devions apporter une réponse claire avant la conférence de presse du départ. Je proposai que tous les membres s'accordent sur la signature d'une charte de soutien aux objectifs du traité de l'Antarctique. Qin Daho me fit vite comprendre qu'il ne pouvait rien signer sans l'autorisation de son supérieur, et que toute démarche en ce sens entraînerait le retrait immédiat de sa participation. Je réalisai soudain que nous partions pour traverser le continent du pôle Sud sans passeport, sans visa, et que c'était le seul continent au monde qui offrît cette liberté ! Eh bien, c'était cela que nous allions défendre : l'Antarctique n'était pas un continent pour les hommes, c'était un continent pour la Terre et il devait conserver son statut de terre universelle, où les peuples pouvaient trouver des terrains d'entente, comme ils l'avaient fait trente ans auparavant en signant le traité.

Quand l'Iliouchine 76 décolla en ce début de nuit d'été où la pleine lune illuminait le ciel, je pleurai de soulagement et d'émotion.

5
Trans-Antarctica, 6 000 kilomètres à six

Le 27 juillet 1989, nous partions de la Great Wall Base, la base chinoise de la Grande Muraille, pour la plus grande traversée de l'Antarctique encore jamais tentée. Les cinquante-deux chiens étaient tellement agités, intenables, que le départ se fit dans une cohue invraisemblable. Devant nous, 6 300 kilomètres de désert blanc et sept mois pour le traverser. Passé cette date, l'hiver se refermerait sur nous.

Autant, trois ans plus tôt, à peine déposé sur la banquise j'avais vu immédiatement le danger commencer, autant cette fois-ci je me dis : « Ouf, ça y est, on peut enfin partir ! » Je vécus notre départ comme la fin d'une période particulièrement forte, qui compterait d'ailleurs plus que la traversée elle-même dans mon parcours personnel. C'était presque un repos, après deux années de vie intense à préparer cette énorme entreprise !

Il faut dire que, techniquement, la traversée paraissait tout à fait réalisable. À l'exception du coéquipier chinois, nous avions ensemble traversé le Groenland, nous nous connaissions bien, notre matériel était parfaitement préparé, nous avions appris à mener les chiens, et très vite d'ailleurs nous reprîmes chacun nos habitudes.

Nous savions que cela allait être long, que nous traverserions des crevasses, des champs de « sastrugis », ces crêtes de neige durcies formées par le vent et disposées comme des vagues en lignes parallèles; nous savions que, dans son ensemble, le terrain serait plat et que nous ne rencontrerions pas de difficultés techniques majeures. Mais nous savions aussi que l'Antarctique tire sa puissance de son froid pesant, de son blizzard, de son immensité et de son isolement.

Comme pour nous accueillir avec bienveillance, l'Antarctique nous offrit quelques jours de beau temps, apprécié après les agitations qui avaient précédé le départ. Mais, très vite, l'hiver reprit ses droits et la péninsule se révéla un endroit épouvantable. Il ne faisait pas encore très froid (entre – 10 °C et – 20 °C), mais les dépressions de l'océan Pacifique tout proche se transforment, en abordant la chaîne de montagnes, en des blizzards féroces qui nous immobilisaient totalement. Il neigeait beaucoup. Nous restions coincés dans nos tentes pendant des jours entiers, ne sortant que pour dégager de temps en temps les chiens que la neige recouvrait.

Les deux premiers mois furent très éprouvants, surtout psychologiquement. Nous ne trouvions pas tous les dépôts de ravitaillement que Geoff avait installés l'année précédente et les blizzards incessants nous paralysaient. Le blizzard était très déroutant, nerveusement pénible, constricteur, il nous enfermait sous la tente, il interdisait tout, il nous tenait prisonniers... L'accumulation de ces journées immobiles me fit craindre parfois de ne pas pouvoir finir la traversée. Faudrait-il s'arrêter au pôle, pourrions-nous revenir l'an prochain ? Confronté au désir qui nous prenait parfois de secouer la torpeur générale quand nous restions bloqués trop longtemps, chacun adopta une attitude qui symbolisait et déterminait sa position dans le groupe. J'étais avec Will Steger coleader de l'expédition. Il m'appartenait de prendre sur moi, d'intervenir en disant :

— Allons-y, ça fait quarante-huit heures qu'on attend ici, on est en train de perdre l'expédition. Il faut sortir les chiens, dégager les traîneaux, se mettre en route.

Parfois, c'était Will qui assumait ce rôle et, de temps en temps, Victor, qui allait d'une tente à l'autre avec un petit carré de chocolat. Pour des raisons diverses, le Chinois, l'Anglais et le Japonais ne prirent jamais cette initiative. Daho s'estimait incompétent en la matière, Geoff était un maniaque du respect de la hiérarchie et Keizo, en benjamin de l'équipe, refusait ce genre de responsabilité. Ce système de décisions semi-collégiales ne provoquait pas de tension entre nous. Et après deux heures de « chantier » à pelleter des montagnes de neige, nous repartions, parfois pour quelques heures, mais le mouvement faisait du bien, tant pour nous que pour les chiens. Quand arrivait enfin le moment où le tyran retenait son souffle et que le ciel s'éclaircissait, j'avais l'impression de sortir d'une crise d'asthme, de revenir tout abasourdi à la vie.

Le relief montagneux de la péninsule exigeait une navigation précise, à la carte, avec des sommets et des vallées à éviter, et des cols qu'il fallait au contraire franchir pour accéder, par une succession de paliers, au plateau central. Nous suivions un itinéraire, mais nous faisions aussi des découvertes : à certains endroits, des amoncellements de séracs formaient de gigantesques barrières, à l'échelle du continent, qui nous interdisaient de passer. Nous devions faire des détours, revenir sur nos pas, trouver des passages praticables par les chiens et les traîneaux très lourds. Dans cet univers clos, la pensée dérivait, de temps en temps chacun se laissait entraîner dans son blizzard intérieur, on glissait doucement, on essayait de trouver des solutions, d'échanger quelques paroles réconfortantes. En fait, nous avions assez peu de relations, nous vivions en couples différents selon le jour ou la nuit. J'allais faire toute la traversée avec Keizo et son attelage. Garder les mêmes chiens nous permettrait d'établir une relation de confiance et d'autorité avec eux. Elle s'étendrait peu à peu à l'ensemble de la meute et ce contact avec les chiens serait l'une des grandes richesses du voyage. Un roulement s'établit dans le partage des tentes. J'eus ainsi, pendant quelques semaines, la compagnie de chacun des équipiers à l'exception de Geoff, l'Anglais. Il ne voulait pas quitter sa tente pyramidale, vieux modèle britannique des années 60 qui avait certes fait ses preuves, mais qui était très exigu et pesait 25 kilos. Nos tentes en forme de dôme, spacieuses, lui semblaient trop légères pour l'Antarctique. Elles résistèrent pourtant très bien à l'agression de la lumière et du vent.

Il est curieux de constater combien chacun de nous était à la fois un individu spécifique, avec son caractère et son tempérament, et une sorte de caricature des particularités attribuées à sa nationalité. Will m'avait ainsi étonné avec sa première réaction d'Américain moyen effrayé à l'idée d'embarquer des « communistes ». Fort heureusement, sa nature libertaire avait vite pris le dessus pour qu'il se réjouît de ce pied de nez adressé à l'Amérique profonde. Geoff, lui, était guindé, froid, réservé comme le voulait sa rigoureuse éducation dans une *public school* anglaise. Dans les moments de jubilation générale, ses effusions n'allèrent jamais plus loin qu'une raide poignée de main et ce ne fut qu'à la fin du voyage qu'il devait me dire :

— Nous pourrions être de proches amis !

Il était aussi d'une rigueur morale exemplaire. Elle faisait de lui un homme dévoué, volontaire pour toutes les corvées et présent dans tous les coups durs. Mais elle le conduisait aussi à être d'une exigence absolue envers son idéal polaire et à se montrer peu coopératif, pour ne pas dire carrément désagréable, avec l'équipe de cinéma qui nous accompagna au début et qui nous rejoignit plusieurs fois en route. Pourtant il connaissait bien Laurent Chevalier et Bernard Prud'homme, qui étaient avec nous au Groenland, donc familiers de ce milieu. Mais il me fallut rappeler à Geoff, à chaque reprise, que nous n'étions pas financés par un gouvernement, et que le caractère privé de notre financement nous engageait à faire des efforts de médiatisation.

Keizo aussi était un curieux mélange de Japonais et… de Keizo. S'il faisait preuve de la méthodique efficacité, de la discrétion, de la ténacité et de la patience réputées chez les Japonais, il avait traversé à vingt ans le Sahara à pied, un exploit qui, dans son pays, équivaut à abandonner tout espoir de carrière qu'il avait commencée comme cadre commercial chez Panasonic. Il vivait d'ailleurs depuis aux États-Unis, où il était devenu musher. C'était avant tout un doux rêveur, émerveillé d'être là.

Victor et Daho, eux, étaient carrément en mission officielle, ce qui ne renforçait pas chez l'un et l'autre le caractère national de la même façon. Avant même le départ, Daho nous avait annoncé la couleur en refusant de signer le texte que nous proposions pour dissiper les réticences médiatiques envers la présence parmi nous d'un Chinois après l'écrasement du mouvement de Tian'anmen. Il se montra encore plus offusqué quelques mois plus tard, quand le prix Nobel de la paix fut attribué au dalaï-lama. Rien ne l'empêcha cependant de rester toujours d'humeur égale, d'effectuer scrupuleusement chaque soir ses pénibles prélèvements de glace à 1 mètre de profondeur, de souffrir en silence pendant son acclimatation. S'adressant au médecin, il me confia plus tard ses souffrances physiques, ses courbatures, les contractures musculaires de ses avant-bras, tétanisés sur les montants du traîneau pour ne pas perdre l'équilibre. Nous avions immédiatement découvert qu'il n'avait jamais campé, ni jamais fait le moindre sport, ne parlons pas de ski, et nous partions pour sept mois de patinage ! Quel courage !

Quant à Victor ! Victor fut notre poète. Victor aurait pu être basque, chinois ou gascon, il avait le contact immédiat et la générosité spontanée de l'homme universel. Il aimait jouer avec les mots, écrire de petits poèmes pour nos anniversaires, parfois il nous parlait dans sa langue, avec une telle conviction que nous ne pouvions qu'approuver ce qu'il disait. « Jeanlouchka », m'appela-t-il dès le premier jour. Malgré le flou de la situation, sa participation m'avait paru aussitôt évidente. Un élément avait pesé auprès des autorités de son pays pour sa sélection : le fait qu'il fût familier des chiens. Habitué aux conditions extrêmes, résistant, il s'avéra un type costaud, volontaire, décisif quand il s'agissait de prendre la situation à bras-le-corps dans les moments difficiles. Au fil des bribes d'informations que nous arrivions à capter, nous apprîmes qu'il souffrit dans sa chair des soubresauts annonçant la fin du socialisme – chute du mur de Berlin puis de Ceausescu, événements de Moscou.

— Je ne regretterai pas ce régime, pourri depuis longtemps, nous disait-il, mais l'idéal socialiste de camaraderie, de partage et de volonté dans lequel j'ai été élevé.

Si, vu sous cet angle, Victor était bien un *Homo sovieticus*, c'était avant tout un être chaleureux, d'une grande humanité.

Et moi, qui étais-je dans l'histoire ? De ce que j'en percevais, il semblait pour mes camarades que je représentais la structure, la diplomatie, l'interface avec les autorités, des valeurs rassurantes, qui s'ajoutaient à mon expérience de terrain. J'étais aussi le médecin, celui qui écoute, le confident parfois, ce qui me plaçait en ligne directe avec chacun. Tous les soirs, pendant le contact radio avec le camp de base – installé à Punta Arenas sur le détroit de Magellan –, Christian de Marliave me donnait notre position, d'éventuelles nouvelles personnelles et des informations sur le monde. De mon côté, j'adressais, à destination des écoles françaises, un court message sur notre progression. Je n'avais pas imaginé à quel point le rôle de radio était une situation de pouvoir au sein de ce groupe d'hommes isolés sur un immense désert blanc, d'autant plus que, la communication étant en français, j'étais le seul à la comprendre. Je faisais toujours attention d'en référer à Will en priorité, afin qu'aucun clan ne se formât.

Entre nous, les relations étaient très simples, directes, et le dénominateur commun à nos différentes cultures et personnalités s'avéra suffisamment large pour assurer un état stable de bonne ambiance cordiale. Nos différences créaient une retenue qui ajoutait sa part de secret, de mystère parfois. Aussi chacun faisait-il son affaire des problèmes humains qui auraient pu surgir. Le fait de ne pas parler la même langue fut à mon avis ce qui nous sauva. Chacun exerçait un contrôle sur ses propres sentiments, opinions et humeurs, sans se répandre en paroles, chacun gardait ses secrets, retenait la petite réflexion qui pouvait blesser l'autre. Nous parlions tous suffisamment anglais pour nous comprendre mais nous n'abordions que des choses très précises, principalement les questions que posait notre situation. Il pouvait y avoir une large plage d'incompréhension entre mon anglais du Tarn et celui de Kyoto, si bien qu'au bénéfice du doute personne ne renchérissait dans les conversations. Railleries, disputes et grossièretés étaient exclues, autant parce qu'elles auraient été incomprises qu'en raison de l'atmosphère de dignité qui régnait entre nous.

Après les trois mois difficiles en terrain accidenté sur la péninsule, nous arrivâmes lentement sur le plateau glaciaire. Au huitième jour, le plus haut massif montagneux de l'Antarctique pointa le bout de son nez sur l'horizon rectiligne, une chaîne de montagnes qui allait grandir peu à peu. Au moins quelque chose qui accrochait le regard et donnait l'impression d'avancer ! L'itinéraire se déroulait de façon simple : passer près des montagnes, toucher un peu le caillou, une montée difficile, puis un plateau, un changement de cap, un grand champ de crevasses (à l'échelle antarctique : cinq jours pour le franchir), et un nouveau plateau interminable jusqu'au pôle Sud. Les jours semblaient longs et monotones. C'était un travail automatique, et je vécus de longs moments d'ennui. Ce n'était pas la banquise chaotique que j'avais traversée dans le Grand Nord, où mon attention avait été en permanence captée par la difficulté et les dangers du terrain. Ici, le terrain était solide, plat, blanc et monotone jusqu'à l'infini. Le groupe imposait sa routine. Nous étions dans le plus vaste temple du monde, les stimulations sensorielles étaient d'une grande pauvreté. Pas de couleur autre que le bleu et le blanc, pas d'odeur, pas de bruit hormis celui du vent. Arrivait, certains jours, l'angoissante sensation d'avoir épuisé ses réserves, j'avais du mal à vivre ce vide.

En réalité, les seules surprises venaient des caprices des chiens, dont l'humeur bagarreuse et joueuse n'est jamais avare de changements. Il fallait sans cesse leur parler, les encourager, surveiller que tous participent à l'effort collectif… car là aussi il y avait des tricheurs, ceux qui faisaient semblant et dont il fallait souvent vérifier la tension de la ligne de tire. Eux aussi s'ennuyaient certains jours. Queue basse, tête dans les épaules… On les remarquait vite. Alors on changeait leur place dans l'attelage, et le fait d'avoir un nouveau voisin relançait en général l'ardeur à la tâche. On leur parlait sans cesse, pour les stimuler, pour échanger de la tendresse.

Victor, en général, marchait devant la colonne et lui donnait le cap. On ne le voyait jamais de la journée, sauf à la demi-heure de repos, au casse-croûte de midi. Les autres skiaient de part et d'autre des traîneaux, une main accrochée au montant pour profiter de l'avancée un peu plus rapide des chiens.

Ici, l'absence de flore et de faune atteignait un paroxysme, si bien que celles de la France m'apparaissaient extrêmement luxuriantes. Au pays, quand on parle d'une nature exubérante on désigne immédiatement les forêts tropicales africaines, ou l'Amazonie… Depuis la traversée des vastes déserts polaires du Grand Nord, j'avais pris conscience de la riche nature qui existait dans le Tarn de mon enfance, dans les prés qui commencent à sentir l'herbe grasse, dans les sous-bois peuplés d'oiseaux. On soulève une feuille et deux scarabées dérangés s'éloignent clopin-clopant, des centaines de fourmis paniquent, des araignées, des mille-pattes, des papillons, des sauterelles, des grillons, des serpents qui glissent entre les fougères… mille et une senteurs de fleurs que les bourdons « pollinisent », combien d'espèces de plantes et d'essences d'arbres !… Ça pétille d'une vie intense. La nature fait tellement partie du décor de notre existence qu'on banalise son incroyable diversité. Et cette crise de manque que je vivais m'incitait à vouloir montrer ses richesses et les faire découvrir. Construire une Maison de la Nature ! Alors mon esprit s'aiguisait, j'imaginais une scénographie de chaque écosystème. Mais attention, je ne voulais pas créer un musée, je voulais du vrai, à l'échelle réelle, digne de la mise en scène du Grand Créateur !

À en juger d'après les plans qu'il dessinait le soir, Will rêvait quant à lui de sa grande maison de pierre et de bois, une tour au cœur de la forêt du Minnesota, « l'État aux Mille Lacs ». Will était un personnage complexe, souvent aussi contradictoire qu'extrême, mais nous nous entendions bien. Généreux et attachant, il était capable de donner sa chemise, mais aussi de piquer un pot de confiture dans les cartons de ravitaillement pour le manger seul en cachette. À Punta Arenas, il s'était soûlé à en tomber malade, il avait insulté les Russes et les Chiliens avant de pleurer une grande partie de la nuit. Tantôt il câlinait ses chiens, tantôt il entrait dans des colères terribles. Inutile de dire qu'il n'avait pas sur eux la calme et inflexible autorité de Geoff, ce qui l'agaçait un peu, car tous les chiens étaient à lui, et il les avait toujours menés d'instinct, sans méthode ni protocole. Il était aussi brouillon que surprenant de justesse et d'efficacité, capable de trouver les bonnes solutions aux situations les plus complexes. Un jour que nous étions bloqués en haut d'une barrière de séracs de plus de 100 mètres de hauteur, nous le vîmes entourer les patins de son traîneau avec des cordes et des chaînes pour faire frein, et lancer ses chiens apeurés dans un couloir de neige vertigineux, que je pensais impraticable ! Disparu dans la verticalité de la pente, il ressortit sur le plateau en contrebas ! Nous étions époustouflés par son audace… et inquiets, car il fallait suivre la voie qu'il venait d'ouvrir avec brio. En arrivant en bas, je me précipitai pour le serrer dans mes bras et le féliciter de cet exploit. Il crut d'abord que c'était pour l'engueuler d'avoir pris des risques pareils ! Non, Will, ce jour-là, tu m'avais vraiment montré ton grand talent de musher. S'il est vrai que nous avions de sérieuses discussions, nous eûmes pourtant l'un comme l'autre la présence d'esprit de ne jamais nous mettre en colère au point d'atteindre une situation de rupture.

Avant l'arrivée au pôle, nous avions connu pourtant de sérieux problèmes de coleadership. Will ne se sentait pas bien, il ne voulait pas avancer, il freinait. En fait, il avait peur de l'accueil qui nous attendait à la base américaine installée sur le lieu même du pôle Sud géographique. Nous avions été largement soutenus par la logistique russe et le gouvernement français, les Chinois nous avaient généreusement reçus dans leur base sur la péninsule... mais les Américains avaient, depuis le début, fermement rejeté tout soutien à notre projet. Les raisons en sont compréhensibles. En effet, en cas de problème, ils étaient les seuls à pouvoir intervenir avec leurs avions Hercules C 130 et autres gros hélicoptères. Aussi, pour éviter que les expéditions privées vers le pôle Sud ne se multiplient, exposaient-ils clairement leur refus de coopérer. Ce refus, conforme au traité de l'Antarctique, nous avait forcés à organiser notre propre logistique aérienne, un très gros poste dans le budget.

Le 11 décembre 1989, nous atteignîmes le pôle. La réception des Américains se montra, hélas, à la hauteur des craintes de Will ! Pour commencer, l'homme qui nous avait accueillis par radio la veille au soir allait être viré pour être entré en contact avec nous ! La National Science Foundation (NSF) avait délégué une jeune femme pour s'assurer que nous ne bénéficiions d'aucune aide de la part de quiconque, « conformément au traité ». Tout le personnel et les scientifiques de la base sortirent pourtant pour nous accueillir. La chaleur des applaudissements nous toucha. Ils étaient tellement contents de voir du monde ! Les chiens firent leur plein de caresses, ils l'avaient vraiment mérité. Jamais un représentant de l'espèce canine n'était venu ici depuis la conquête du pôle par Amundsen en 1911. Puis nous nous dirigeâmes vers l'emplacement même du pôle géographique, pour la photo de groupe et la lecture de notre déclaration. À tous ces Yankees qui nous regardaient, je demandai en souriant si l'on ne pouvait pas temporairement déplacer le drapeau américain qui flottait sur l'axe de rotation de la Terre : le monde ne tourne quand même pas autour des États-Unis. Tout le monde rit bien volontiers.

Très solennellement, chacun lut dans sa langue le message que nous avions élaboré avant de partir, celui que Daho n'avait pas osé signer en son nom propre : « De ce point, ici où les méridiens de tous les pays se rejoignent, nous disons qu'au-delà des nationalités et des cultures nous pouvons vivre en paix ensemble, même dans les pires circonstances. Puisse l'esprit de Trans-Antarctica être un exemple pour un monde meilleur. » Après la séance de photos, nous fûmes tout de même invités dans les locaux de la station américaine. Nous ne bénéficiions d'aucune dérogation, nous le devions à la présence parmi nous de Victor et de Daho, dont les pays d'origine ignoraient le concept d'initiative non gouvernementale. Ils étaient considérés comme des diplomates en visite. Après deux heures au chaud, la responsable nous invita à sortir. Pas de repas chaud, pas même un café, nous trouvâmes la sauce un peu aigre, nous qui mangions la même chose depuis des mois ! Les Américains, très embarrassés, nous bourrèrent les poches de tout ce qui se trouvait à l'étalage du buffet qu'ils avaient pourtant préparé.

— Vous avez ici le mauvais rôle, dis-je quand même à la dame de la NSF. Votre patron est bien sévère avec vous pour vous avoir confié cette tâche ingrate.

Pour toute réponse, la pauvre, qui n'y pouvait rien, fondit en larmes et prit l'avion le lendemain. Dès son départ, le légendaire accueil américain put s'exprimer. Will avait retrouvé le sourire. Nous nous régalâmes de nourriture fraîche. On nous offrit même le luxe de prendre notre première douche après quatre mois et demi de traversée… Nous serions bien restés un peu plus longtemps dans ce cocon, mais il y avait encore 2 500 kilomètres à parcourir.

Dès notre départ, la routine de la marche sur le plateau s'imposa de nouveau. Les trente-cinq jours qui nous séparaient de la base soviétique de Vostok furent monotones, dans une neige profonde qui nous fatiguait. Pour guider l'avion qui assurerait notre dernier ravitaillement, nous construisions, tel le Petit Poucet, des pyramides de neige tous les kilomètres. Avoir passé le pôle nous donnait le sentiment de nous rapprocher de la sortie, ce qui aidait à tenir.

Nous fûmes accueillis à Vostok dans la joie et les larmes, l'émotion était à son comble. C'est un grand accueil à la russe qui nous fut offert, avec le sel, le pain, la vodka et beaucoup de petites attentions. Ils étaient ravis de nous voir arriver, il régnait une ambiance de chaleureuse spontanéité. Nous utilisâmes le sauna, tout ce que nous voulions, nous étions les chouchous de la base. Seule ombre au tableau : j'appris que les Russes, qui étaient maintenant responsables de notre sécurité jusqu'à l'océan, ne voulaient pas que le bateau *Antarctica* prît le risque de venir nous chercher à leur base de Mirny, car, à cette date, l'océan peut très vite se prendre en glace. Je fus très déçu, ainsi que l'équipage, après tout le mal qu'on s'était donné pour faire naviguer ce merveilleux bateau polaire.

Vostok est le lieu le plus froid du monde; on y a enregistré la température record de – 89 °C. En été comme nous étions alors, en ce début février, il ne faisait que – 38 °C, mais pas question de rester plus longtemps au chaud. Nous devions impérativement arriver à la base soviétique de Mirny, sur la côte, à la fin du mois.

Le dernier mois de marche fut comme une longue descente vers la mer. Nous suivions la piste qui sert à alimenter la base de Vostok. En trente années de passage, elle s'est matérialisée par des amoncellements de glace. Elle est marquée par des poteaux métalliques tous les kilomètres, permettant aux camions sur chenilles de marcher au radar dans le blizzard. Pour nous, l'aventure était finie, ce n'était plus qu'une question de temps, mais quel temps! Plus nous descendions vers l'océan et plus les vents étaient violents. Jusqu'au bout, ils ne nous lâchèrent pas, si bien que la dernière nuit nous manquâmes perdre Keizo. En allant donner à manger à ses chiens, il s'égara dans le blizzard. On ne le retrouva que le lendemain, recroquevillé sous la neige après une nuit glaciale. Ce fut, nous dit-il, l'expérience autant que sa confiance dans le groupe qui l'avaient sauvé.

L'arrivée à la base de Mirny marqua un retour dans le monde, sans transition. Nous participâmes à la première émission télévisée en direct depuis l'Antarctique, grâce à une énorme station d'émission apportée là spécialement par les Russes. Avec une qualité de transmission irréprochable, nous intervînmes par satellite à Moscou, puis en France, aux États-Unis, au Japon. Comme avec l'Iliouchine du départ, les Soviétiques se livraient à une démonstration de leur savoir-faire technique. Avant d'embarquer hommes, chiens et traîneaux dans le brise-glace qui allait nous conduire en Australie, nous reçûmes à Mirny les messages de félicitations de tous les grands de ce monde. Nous avions réussi ce pari insensé, et nous étions arrivés dans les temps, avant que l'hiver ne nous piégeât pour une nouvelle année.

6
Petit écran pour grands espaces

Quand nous quittâmes l'Antarctique à bord du navire russe qui nous conduisait en Australie, je ressentis un grand soulagement. Maintenant, je me remettais entre les mains du capitaine. Il était agréable de n'avoir rien à décider. En regardant la côte blanche s'éloigner, ce 4 mars 1990, je savais au fond de moi que je reviendrais en Antarctique, mais par la mer. En sept mois de traversée nous n'avions vu aucune trace de vie, à part celle d'un oiseau égaré, posé un matin sur le toit de la tente, en quête d'un peu de nourriture. Dans le ventre du géant de glace il n'y a rien; la vie n'est possible que sur la côte. Manchots, oiseaux, phoques, éléphants de mer, orques, baleines... ils viennent tous là l'été pour se reproduire et se régaler de la richesse de la mer au moment du « boom planctonique », véritable explosion de vie, quand les rayons du soleil innervent l'eau après la débâcle. Je reviendrais à bord d'*Antarctica*, avec une vraie mission pour lui. Je voulais lui offrir un programme à sa mesure.

À mon arrivée à Sydney, l'équipage m'accueillit au bout du long tapis roulant de l'aéroport. Je les devinai de loin. Ils étaient tous là, Jean Collet, le capitaine, Michel Franco, Criquet (Christian de Marliave), Bus, Éric, Hélène. Je sentis qu'ils me regardaient comme un étranger qui aurait débarqué d'une autre planète. J'étais ému. Que leur dire, par quels mots commencer après tant d'absence? Nous avions tellement vécu, connu tant d'expériences insolites en si peu de temps! Pendant que je traversais l'immense continent austral, ils en avaient pratiquement fait le tour. J'étais impatient de retrouver *Antarctica*.

En arrivant au port, je fus surpris par la queue spontanée, typiquement anglo-saxonne, que faisaient les Australiens pour voir de près ce bateau hors du commun. Quelle gueule! Puissance et majesté se dégageaient de ses lignes rondes. Tous les visiteurs frappaient du doigt sur l'aluminium de la coque, comme pour tester sa force. Une fois à bord, ce fut comme si j'étais rentré à la maison.

Dans la série de nos engagements contractuels était inscrite une escale de trois jours à Kyoto. Monter au Japon pour trois jours de fête n'avait d'intérêt que si l'on revenait en Europe par le passage du Nord-Est, qui va du détroit de Béring à la Norvège en longeant la Sibérie. Je voulais que ce bateau polaire rentrât dignement de son tour du monde, en empruntant ce grand passage de légende, fermé à tous les navires depuis la guerre froide. Mon ami Tchilingarov, le vice-ministre en charge des programmes polaires soviétiques – que nous avions invité à Paris –, était d'accord pour appuyer ma demande auprès du président Gorbatchev. Le bateau prit donc la direction du nord, tandis que je rejoignais mes compagnons de traîneau pour notre « tournée triomphale » des chefs d'État : Paris, Washington, Pékin et Tokyo, où je retrouvai *Antarctica*. Nous étions en mai et les engagements des Soviétiques semblaient encore bien vagues. Le bateau et son équipage continuèrent malgré tout vers le Kamtchatka, où les choses se gâtèrent. Ils se firent arraisonner en face de la base navale de Petropavlovsk ! Même s'ils devinrent très vite amis avec les militaires, la situation était bloquée. Je compris que notre projet n'avait pas reçu une réelle acceptation. Le bloc soviétique se désagrégeait, mais l'Armée rouge n'était pas prête à ouvrir l'accès à son pré carré d'océan Arctique. On me fit savoir que l'autorisation serait « très difficile » à obtenir ! Puis, pour ne pas m'imposer un refus catégorique, on me proposa de charger le bateau sur un énorme transporteur à propulsion nucléaire. Cela devenait ridicule. Le passage du Nord-Est aurait fait un magnifique programme de retour, mais je n'avais ni les fonds ni les nerfs nécessaires pour la bataille diplomatique qu'il aurait fallu mener. J'étais en pleine période de réceptions et de conférences, et j'étais fatigué par les efforts physiques fournis pendant Trans-Antarctica. Je demandai à l'équipage de revenir en France par les îles Aléoutiennes, la Californie, Panamá et l'Atlantique.

Un bateau, ce n'est pas une résidence secondaire que l'on peut tranquillement garder dans un coin de sa tête jusqu'aux prochaines vacances. Un bateau, ça ne vous lâche jamais l'esprit ni le porte-monnaie. Le retour du « monstre » s'annonçait difficile – 36 mètres de long, ce n'est pas facile à « garer » –, d'autant qu'il arrivait avec une impressionnante liste de réparations et de transformations à envisager. J'avais beau être un aventurier « célèbre » et rencontrer les puissants de la planète, j'étais tout de même couvert de dettes. Aussi vrai qu'on ne prête qu'aux riches, le succès ne vous laisse jamais à l'abandon. Et, en ce début d'été 90, la toute nouvelle Fondation Elf me contacta. Ils avaient aimé les films de Trans-Antarctica et l'impact de cette expédition sur les enseignants. Leur invitation tombait d'autant mieux que ma tentation pédagogique s'affirmait. Mon objectif était de faire accéder les élèves à la connaissance de la Terre et des hommes par le partage en temps réel de nos expéditions. La fondation me demanda d'échafauder le programme d'un premier voyage. Sans hésiter, nous allions repartir dans le grand Sud. Ce « bout du monde » n'était connu que par trois mots restrictifs : glace, vent et froid. J'avais envie de faire découvrir les richesses de l'écosystème austral tout entier et sa place dans l'équilibre du monde. Au cours de Trans-Antarctica nous avions acquis l'expérience de la communication à destination des enfants et nous allions l'enrichir.

J'espérais donner aux enseignants la matière vivante à partir de laquelle ils allaient pouvoir travailler avec les élèves. À l'Éducation nationale, la chance me fit croiser Alain Élie, responsable de l'enseignement par les moyens modernes de communication. Cet homme chaleureux connaissait bien la « grande maison », et il fit tout pour que je ne m'y perde pas.

— Pour être exploitées par les enseignants, les informations que vous allez nous adresser doivent trouver leur place dans l'ensemble des programmes scolaires. Elles doivent pouvoir s'inscrire dans toutes les disciplines : histoire et géographie bien sûr, mais aussi sciences naturelles, physique, mathématiques et français.

Je confiai à Pierre Avérous, ami d'enfance et auteur de nombreux ouvrages de vulgarisation scientifique, la lourde tâche d'écrire le document sur l'ensemble des sujets que nous allions aborder. Cela constituerait l'outil pédagogique de référence que Pierre allait travailler avec l'exigence des inspecteurs de l'Éducation et des lecteurs du CNDP (Centre national de documentation pédagogique). Avec toute sa rigueur, son savoir et son talent de pédagogue, Pierre Avérous signa ce qui est encore le document le plus complet sur l'écosystème antarctique. De la glace à l'océan, de l'océan au climat, de la tectonique des plaques aux richesses du sous-sol, de l'ozone au soleil, du soleil au plancton, du plancton à la baleine, de la baleine aux hommes, des hommes au pétrole, du pétrole à la fragilité de la vie dans les eaux froides de l'océan Antarctique..., toutes les passerelles étaient mises en place pour la découverte de l'écosystème austral. A nous maintenant de communiquer.

Nous allions installer à bord d'*Antarctica* tous les moyens modernes de communication pour envoyer du texte, du son et de l'image. Le journal de bord que transmettrait tous les jours Criquet sur le Minitel de l'Éducation nationale serait notre fil rouge. Quotidiennement, j'enverrais une minute de nouvelles de l'expédition sur le serveur téléphonique. Le troisième volet de notre communication serait l'envoi d'images pour la télévision.

En 1991, il était encore inenvisageable d'installer à bord d'*Antarctica* un studio de montage et un émetteur assez puissant pour envoyer des images. Georges Pernoud, le maître de l'émission « Thalassa », se montra tout de suite intéressé par l'idée. Son expérience fut sans appel :

— Pour fidéliser les téléspectateurs, il faut être présent toutes les semaines à l'antenne.

L'ensemble représentait une grosse production, nécessitant un budget conséquent, car il faudrait une équipe importante, tant sur le bateau qu'en salle de montage en France. Georges s'y attela avec force et conviction. La marge de manœuvre était étroite : pas plus de un mois entre le tournage au bout du monde et la diffusion sur France 3. Avec Criquet, nous nous sommes creusé la tête pour écrire les thèmes de cinquante-deux films de treize minutes ! J'avais de nouveau mis en place une grosse machine. Les enjeux financiers et professionnels étaient importants; les négociations et l'élaboration des contrats furent très lentes. Pendant ce temps, *Antarctica* était en préparation à Camaret, un énorme chantier qui dura six mois.

En juin 1991, nous partions pour un périple qui allait durer près de un an. Direction l'Argentine, la Terre de Feu, la Patagonie, les Malouines, la Géorgie du Sud et la péninsule Antarctique… Des noms qui sentaient bon l'aventure, mais cette fois nous partions pour un travail bien précis : réaliser deux films de treize minutes par semaine pendant six mois. Quelle gageure !

Le premier sujet porta sur la reproduction des baleines franches en péninsule Valdés, au sud de l'Argentine, une espèce qui a disparu de l'hémisphère Nord à force d'avoir été trop chassée. C'était mon troisième séjour dans cette échancrure de la côte patagonne, célèbre aussi pour ses lions et ses éléphants de mer que les pionniers ont massacrés pour le commerce de leur graisse. La baleine franche tire son nom de sa non-violence, de la facilité avec laquelle elle s'est laissé approcher par les premiers chasseurs, des Basques le plus souvent. Facile à tuer, facile à dépecer, car son épaisse couche de graisse maintenait son corps à la surface. Franche peut-être, mais sachant quand même faire le ménage auprès des intrus qui tournent autour d'elle au moment des amours. Dans un grand remous aquatique, l'une d'elles souleva un jour insidieusement mon kayak sur son dos et, après le chavirement, me projeta d'un coup de queue nerveux à plus de 3 mètres de haut, me fracturant deux côtes ! Rare accident de baleine, qui venait subitement compliquer le travail de tournage. J'arrivai malgré tout à assurer les fameux « plateaux » pour mes trois apparitions par film : en introduction, au milieu du reportage et en conclusion.

Nous avions à bord un réalisateur, deux cameramen et un preneur de son. La charge de travail et de responsabilité était énorme, il fallait absolument fournir nos films chaque semaine, quelle que fût la météo ou la zone parcourue. Nous passions notre temps à chercher un camion, un avion, un bateau pour expédier à Paris les bobines dès qu'elles étaient tournées… Le rythme fou que cela nous imposait ne correspondait pas du tout au rythme de cette nature, ni aux liens que j'avais tissés avec ces régions. Les terres froides vivent lentement : en Terre de Feu, chaque arbre met cent ans à pousser. Nous, nous étions tous les jours pris par le téléphone, par des histoires de tournage, de montage, de timing. Je vivais dans un bureau flottant, dans un magnifique décor certes, mais cela accentuait encore plus le décalage avec notre environnement. Au large de la péninsule Antarctique, le clap de fin fut le bienvenu.

Quand je rentrai en février, je n'avais pas à rougir de ce que nous avions fait. Notre pari du temps presque réel était très ambitieux, et nous l'avions tenu. Une enquête de l'Éducation nationale avait recensé l'adhésion de plus de trois mille établissements scolaires à notre programme éducatif. Un grand impact, qui se confirma au cours d'une tournée de rencontres dans les lycées et collèges. Pour la télévision, Georges Pernoud avait suivi cette réalisation complexe de très près et l'émission avait eu du succès, la chaîne était satisfaite, le producteur content. Je n'avais donc aucune raison d'être déçu, même si les contraintes techniques et humaines m'avaient imposé un mode d'expression qui ne m'avait pas donné beaucoup de plaisir.

7
Le volcan Erebus, sciences et aventure

Après notre saison de tournage, qui s'acheva en péninsule Antarctique, le bateau rejoignit Punta Arenas sur le détroit de Magellan. *Antarctica* avait besoin d'un passage en chantier. Il fallait remplacer une dérive que nous avions perdue sur un haut-fond non cartographié dans les canaux de

Patagonie. Notre programme était très ambitieux : une campagne scientifique hivernale, en lisière de banquise au large de l'Antarctique. Que se passait-il dans cette zone frontière où la mer se fige, pourrions-nous approcher cette limite entre l'immobilité de la glace et les tempêtes de l'océan?

Personnellement, je rentrai en France pour m'occuper de tout ce qui faisait voguer le bateau, cette partie immergée de l'iceberg que l'on ne voit jamais : le bureau, l'administration, les finances, les engagements médiatiques, les présences obligatoires... On met du temps à se remettre de ces grandes échappées, à retrouver sa place dans l'organisation sociale. J'avais toujours vécu avec des projets lointains, qui aident à supporter le présent, mais qui empêchent aussi de l'accueillir pleinement. Ma nature soucieuse avait besoin de plans à long terme, de travaux d'Hercule, et *Antarctica* en était un digne représentant. En lisant les récits de Charcot, je devinais en transparence tous les soucis qu'entraînent la maintenance et les programmes de navigation qu'il faut sans cesse inventer pour faire vivre les grands bateaux. Par moments, cela me soulageait de savoir que mes prédécesseurs avaient connu les mêmes difficultés. Quand tous les équipiers ont quitté le bord, on se retrouve seul avec son navire, et déjà tout le monde s'impatiente : « Alors quelle sera votre prochaine expédition? »

Je savais quant à moi que ce serait la rencontre avec le banquier. Mes aventures ne dégageaient aucune marge pour rembourser correctement les 5 millions de francs que j'avais empruntés pour achever la construction du bateau.

La Fondation Elf n'envisageait pas de mettre la main à la poche pour la rallonge financière indispensable au programme à venir. J'étais une nouvelle fois totalement démuni financièrement. Un acte de gestion s'imposait, je mis *Antarctica* en vente aux États-Unis.

Entre-temps, la fondation avait procédé à une enquête sur les retombées de notre voyage, à la fois auprès du grand public, en interne, et au sein de l'Éducation nationale. Tout allait pour le mieux pour nous. Les émissions avaient été extrêmement suivies, le programme éducatif très apprécié. La fondation souhaitait nous soutenir à nouveau, mais pour un engagement à long terme sur une période de cinq ans ! Je croyais rêver. Je n'eus pas de mal à leur proposer un programme. En quelques jours, je dessinai un tour du monde à la rencontre des grands écosystèmes, une approche où l'aventure, partagée en temps réel, serait une nouvelle fois le lien entre la science et l'éducation. *Antarctica* était le bateau idéal, tant pour les régions polaires où il a fait ses preuves que pour les régions tropicales : avec son faible tirant d'eau, on pouvait entrer sans souci dans les passes des récifs coralliens, remonter les fleuves jusqu'au cœur de l'Amazonie… Le projet les séduisit : nous commencerions par un de mes vieux rêves, le volcan Erebus en Antarctique.

Les rares scientifiques qui avaient travaillé sur ce volcan avaient emprunté la logistique américaine : par avion jusqu'à la base de Mac Murdo et dépose au sommet par hélicoptère. C'est la voie normale des expéditions officielles, soutenues par les programmes de recherche gouvernementaux. Comme d'habitude, notre expédition privée ne devait compter que sur elle-même : arriver par la mer et faire l'ascension du cratère, comme le fit l'équipe de Shackleton en 1908. C'est ce qui me plut dans cette approche de l'Erebus : cette indépendance était l'essence même de l'aventure. Ce serait une opération en trois volets : une traversée de l'océan Austral et des glaces de la mer de Ross, puis la longue ascension du volcan et, enfin, la descente acrobatique dans le cratère, jusqu'au lac de lave. Ce voyage symbolisait un rendez-vous avec toutes les puissances rassemblées de la Terre.

Une nouvelle fois, *Antarctica* se refit une santé au chantier de Camaret. Yann Danguy des Déserts, qui avait pris le commandement depuis la remontée de Punta Arenas, serait notre capitaine. Hélène et Éric étaient bien sûr de l'équipage et participaient à plein temps à cette préparation. Il fallait anticiper le départ du bateau, car le voyage jusqu'en Tasmanie, point de départ pour l'Erebus, allait prendre près de trois mois. Conjointement, nous devions mettre au point l'équipe et les moyens pour l'exploration de cette gorge de feu. Michel Arrizi et Jean-François Colignon, deux guides de Chamonix, s'affairaient pour la partie montagne : camp de base, cordes, casques, treuil, échelles... Tout cela se faisait avec le précieux soutien d'Haroun Tazieff et de ses deux anciens compagnons de fournaise : Fanfan et Yéti. Ils connaissaient déjà l'Erebus, où ils étaient venus avec leur maître, ce qui, contrairement à mes attentes, n'allait pas me faciliter la vie. Ils avaient tous les deux quelques années de plus que moi, et ils étaient restés très proches de Tazieff. L'Erebus, c'était leur affaire et je sentais bien qu'ils craignaient le « détournement médiatique ». Ils en vinrent même à me dire qu'il serait normal qu'un volcanologue fût le chef de cette expédition. Je dus vite ramener les choses à leur place.

— Cette aventure est une fusée à trois étages : la navigation sera sous la responsabilité d'un marin, la partie montagne sera assurée par un guide et la décision de descendre dans le cratère sera prise sous votre autorité. Et il faut quelqu'un qui coordonne l'ensemble, qui ait une vision générale, qui en assure le montage financier et contractuel : c'est mon rôle de chef d'expédition.

Fanfan n'avait pas tort quand il me fit remarquer que les images fortes de l'expédition seraient celles prises aux abords du lac de lave, une approche à haut risque, et c'est lui qui filmerait. Il savait de quoi il parlait, il avait fait de nombreuses images pour les films d'Haroun Tazieff. Il soulevait là deux questions que je n'avais pas envisagées : son assurance-vie et ses droits sur les images du volcan. Il ne faisait pas partie de l'équipe de tournage de Pierre-Antoine

Hiroz, il était là en tant que volcanologue. De plus, il ne voulait pas prendre la responsabilité d'entraîner un cameraman à ses côtés dans cette bouche du diable. Tout se tenait, mais nos deux volcanologues devenaient encombrants avec leurs exigences. Nous étions cependant trop engagés pour changer d'équipe.

Pierre Avérous s'arracha les quelques cheveux qui lui restaient pour collecter toutes les composantes de notre campagne scientifique : sur ce programme reposait l'écriture de son deuxième tome de fiches sur l'Antarctique. Cette fois, l'outil pédagogique s'était enrichi : nous allions travailler *via* Internet avec une centaine de lycées pilotes, ce qui permettrait d'envoyer des documents bien plus riches que ce que nous envoyions sur Minitel : des graphiques, des photos, mais aussi de la vidéo. Avec son équipement dernier cri, *Antarctica* était maintenant un vrai studio flottant. Mais pour le faire fonctionner je recherchais une perle rare, une personne d'image doublée de compétences en électronique et télécommunications. Le mouton à cinq pattes, je devais le trouver dans le Tarn, à côté de chez moi. Serge Nègre, infirmier de son état. Radioamateur, il a appris l'électronique en autodidacte, ce qui l'a amené à construire ses propres ordinateurs ! Passionné par la photographie, il s'est forgé une spécialité rare, la prise de vues aériennes par cerf-volant, ce qui l'a conduit à exposer dans toutes les capitales du monde. Il fut bien sûr tout de suite emballé par le voyage.

Nous quittâmes Hobart début décembre, à la fin du printemps. Après huit jours vers le sud, nous croisâmes les premiers tabulaires. On ne s'en lasse jamais, on peut passer des heures à regarder ces sculptures de glace, à écouter la houle qui souffle dans les alvéoles de leurs flancs turquoise.

Encore un peu et nous entrerions en mer de Ross. Qu'allions-nous trouver, quelle serait la compacité de la banquise ? Je savais que nous arrivions là très tôt dans la saison, mais j'aimais défier les statistiques. S'il y avait une chance cette année de passer très tôt, je ne voulais pas la rater. Travers au vent, nous taillions vers le sud, toutes voiles dehors. Les nuages étaient noirs, il neigeait, il faisait déjà froid. En fin de journée, le temps n'avait pas changé, mais, dans le fond du ciel, un halo blanc s'agrandit : la glace n'était pas loin. L'écho sur le radar fut sans appel : l'entrée de la mer de Ross était bien fermée. La frontière de la banquise était nette, franche, compacte. Cette barrière fait en moyenne 200 milles nautiques de large, et, une fois franchie, on retrouve la mer libre jusqu'au pied de l'Erebus. Par où l'attaquer? Les instructions nautiques conseillaient de la traverser sur le méridien 180, où, statistiquement, la route s'ouvre le plus précocement. Dix milles à l'est, 10 milles à l'ouest, c'est la même chose. Alors il allait falloir entrer dans le *pack* et forcer le passage. La banquise était disloquée, mais les blocs étaient si serrés entre eux que le bateau eut du mal à se frayer une route. La progression devint heurtée, saccadée, bruyante : dans un grand vacarme, l'étrave grimpait sur les plaques de glace qui se fracturaient sous son poids. Le bateau chutait, vibrait et se stabilisait, immobile. *Antarctica* ne souffrait pas de ce traitement; il avait été construit pour ça. La première semaine, nous avançâmes seulement de quelque 50 milles.

En France, le programme éducatif battait son plein. Prisonniers des glaces, nous étions assaillis de questions. Georges Pernoud était ravi de la minute de film que Serge avait émise depuis le bateau, des images spectaculaires! Le calendrier continuait de tourner et notre progression était extrêmement lente. Décidément, cette banquise dérangeait nos plans. Nous étions vraiment bloqués. Au téléphone, la pression se fit sentir, le producteur parla des coûts. La deuxième semaine se terminait. « Thalassa » nous demanda de ne plus envoyer d'images tant que le décor n'aurait pas changé. À la Fondation Elf, on commençait à douter, c'était aussi usant que déstabilisant. Par téléphone, je contactai la base néo-zélandaise. Le chef était une femme qui m'annonça qu'un brise-glace américain se dirigeait vers l'entrée de la mer de Ross pour ouvrir la route à leur bateau ravitailleur et à un navire océanographique italien, tous les deux bloqués derrière nous. Le commandant du brise-glace me demanda par radio si j'étais en détresse.

– Tout va bien, nous sommes simplement bloqués.

– Alors, faites demi-tour et sortez de la mer de Ross, vous ne passerez pas ! me lança-t-il sans plus de commentaires.

Il ne passa pas très loin de nous à la montée : eux aussi naviguaient sur le 180°. Nous avions bien fait de rester là ! Je comptais me glisser dans le sillage de l'escorte à leur retour. Vingt-quatre heures plus tard, la coque rouge du brise-glace apparut sur l'horizon, suivie des deux autres navires. Ils venaient droit sur nous. C'était gagné. Le capitaine ne nous dit rien mais je saurais par la suite qu'il avait fait ça pour nous. L'entraide entre gens de mer est plus forte que tous les règlements. Nous suivîmes le chenal qu'ils nous ouvrirent jusqu'à l'eau libre. En fait, par nos propres moyens, nous avions parcouru la moitié des 200 milles que représente la traversée de la barrière. J'étais fier d'*Antarctica*.

Quelques jours plus tard, nous arrivâmes enfin au pied de l'Erebus, avec trois semaines de retard sur le programme. Encore fallait-il pouvoir débarquer, le pied de la montagne était une barrière de séracs qui plongeait dans la mer. À la jumelle, nous devinions une pente inclinée qui descendait vers la côte. La baie était fermée par une plaque de banquise encore fixée à la terre ferme, un quai naturel où nous amarrâmes *Antarctica* avec des broches à glace. Derrière les rochers tout proches apparaissait le toit d'une maison. C'était la cabane de Shackleton !

Sans le savoir, nous venions d'accoster à Backdoor Bay, à l'endroit même où le fameux explorateur britannique avait construit le camp de base de son expédition au pôle Sud. Cette émouvante coïncidence était réconfortante. Maintenant il fallait aller vite ! Nos deux scooters des neiges firent des allers-retours incessants. Une équipe à bord débarquait les caisses et chargeait les traîneaux, une autre les déchargeait à terre. En quelques heures nous avions terminé. Shackleton avait eu l'automne et tout l'hiver devant lui pour préparer son expédition. Nous étions des gens pressés, dans moins de un mois, il faudrait quitter les lieux. Le bateau partit pour son travail océanographique dans les fosses de la mer de Ross ; nous attaquions maintenant la montagne.

Sur les pentes du volcan, la noria des scooters pour hisser le matériel et les hommes ne s'arrêta pas, il n'y avait pas de nuit et nous nous relayions sans cesse. Éric coordonnait la logistique, la progression des charges, je me reposais beaucoup sur lui. Au dixième jour, le camp de base était monté à 200 mètres sous le cratère, un village de tentes autour d'une cabane en bois destinée aux chercheurs américains. Avec le même entrain que sur le bateau, Hélène assura l'intendance dans ce refuge exigu à près de 4 000 mètres. Cette longue ascension sans grande difficulté avait eu l'avantage de nous acclimater à l'altitude.

Les choses sérieuses allaient commencer, c'était au tour des volcanologues de prendre le relais. Le soir de notre arrivée, Fanfan, très impatient, décida de monter avec un guide de montagne. Il découvrit que la configuration du cratère avait changé depuis sa dernière visite. La plate-forme où nous comptions installer le camp était à moitié effondrée, et le niveau du lac de lave était très bas. Par radio Fanfan annonça :

– Le lac de lave a disparu !

J'étais atterré. Comment nos volcanologues n'avaient-ils pas pris connaissance plus tôt de cette information, ce volcan étant surveillé en permanence depuis la base de Mac Murdo ? Capté par le bateau, le message fut transmis comme tous les soirs avec le journal de bord qui alimentait le programme éducatif.

Le lendemain, nous montâmes tous au cratère. En dessous du sommet, nous entendions déjà le souffle des puissants dégazages. Des panaches de fumée éclipsaient par moments le soleil, ça sentait le soufre, ça grondait, je ressentais la poussée du volcan dans mon ventre, j'en avais la chair de poule. Il y avait longtemps que j'attendais ce moment. Sans le savoir, ce fut à ce moment précis que Yann m'appela par radio depuis le bateau :

— Jean-Louis, je viens de recevoir un fax du bureau. À Paris, on se pose beaucoup de questions sur la suite que tu comptes donner à l'expédition, puisque le lac de lave a disparu.

Là, c'était trop ! Au moment le plus intense, je n'arrivais même pas à avoir la satisfaction de me pencher sur le cratère, de sentir sa puissance ! Je criai dans le micro :

— Yann, arrête, je ne suis pas dans un salon, je suis dehors, dans le vent, il fait froid, je n'ai pas encore vu le cratère, mais je peux te dire qu'il souffle, qu'il fume, qu'il crache, qu'il est bien vivant !

À Paris, la fondation proposait d'organiser une conférence de presse avec Haroun Tazieff, histoire de « rattraper le coup » ! Je devinai que cette nouvelle devait mettre en souci l'agence Sygma qui avait dépêché Stéphane Compoint pour trois mois de reportage photo. Mêmes inquiétudes chez Stéphane Millière de Gédéon qui avait fait un gros investissement pour le tournage du film.

Bon sang ! La question n'était pas de savoir ce que l'on allait faire maintenant que le volcan n'était plus là ! Il ÉTAIT là, qu'on le voulût ou non, c'était l'Erebus et il fallait le prendre comme il était.

J'arrivai enfin au sommet.

Le cratère était une immense bouche béante, large de 1 kilomètre et d'une profondeur insondable. Sur ses parois abruptes, des coulées de soufre se mêlaient aux coulées de glace. Le monstre était puissant, lugubre, glacial. Le spectacle était grandiose, fantastique, au-delà de tout ce que j'avais imaginé. Et l'on aurait voulu que je boude mon plaisir ? D'en haut, on ne sentait absolument pas la chaleur, tout s'élevait directement en colonne de fumée au centre du cratère.

À la faveur d'une accalmie, on devina tout au fond l'œil rouge du volcan. Effectivement, le lac de lave était petit mais, d'où nous étions, la descente paraissait facile.

Le soir, à la cabane, les volcanologues annoncèrent leur verdict :

– Nous ne descendrons pas dans le cratère, car le volcan semble contenir une tension qui pourrait vite devenir explosive. Il nous faudrait davantage de temps pour l'examiner, avant de décider une descente. De toute façon, nous avons assez de travail à faire depuis la lèvre supérieure, nous n'avons pas besoin de descendre pour faire du bon boulot.

Je ne pouvais évidemment rien dire. J'avais pris l'engagement de respecter leurs décisions sur le volcan, aussi je m'effaçai, d'autant que mon ignorance ne me permettait aucun argument. J'imposai donc ce choix, qui frustrait bien sûr tout le monde.

Les cameramen et le photographe allèrent chercher leurs plus gros objectifs pour donner de la consistance à ce lac de lave qu'on apercevait par moments, 300 mètres plus bas. Ils ne comprenaient pas ma neutralité face à l'attitude de Fanfan et Yéti. Du réalisateur à l'ingénieur du son, tous étaient des alpinistes chevronnés, et ça ne leur aurait posé aucun problème de descendre rapidement pour la beauté des images. Un de nos deux guides avait bien pris la décision de descendre le premier au cours de l'entraînement à l'Etna... Mais je tins jusqu'au bout, respectant mes engagements.

Être venu de si loin pour seulement une semaine sur le cratère, c'était très peu, mais, dans les régions polaires, c'est la glace qui décide et il fallait quitter les lieux.

À la sortie de la mer de Ross, le grand océan reprit ses droits, 50 nœuds de vent au bon plein, les vagues nous lavèrent de nos remords, de nos histoires d'humains. Ici plus qu'ailleurs, isolé du monde dans des conditions difficiles, chacun était confronté avec sa nature profonde.

8
Circum Polaris, la fin d'un tour

Les perspectives étaient alléchantes. Après trois expéditions polaires successives, nous allions passer l'hiver sous les tropiques : l'écosystème corallien était la deuxième étape de notre tour du monde. *Antarctica* remonta vers la Polynésie française. En coulisse, on ne perdait pas de temps. Les scientifiques de l'Orstom (Organisation de la recherche scientifique dans les territoires d'outre-mer), l'équipe du Pr Salvat de l'École pratique des hautes études, les chercheurs de l'université du Pacifique… tous étaient emballés par notre initiative. Notre programme s'étalerait sur quatre mois, dans tous les domaines des sciences de la Vie et de la Terre, en s'appuyant sur les richesses de la culture polynésienne.

L'accueil à Papeete fut une fois de plus à la hauteur de la légende. *Antarctica* fit la couverture de *la Dépêche de Tahiti* où notre mission était accueillie avec bienveillance. En ce mois d'avril 1994, le corail souffrait déjà du réchauffement planétaire, et tout le monde voyait d'un bon œil l'écho que nous pouvions donner à ce problème qui menace gravement l'avenir de la Polynésie. On me présenta même comme le « sauveur » du corail. Notre programme, baptisé Corallia, débuterait en juillet. Entre-temps, *Antarctica* fut hébergé dans le port de l'Arsenal.

À Paris, la Fondation Elf nous fit part de ses difficultés; elle ne pouvait pas suivre tous les projets qui lui étaient proposés (ou imposés), et elle devait faire un choix. Quelques arguments en notre défaveur furent avancés : d'abord, mon image polaire était à ses yeux un handicap pour une expédition sous les tropiques, et, d'autre part, nous n'échapperions pas à la cruciale question sur les essais nucléaires de Mururoa. Le président Mitterrand les avait interrompus, confiant à son successeur le soin de décider de la suite à donner. La population polynésienne était divisée sur le sujet, à la fois inquiète sur les conséquences écologiques à long terme, mais aussi lucide sur la manne financière qu'apportaient les militaires. En tant qu'individu, je pouvais condamner les essais en conscience, sur le principe même, mais je n'étais pas là en militant, et la neutralité s'imposait, comme elle s'était imposée à Cousteau et à Tazieff.

Fin juin, la non-réponse de la fondation apporta la preuve de son désengagement. L'équipe du Pr Salvat était pourtant prête pour la première mission. Je l'assurai malgré tout, avec la bonne volonté de l'équipage qui retrouvait son statut de bénévole. Au mois d'août, ce fut le retour obligé en France. L'escale aux Marquises fut une fois de plus délicieuse. Une chose avait changé cependant depuis notre passage avec Tabarly, les insulaires avaient maintenant la télévision, une véritable bombe qui commençait à bouleverser à grande vitesse la culture originelle de ces insulaires. Îles Cocos, Panamá, Haïti, le bateau fit escale aux États-Unis, à Woods Hole, près de Boston, le plus important centre de recherche océanographique au monde, un vrai village de chercheurs, de techniciens, de marins… Ça sentait l'opulence. Nous invitâmes le directeur et son *staff* pour un repas à la française. Ils furent impressionnés par les programmes que nous avions élaborés et les capacités du bateau. Une question très américaine, très libre, fut tout de suite posée :

– Que pouvons-nous faire ensemble ?

J'avais un grand projet arctique en tête, mais ma marge de manœuvre était faible. J'espérais toutefois encore convaincre la Fondation Elf, qui me faisait régulièrement part de son souhait de poursuivre sa collaboration.

Avec un fond de tiroir, et un reste de foi, je lançai Circum Polaris, le tour de l'océan Arctique par ses trois grandes voies d'explorations historiques : le passage du Nord-Ouest découvert par Amundsen, le passage du Nord-Est ouvert par Nordenskjöld, pour finir par la dérive arctique du *Fram* de Nansen. Ce périple, je l'avais en tête depuis longtemps; il était à l'origine de la conception technique d'*Antarctica*, construit sur le principe du *Fram*, sorti victorieux de la glace, après deux années de dérive sur la banquise.

L'histoire remonte à la fin du siècle dernier. À cette époque, on ne sait pas encore si le pôle Nord est au milieu d'un océan ou sur les terres d'une grande île boréale. La théorie de la « mer libre du pôle », de Petermann, persiste dans l'esprit de nombreux savants. Ce géographe allemand est persuadé qu'une fois franchie la barrière de glace qui encercle l'océan Arctique, la mer est libre jusqu'au pôle Nord. Depuis le début du XVIIIe siècle, tous les navigateurs s'y sont jusqu'alors heurtés et beaucoup l'ont payé de leur vie : Franklin, Inglefield, Kane, Hayes, Hall, Nares... Forte de cette théorie, une nouvelle expédition américaine est envisagée, mais cette fois par une nouvelle route, au départ du détroit de Béring – entre la Russie et l'Alaska. Le capitaine De Long propose son projet à Gordon Benett, patron du *New York Herald*, le grand journal américain. Gordon est un homme intelligent, astucieux, et il sait bien que la conquête de ce pôle Nord très convoité passionnera ses lecteurs. Son dernier coup fameux est le financement de Stanley, parti à la recherche de Livingstone, disparu dans la région du lac Victoria. Une formidable aventure humaine, doublée d'un grand succès commercial pour son journal. Gordon Benett décide de financer l'expédition du capitaine De Long. La *Jeannette* s'engage dans le détroit de Béring à la fin de l'été 1879. Après quelques jours de navigation, De Long se heurte lui aussi à une banquise infranchissable. À la mi-septembre, le bateau est définitivement immobilisé pour tout l'hiver. La longue nuit polaire commence, interminable, usante pour ces hommes sur le qui-vive, alertés en permanence par les craquements du bateau malmené par les mouvements de la banquise. Quand l'été arrive enfin, la lumière et la pâle chaleur du soleil redonnent le moral à l'équipage, mais le constat est terrible : la coque du bateau n'a pas résisté aux assauts de la glace. La retraite vers la côte de la Sibérie s'impose. Ce retour est tragique : les hommes à bord des chaloupes se perdent dans la tempête et seul un petit groupe sortira vivant de cette marche héroïque. La page de ce tragique naufrage est tournée quand, trois années plus tard, des Esquimaux du Groenland retrouvent des morceaux de l'épave de la *Jeannette* pris dans la glace. Pour les géographes, l'information est d'importance : ils en concluent qu'il doit exister un courant de dérive qui pousse la banquise du détroit de Béring vers le Groenland. Et si ce courant passait par le pôle Nord? Sur cette hypothèse, le Norvégien Nansen lance l'idée d'une dérive transpolaire, à condition bien sûr de la réaliser avec un bateau dont les formes et la structure permettent d'échapper à l'écrasement des forces titanesques de la banquise en mouvement. Nansen fera construire le *Fram*, un bateau de 40 mètres, une carène toute ronde en double paroi de chêne. Le 24 juin 1893, sous les vivats d'une foule immense amassée sur les quais, Nansen quitte le port d'Oslo. Après avoir viré le cap Nord de l'Europe, il longe la côte sibérienne, et le *Fram* se fait prendre par les glaces dès le mois de septembre. À la fin du premier hiver, la dérive les a conduits jusqu'à 86° N. Là, Nansen quitte le bateau avec son compagnon Johansen, en direction du pôle qu'ils n'atteindront jamais. L'explorateur norvégien, qui avait pourtant l'expérience de la première traversée du Groenland, n'avait pas imaginé à quel point la banquise est un chaos implacable. Ils abandonnent. Mais, sur le chemin du retour, ils ne retrouvent pas le *Fram* qui a poursuivi sa dérive avec ses onze membres d'équipage. Après cinq mois d'une marche harassante sur la glace en débâcle, fracturée par des chenaux d'eau libre, ils trouvent enfin refuge sur un îlot désertique de l'archipel François-Joseph. Ils y passent un hiver redoutable, dans les pires conditions de froid, abrités dans une cabane de fortune, une construction en pierre tapissée de peaux de phoque. L'été suivant, ils sont secourus par une expédition scientifique anglaise et reconduits à Oslo. Coïncidence heureuse, le *Fram*, qui a poursuivi sans encombre sa dérive jusqu'au Spitzberg, arrive pratiquement à la même date dans la capitale norvégienne.

Les retrouvailles sont émouvantes, tout le monde les croyait disparus après trois années d'aventure. Nansen est un héros national en Norvège, d'autant qu'il recevra le prix Nobel de la paix pour son action auprès des réfugiés politiques après la Première Guerre mondiale.

C'est cette fabuleuse histoire qui m'avait inspiré la construction d'*Antarctica*, avec l'intention de refaire la grande dérive arctique, un siècle après Nansen. Jusqu'alors je n'avais pas réussi à mobiliser les moyens nécessaires pour me lancer dans cette aventure, mais le temps était peut-être venu d'y repenser. Circum Polaris serait l'apothéose de la carrière polaire d'*Antarctica*.

La Fondation Elf donna son accord pour financer un hivernage d'essai. Nous décidâmes de le faire au Spitzberg, une île sur l'océan Arctique, à mi-chemin entre le nord de l'Europe et le pôle Nord. L'objectif était de tester le bateau, son comportement dans la mer gelée en hiver, la consommation de fuel permettant de maintenir une température de 15 °C dans le carré quand la température extérieure serait de – 50 °C. Ce test d'hivernage près d'une île habitée était indispensable avant de s'embarquer pour la dérive où nous serions bien plus inaccessibles. On a beau réfléchir à tout, rien ne remplace l'essai grandeur nature.

Nous arrivâmes au Spitzberg en septembre 1995, et après une navigation autour de l'île, nous plaçâmes *Antarctica* en situation d'hivernage. Les journées raccourcissaient rapidement et le bateau s'immobilisa, pris dans une banquise qui s'épaississait tous les jours davantage. La longue nuit s'installa pour trois mois. Chacun dut alors trouver son rythme dans ce cocon où le temps ne manquait pas : lire, bricoler, s'instruire… À bord la vie se réduisit à peu de chose, mais une routine de maintenance du bateau et quelques prélèvements à effectuer à l'extérieur balisaient les journées de chacun. À côté du bateau, nous entretenions sans cesse un large trou à travers la glace, un accès à la mer où Lars Stenmann immergeait régulièrement ses filets à plancton. De temps en temps, Éric l'empruntait pour plonger sous la banquise afin de suivre la prise en glace du bateau. Lars travaillait sur les copépodes, ces petits crustacés qui foisonnent dans toutes les mers du monde : chaque mer possède sa propre espèce. Ici, nous étions au carrefour entre la montée des eaux chaudes du Gulf Stream et les courants froids qui descendent de l'océan Arctique. L'identification et le comptage des copépodes du Nord et de ceux du Sud permettraient d'évaluer l'influence de chacun des deux courants dans cette zone frontière. Cette étude était une pierre posée à l'édifice de la connaissance du climat. Avec Marc Jampolski nous réalisâmes des documentaires sur tous les aspects de la nuit polaire, une série destinée à la Cinquième. C'était l'occasion pour moi de travailler dans une vraie dynamique de construction cinématographique, qui me convenait beaucoup mieux que celle des plateaux. J'avais régulièrement des conférences téléphoniques très vivantes avec les classes qui suivaient notre programme. Ces exercices de vulgarisation me demandaient toujours beaucoup de travail. Plus on connaît son sujet, plus on peut répondre simplement : dans ce sens, la pédagogie est un art que j'aime pratiquer. Heureusement, Pierre Avérous nous avait une fois de plus mâché toutes les connaissances dans son premier tome sur l'Arctique. Tout se passait dans une ambiance intime, feutrée, constructive, sans précipitation, quel confort ! Par la force des choses, rien ne nous appelait dehors. Aussi la lenteur de l'hivernage polaire était-elle un chemin de sagesse : avoir du temps pour soi et être présent où l'on est.

Février marqua le retour du soleil. La venue de la lumière du jour nous ouvrait la porte du grand dehors, des balades à skis dans les vallées sauvages, à la rencontre des rennes et des renards blancs. Par l'odeur alléchés, les premiers ours polaires s'approchèrent du bateau. Nous étions dans le royaume de ce géant qui, sous des allures attendrissantes, est un redoutable carnassier. Ce n'est pas un animal agressif, et il ressemble tellement à l'ourson de notre enfance qu'on a du mal à le prendre au sérieux. Son épaisse fourrure ivoire est attirante, on l'aurait volontiers caressée. Mais si l'envie avait pris à l'animal de jouer avec nous, la démesure aurait été meurtrière. Son seul prédateur a été l'homme et sa population s'accroît, maintenant qu'il est protégé. Mais depuis quelques années, les scientifiques démontrent qu'il est victime d'un mal bien plus sournois : la pollution. On analyse, dans ses poils, son sang, ses viscères, des taux croissants de métaux lourds, de pesticides. Il faut dire que l'ours blanc est le réceptacle de tous les polluants apportés en mer par les vents et les grands fleuves de Russie. Il est au bout de la chaîne alimentaire : phytoplancton, krill, crevettes et autres crustacés, poissons, poulpes, et enfin les phoques, le gibier préféré des ours polaires ! L'ours concentre dans son organisme tous les polluants qui ont été accumulés par chacun des maillons de la chaîne. Si la pollution ne met pas directement la vie de l'ours en danger, on craint, sur le long terme, l'apparition de maladies et l'aggravation de la baisse du taux de reproduction.

Mai fut certainement le mois le plus long. Le soleil ne cessait de nous tourner autour, et la pression de la lumière permanente fatiguait les esprits. La glace qui fondait çà et là limitait de plus en plus notre périmètre de liberté. L'impatience grandissait. Il restait à espérer une tempête d'ouest qui déchirerait la banquise pour nous libérer. Les plus pressés calmaient leur ardeur à coups de pelle et de pioche, creusant des tranchées pour précipiter la fracture de la banquise.

Enfin arriva le jour où tout craqua pour de bon, et les premiers balancements du bateau furent ressentis avec soulagement, comme une résurrection : il vivait ! Quand les moteurs se mirent en route, ce fut l'apothéose, la liberté retrouvée. En quittant le fjord, chacun de nous tourna une dernière fois la tête vers cette crique où nous venions de passer l'hiver. Un silence solennel marqua la fin d'une rare aventure, où la notion de temps avait perdu ses droits.

Normalement, nous aurions dû poursuivre notre route vers le passage du Nord-Ouest et atteindre Béring à la fin de l'été. Le bateau avait passé le test hivernal sans encombre, la consommation de fuel bien au-dessous de nos calculs nous donnait l'assurance d'une dérive en totale autonomie. Mais Circum Polaris s'arrêta là, car la Fondation Elf allait être dissoute. La nouvelle ne tomba pas comme un couperet, j'étais prévenu depuis quelques mois. Je n'étais pas le seul concerné par l'interruption de cette aventure qui était prévue pour durer trois ans, jusqu'à l'aube de l'an 2000. Le programme éducatif mobilisait des milliers de classes, des scientifiques avaient inscrit cette expédition dans leur programme de recherche, la coproduction avec les chaînes de télévision étrangères était engagée… Il aurait fallu que je monte vite au créneau pour trouver de nouveaux partenaires, mais j'étais fatigué et je n'avais plus la force de convaincre. Depuis le pôle Nord, en 1986, je n'avais cessé de me démener pour faire exister mes rêves et les partager. Le partenariat avec la fondation, même s'il avait été parfois chaotique, m'avait permis de les réaliser et je lui en étais reconnaissant. Mais l'environnement économique changeait et j'allais devoir m'adapter à de nouvelles donnes. Malgré cette déception, je n'avais pourtant aucune raison de me plaindre. En vingt années d'une vie d'aventures exceptionnelles, je m'étais enrichi de tant d'expériences humaines, mes yeux s'étaient régalés de tout ce que la lumière m'avait montré, j'avais eu la chance de ne perdre aucun ami dans ces expéditions engagées sur des terrains difficiles… Arrivait le temps où il fallait savoir faire une pause, écouter les signes, respecter des cycles. Je sentais bien que ma propre existence avait perdu de sa spontanéité dans son développement médiatique. Le « personnage public » avait peu à peu imposé sa loi sur mes pensées, mes actions, les relations avec mes proches. À force de tout mettre en œuvre pour exister aux yeux des autres, on finit par se déconnecter de soi.

En cette fin juin 1996, je quittai *Antarctica* et je partis dans mon Tarn natal, pour me retrouver sur des terres familières et reprendre la vie entre les doigts, pour renouer avec le besoin vital des gestes simples, adéquats, faits sur des matériaux nobles, à la bonne mesure du temps. Je partis construire ma cabane.

PARTIE III
Les fruits de la jachère
1
Racines, Tarn natal

Tout voyageur au long cours est à la recherche d'un havre, d'une maison, d'un lieu, où il sait qu'il va pouvoir poser son sac et ses souvenirs, se retrouver avec lui-même, être accueilli par la chaleur d'un pays, d'un feu de cheminée, d'une population, et de quelques repères personnels. Quand on a beaucoup bourlingué, on se demande où se trouve le lieu géographique de ce « paradis ». Combien d'endroits ai-je vus où je me suis dit : « Je me verrais bien vivre en paix ici jusqu'à la fin de mes jours. » Dans une vallée d'eucalyptus, au bord d'une forêt de bambous, sur les rives d'un lac sauvage, sur le versant ensoleillé d'une haute montagne, dans un désert, au fond d'une forêt du Grand Nord, sur une île du Pacifique... Pour être aussi universel et dispersé, cet « ailleurs meilleur » n'était-il finalement qu'une illusion ?

Sauf qu'un beau jour, en rentrant de la traversée de l'Antarctique, à l'âge de quarante-cinq ans, je me suis acheté une maison. Et devinez où : dans un bois perdu, sur un coteau du Tarn, à 10 kilomètres de Vielmur, mon village natal ! Une maison sans beaucoup de charme, mais dans un site magnifique, sauvage, surplombant la vallée de l'Agout, avec au fond la dentelle des Pyrénées. Un lieu où je me suis tout de suite senti en paix. J'allais enfin me régaler dans des plans de réfection, de transformation, de bricolage, un travail manuel dont je manquais cruellement depuis longtemps. J'achetai de l'outillage, quelques machines, du bois, des matériaux de construction… J'avais enfin trouvé mon havre ! Mais ce choix, guidé par la logique des racines, allait réveiller en moi toutes sortes de tourments. Confronté avec ce que j'avais expressément fui, et parfois oublié, j'allais vivre une véritable involution, comme si ma vie venait de s'arrêter. Une à une remontèrent toutes les raisons de ces angoisses, que mon retour au pays réveillait.

Moi qui avais pris l'habitude des grands espaces, des éléments déchaînés, des forces telluriques, voilà que je retournais dans la douceur des paysages du Tarn. Dans ces bois de La Devèze, où était donc la nature puissante dont je m'étais abreuvé durant toutes ces années ? Je manquais d'un « grand dehors ». Je rêvais toujours d'ailleurs – sauf peut-être les jours d'autan, ce vent qui souffle avec violence de la Méditerranée vers l'Atlantique, et qui ébouriffe avec fougue ce décor de douce campagne.

À force de patience, Jean-Louis Orengo, un ami spécialisé dans la reconnaissance des traces d'animaux, réussit toutefois à me convaincre de la richesse de la vie sauvage, même en ces lieux, du moins pour qui sait regarder : les égratignures des bois de chevreuil sur l'écorce des jeunes genévriers, les empreintes de blaireau, les crottes de martre, les pelotes de busard Saint-Martin, les sabots de sanglier dans la boue… Et sans Philippe Durand, un érudit en sciences naturelles, je n'aurais jamais imaginé que sur ce bout de coteau exposé au soleil puissent pousser tant d'essences méditerranéennes, tant d'orchidées sauvages…

Après le manque de nature dont j'avais souffert en Antarctique, ces naturalistes me firent prendre conscience que j'habitais au cœur d'une nature très riche, et qu'il me faudrait beaucoup de temps et de patience pour la découvrir et vivre avec elle. J'aimais l'idée de pouvoir créer des liens avec des animaux sédentaires, un rouge-gorge, un merle, un geai. Ou de savoir prédire le temps à la couleur du ciel au couchant. Ou d'entendre le premier roucoulement de tourterelle qui annonce le printemps.

Il m'a fallu beaucoup de temps pour me sentir en paix dans la campagne du Tarn, dont je sais aujourd'hui apprécier l'infinie douceur… Mais quand on revient sur ses racines, il n'y a pas que le « décor » qui résonne, il y a le passé familial, les relations avec un père et une mère, des choses profondes, viscérales, qui marquent le caractère et l'orientation de l'existence. En venant planter mon gîte tout près de Vielmur, je m'exposais à devoir harmoniser ma vie avec l'omniprésence de la famille, même si mes parents et mes sœurs savent se faire discrets. Refuser leurs sollicitations me mettait quelquefois mal à l'aise. Comment conserver mon indépendance et ma liberté sans les culpabiliser ou les gêner ? J'étais parti très jeune, c'était à moi d'apprendre à faire cohabiter nos vies d'adultes. En revenant dans la maison de ses parents, on n'a jamais la prestance de l'adulte que l'on est dans la vie. Voilà qu'insidieusement mon retour au pays me faisait recontacter le « petit enfant en moi ». Le retour sur mes racines eut l'effet d'un « court-circuit psychanalytique » et remit en lumière un passé enfoui. J'eus la chance, à cette époque, de vivre un lien d'intimité profonde avec mon père, peu avant sa mort.

2
Rêves de cabanes

Savoir que je pourrais vivre heureux dans une cabane, en toutes circonstances, m'a toujours rassuré. Je m'imagine facilement perché, face à l'immensité, assis sur un banc, au soleil, à l'abri du vent, restant là des heures, absorbé par rien.

Nulle autre idée que celle-là ne m'a autant fait gamberger. Et voilà des années que cela dure !

Tout a, bien sûr, commencé par les cabanes de l'enfance, mais l'inspiration n'a vraiment pris corps qu'en Californie, lorsque j'ai découvert la liberté de construire son gîte où l'on veut, dans une architecture singulière, personnelle, totalement libre des canons architecturaux, épousant la forme d'un arbre, d'une rivière ou d'un rocher. Sur la page de garde d'un livre de photos consacré à ces constructions américaines d'amateurs, je me rappelle avoir écrit : « Enfin, j'ai trouvé le paradis ! » C'était à San Francisco, en 1973, et l'idée que l'on pût vivre autrement que dans une maison classique, en dur, dans un lotissement, fut une révélation. Depuis, je collectionne ces livres d'architecture marginale, dont je connais tous les détails pour m'y être baladé virtuellement des heures entières.

Pourtant, malgré toutes ces sources d'inspiration, je ne parvenais pas à dessiner ma cabane. Pendant un temps, ce manque de créativité me fit douter de la sincérité de ma démarche. Quelles étaient la part du vrai et celle de l'accessoire dans mon anticonformisme séduisant ? En fait, il me manquait un élément de référence essentiel : le site, qui dicte véritablement les formes. C'est seulement à partir de la géographie d'un lieu que les idées peuvent commencer à se déployer. Les paysages m'ont toujours inspiré.

Cela dit, sans même savoir où je la construirais, les plans de mise en œuvre et le choix des matériaux ont toujours été clairs dans ma tête : construire d'abord un atelier bien équipé, autour duquel viendraient se greffer des modules de bois et de verre. Les toits seraient couverts de terre où pousseraient herbes, fleurs et toutes sortes de graines amenées par le vent. Bien voir sans être vu, et disparaître derrière le décor dans une libre improvisation : tout un programme que j'avais mûri de longue date.

Au printemps 1996, alors qu'*Antarctica* était en hivernage au Spitzberg, je m'étais mis à dessiner des centaines de cabanes. Une fois *Antarctica* revenu à Camaret, son port d'attache, je quittai la mer pour ma campagne natale, afin de m'investir totalement dans cette construction. J'avais un besoin urgent de sentir entre mes doigts la matière et les outils.

Bernard Garibald, un ami charpentier, allait m'aider à faire l'échantillonnage et le débit du bois : de belles pièces de sapin de Douglas, un bois rouge imputrescible qui, aux intempéries, se teinte d'un doux gris chatoyant.

Quand tout fut prêt, il me fallut résoudre quotidiennement des problèmes que mon inexpérience n'avait pas imaginés. Dans ces engagements passionnels, tout votre être, votre esprit, votre corps, se mettent au service d'un même but. Vous êtes entier, là, dans l'instant. Libre, responsable…

Aujourd'hui, je partage ma vie avec Elsa dans ces cabanes de rêve où nous nous sentons bien par tous les temps. Perchées dans un bois de chêne, elles sont une intarissable source de satisfaction et d'apaisement. C'est un tel bonheur que d'autres idées de construction nous traversent la tête. Si bien qu'au hasard des voyages, si un autre lieu sur la route nous souffle une pareille envie de vivre, j'y ouvrirai volontiers un nouveau chantier.

Mon engouement pour les cabanes a plusieurs raisons. La liberté architecturale qu'elles inspirent, la légèreté de leur mise en œuvre, une façon de vivre au contact de la nature… Mais en filigrane de tout cela, la cabane est un style de vie, une façon aussi d'échapper à ma vieille peur des engagements lourds, immuables, emprisonnants. La pierre et le béton sont les matériaux de l'insertion, du placement, alors que la cabane a quelque chose de léger, d'évolutif, d'éphémère. Elle participe d'une philosophie de la simplicité : un abri plein de charme, un jardin pour les légumes, des poules pour les œufs, des arbres pour les fruits… Si, en plus, il y a la mer pas loin à portée de canne à pêche, que rêver de plus pour satisfaire son autonomie ?

Je connais bien l'homme-animal caché en moi, qui refait périodiquement surface, réveillant un ancestral désir d'autarcie. L'adéquation entre les besoins de l'animal, ses outils pour les combler et son aire de vie relève d'une ordonnance subtile qui m'a toujours fasciné. L'animal reçoit à la naissance tous les « outils » dont il aura à se servir durant le cours de son existence. Il n'en changera plus jamais : une « tenue » unique – plumes, poils ou écailles; un ou deux outils de prédation et de défense – crocs, serres ou bec; et l'instinct en prime, qui le guidera sur les zones de chasse et dans les voies de migration. L'animal navigue sans instrument, ne transporte pas de bagage, ne s'équipe d'aucun matériel complémentaire. Tout ce qu'il a reçu de la nature est en lui, il est la nature même.

L'idée de revenir à ce statut naturel, de trouver, à l'instar de l'animal, ma place et mes limites dans le biotope Terre me traverse souvent l'esprit, quand la pression du monde se fait trop pesante. Mais ne rêvons pas de paradis naturel, où les espèces cohabiteraient en paix dans un état de juste équilibre!

Se maintenir en vie est un combat permanent pour tous les êtres vivants de tous les règnes.

À une époque où le savoir-faire anéantit le savoir-vivre, comment protéger en toute quiétude la part de temps pour soi et son espace vital? Il y a un juste milieu à trouver pour bien vivre en ce monde. On n'est pas obligé d'ingérer l'intégralité des « menus » que les grands programmateurs de la consommation, de l'information et de la politique nous imposent. Ne perdons pas de vue qu'ils travaillent eux aussi pour leur propre réussite!

La mise en œuvre d'un choix de vie demande une volonté : c'est une conquête permanente, une composition, un compromis entre soi et la machine sociale à laquelle on appartient, et à laquelle on doit aussi son tribut.

Dans ce sens, la cabane a toujours symbolisé pour moi ce *no man's land*, ce port franc où l'on échappe au contrôle, où l'on peut exercer sa pleine liberté.

Le bonheur n'est pas d'aller tous vivre dans les bois, on y découvre aussi de nouvelles contraintes. Mais pour avoir mis en œuvre ce qui a longtemps représenté un idéal de vie, l'idée d'une liberté assouvie, je veux encore dire combien il est important de réaliser ses rêves, même si le chemin qui y mène est difficile à suivre, même si une vie n'y suffit pas. Je sais aussi qu'il n'y a pas d'âge pour le faire.

3
Illusions de la renommée

Dans notre société d'extravertis, la renommée est un excellent fonds de commerce, de tous les commerces d'ailleurs : des produits manufacturés aux hommes politiques, en passant par les chanteurs, chefs d'entreprise, religieux, acteurs caritatifs et autres artistes. Mais derrière le masque public du succès peut se cacher un être en souffrance, pris au piège de son « personnage ». Quand la vie ne tient plus qu'à l'image de soi, dans la dépendance aux autres, deux écueils se profilent : la perte de créativité et la solitude, cruels rappels de la conscience.

Mais aller toucher le fond solide de soi-même, se décaper de son vernis et accéder à des repères personnels plus vrais exige une mutation douloureuse, qui ravive un sentiment d'abandon d'autant plus intense qu'on a lié son destin au jugement des autres. Dans ces moments de remise en question très pénibles – mû par une nécessité viscérale ou tout simplement contraint, parce que la « scène » vous oublie –, le personnage public découvre que le monde est bien trompeur, que le sensationnel et le malheur nourrissent ceux qui nous informent, et que la science alliée au marketing s'ingénie à créer des niches de besoin bigrement artificielles…

Remontent alors spontanément à la conscience des questions éternelles. Où trouver refuge dans ce monde d'illusions ? Comment échapper à sa boulimie compulsive du faire, du paraître ? Comment s'arracher aux exigences capricieuses du Moi et tendre vers plus d'autonomie émotionnelle ?

Il y a bien des millénaires, les dieux se rendirent compte que les hommes qu'ils avaient nantis commençaient à se comporter eux-mêmes comme des « dieux sur terre » et à traiter avec arrogance les autres êtres de la création. Ils décidèrent alors de cacher la source providentielle du bonheur infini, afin que seuls les hommes d'expérience, en quête de vérité, puissent y accéder. Quelle cachette choisir ? Certains dieux suggérèrent de la placer au fond des océans. D'autres proposèrent de l'enfouir plutôt au centre de la Terre. D'autres encore sur la Lune…

Mais, chaque fois, les dieux devaient admettre que l'homme était si malin qu'il finirait forcément, un jour ou l'autre, par la retrouver, sans avoir pour autant atteint la sagesse nécessaire. Que faire ? Après mûre réflexion, le dieu du silence eut une idée qui, enfin, fit l'unanimité du panthéon : la meilleure cachette possible était à l'intérieur même de l'homme, là où son intelligence affairée ne le conduirait jamais.

Après avoir passé la première moitié de ma vie à courir le monde, je peux vraiment témoigner de l'habileté des dieux à avoir choisi cette cachette. Où est-il, notre ange gardien ? Où se cache-t-il, l'être originel, l'enfant de la Terre, libre, dépouillé des conditionnements du Monde, notre plus authentique interlocuteur, celui dont on voudrait entendre la vérité sur soi ?

Aujourd'hui, à travers les fissures de mon écrin d'aventurier célèbre, mon âme assoiffée de liberté commence certains soirs à entrevoir les lueurs d'un chemin. Quand on est allongé dans les senteurs estivales d'un pré fauché, à la tombée de la nuit, quand l'esprit libéré de ses amarres de plomb s'élève comme une plume dans le silence du cosmos, le regard sur la vie change de perspective et d'échelle. Il y a le monde, l'usage que les hommes ont fait de la Terre, cette perle de la création qui a lié sa vie au Soleil, plus loin encore il y a d'autres étoiles, ces aiguilles de lumière dans l'immensité de la nuit, et à l'infini on se perd dans les galaxies, poussières cosmiques dans l'insondable univers. Alors, soulagé de se sentir enfin si peu de chose, dans un état de paix indicible, nous nous abreuvons un instant à la source de notre émotion originelle, où l'insouciance pure de l'enfant en nous vient insuffler la vie à la force de l'âge, et lui redonne sa liberté.

Il m'a fallu partir très loin, au pôle Nord, au pôle Sud, sur le toit de la Terre, dans les coins les plus inhospitaliers de la planète, répondre à tous les appels du héros en moi, jusqu'à la lassitude, pour que ces précieux moments de félicité, accessibles en soi-même, rivalisent peu à peu avec l'appel des clairons de la réussite. L'esprit, à l'épicentre des crises, a encore quelques réticences à se détourner des tentations de la renommée...

4

Liberté pour les « générations présentes » !

« Les sociétés nouvelles ont quelque chose de charmant, comme la jeunesse. Elles ont la fraîcheur des sentiments, la confiance naïve et une sorte de crédulité. Elles offrent à l'imagination un spectacle plus attirant que le cynisme et la froideur de ces peuples installés depuis longtemps, qui semblent s'être épuisés eux-mêmes, avoir épuisé leur optimisme, leur espoir et leur foi dans la perfectibilité humaine. » Ce texte d'Alexandre von Humboldt, dans *Voyage aux régions équinoxiales du Nouveau Continent*, date de 1825. Écrit en cette époque d'avant l'eau courante, il a pourtant quelque chose de très actuel : c'est tout simplement un plaidoyer pour la jeunesse, face aux générations dirigeantes, qui peinent à contenir leur insatisfaction, leur mal-être.

Le présent est en crise et le problème n'est pas simple, mais « la révolte de la jeunesse » est en grande partie liée aux sombres perspectives, sempiternellement rabâchées, de la difficulté d'accès au travail – ce qui prive les jeunes générations d'un minimum d'autonomie financière et les maintient trop tardivement sous le carcan parental.

Le travail, l'ouvrage, ce par quoi l'homme accède à son indépendance, son épanouissement, développe sa créativité, s'est peu à peu vidé de son sens originel au profit d'une conception très politico-sociale. Le « travail » est devenu un concept communautaire, propriété privée de l'État ou chasse gardée des syndicats, bastions ultra-protégés par les labyrinthes kafkaïens du droit et de la protection sociale, où seuls les initiés se retrouvent pour des marathons sans fin autour de tables rondes. On a tellement légiféré sur le travail qu'on l'a isolé du travailleur. C'est devenu bien trop compliqué et trop coûteux de travailler librement, si bien que de moins en moins de personnes peuvent y accéder et offrir cette opportunité à autrui. Le problème vient, entre autres, de ce que la plupart des législateurs qui décident des règles du jeu économique n'y ont, dans l'ensemble, jamais joué eux-mêmes, ne se sont jamais risqués à lancer une entreprise. Ils sont issus des rangs du règlement ou de la révolte sociale, avec une vision très administrative ou revancharde du monde. Leur obsession du contrôle et de l'encadrement est une projection, sur le tandem « individu-nation », d'attitudes paternalistes, possessives, qui finissent par tout étouffer, sous le couvert d'une volonté militante de bien faire.

Cela est loin d'être une apologie du libéralisme. C'est la protestation d'un homme né dans un milieu de gauche et resté proche des valeurs progressistes – c'est-à-dire promotrices de liberté –, qui s'est débrouillé pour se payer ses études en travaillant, qui a monté son entreprise, et qui ne comprend plus pourquoi le plombier du village, totalement débordé, est littéralement paralysé à l'idée d'embaucher un jeune pour le seconder, pour le former !

En ne braquant les projecteurs que sur la mondialisation, la fusion des grands groupes, les stars des marathons politico-syndico-patronaux, des grandes entreprises privées ou nationalisées, les médias perdent de vue que la majorité des gens travaille dans des entreprises à taille humaine. Il est urgent de dédramatiser l'accès au travail. Pourquoi ne pas créer, pour la jeunesse, une sorte de passeport, de « carnet de travail » qui serait la propriété à part entière du jeune entre quinze et vingt-cinq ans, dont la responsabilité d'embauche serait partagée entre employeur et employé ? Une sorte de contrat de confiance en direct, où tout le monde aurait quelque chose à gagner. Il faut arrêter de toujours brandir le spectre des brebis galeuses, ou des « abuseurs », pour justifier la peur d'accorder ces possibilités à la jeunesse. Il ne suffit pas de créer des emplois, il faut surtout offrir aux jeunes la liberté d'entreprendre.

La structure doit se mettre au service de l'initiative, privilégier l'imagination, surtout dans sa phase germinative, où elle est souvent si fragile qu'elle a besoin de « légèreté administrative » pour éclore. C'est une marque de confiance que l'on peut attendre d'un gouvernement de la République et de leaders syndicaux qui ont su historiquement arracher la liberté et l'égalité des chances à la possessivité conservatrice du pouvoir bourgeois, jadis révolutionnaire mais devenu depuis belle lurette conservateur. Aujourd'hui au pouvoir, il ne faudrait pas que les représentants des travailleurs deviennent pires que les anciens patrons, dirigeants dirigistes prétendant protéger l'individu mais souvent d'abord accrochés à leurs fauteuils. Ce sont les citoyens qui font la vie : la politique n'est-elle pas l'art de l'orchestrer collectivement ?

Il est très important que chacun prenne le plus tôt possible conscience du pouvoir – et donc de la responsabilité – qu'il a sur sa propre vie, pour ne pas abandonner celle-ci à une trompeuse « responsabilité collective »... Car prendre en charge chaque destin individuel n'est en aucun cas la vocation du politique, de l'administratif, du collectif.

Les enquêtes d'opinion montrent que de plus en plus de jeunes voudraient s'engager dans des actions de coopération avec les pays en voie de développement. Pour la majorité d'entre eux, ce serait l'occasion de donner un sens à leur vie dans notre société de « nantis ». Il est toujours bon, pour l'épanouissement d'un être humain, qu'il puisse côtoyer d'autres façons de vivre, d'autres misères, d'autres approches du bonheur, plus simples souvent...

Il me semble de plus en plus indispensable aujourd'hui qu'un jeune puisse aller sur le terrain se faire sa propre culture, prenant par la même occasion une salutaire autonomie vis-à-vis de la télévision, cet « œil-de-judas » qui déforme le monde et nous sert quotidiennement un cocktail savamment concocté de nouvelles sur le registre émotionnel : accidents, mœurs, assassinats, émeutes, affaires politiques, délinquance, drogue, guerres... Avalanche d'informations négatives, affligeantes pour l'humanité, et dont on sort impuissant, avec le sentiment pénible d'un état d'urgence permanent du monde, qui nourrit la tentation de repli sur soi.

Comment, dans cette ambiance, penser à une vie heureuse sans culpabiliser ? Comment retrouver ses repères dans la nébuleuse impalpable, capricieuse et fourre-tout de la mondialisation ? D'intéressantes initiatives locales sont prises, en France, par des personnes soucieuses de demeurer autonomes, impliquées au plus près de leurs réalisations. Parmi ces acteurs de leur propre destin, je citerai en exemple un regroupement d'agriculteurs du Tarn – il en existe beaucoup d'autres – qui ont opté pour une haute qualité de vie, dans l'agriculture... Un travail dont ils ont su garder, au prix d'efforts souvent considérables, l'entière maîtrise.

Par la recherche d'une adéquation entre les ressources du terrain, le climat et la variété de la production, ils parviennent aujourd'hui à maintenir vivante l'intelligence agricole de terroir – pour le plus grand bien des consommateurs ! Or, là aussi, les contraintes socio-fiscales sont à abolir le plus vite possible. Encourager de telles initiatives, dont le pays sort largement bénéficiaire, est vital. En découlent en effet : conservation d'une grande tradition agroalimentaire, respect de l'environnement, maintien d'une activité rurale dans nos campagnes qui se vident.

Les prévisions sont difficiles à faire. Aujourd'hui en effet, personne ne peut prédire quels seront les métiers de demain, si bien qu'il est préférable de se constituer une trousse à outils de compétences diverses – techniques ou universitaires – plutôt que d'en avoir une seule, fût-elle ultra-perfectionnée. Si, en plus, on a envie de sortir de chez soi, et, encore mieux, la volonté de parler anglais, on est assuré de se débrouiller partout, de prendre un bon départ, dans la grande improvisation que nous promet l'avenir.

On démarre souvent dans la vie comme on part de chez soi un jour en auto-stop. C'est d'abord l'attente sur le bord de la route. On s'interroge. On s'inquiète. Pourquoi personne ne s'arrête ? Et soudain, quelqu'un nous prend et nous emmène, pas forcément loin, mais le moral est revenu, et le décor a changé. Et ainsi, d'une voiture à l'autre, on avance. Il est rare de tomber du premier coup sur le véhicule qui nous conduira à destination. Il peut même arriver qu'une rencontre décisive nous éloigne de l'objectif initial ! C'est aussi comme ça que l'on avance, il ne faut pas être trop gourmand au début, ni trop rigide. La vie fait le reste.

J'aime l'idée de « générations présentes », par opposition à l'image, théoriquement belle mais facilement trompeuse, de « générations futures ». Je n'aime en effet qu'à moitié ce slogan. Prendre en compte l'avenir écologique de la planète, bien sûr ! Mais lesdites « générations futures » ont bon dos et surtout aucun moyen de contrôler les beaux parleurs qui, dans leurs programmes électoraux ou publicitaires, font gonfler la belle image comme de la barbe à papa ! Je refuse d'appartenir à une génération infirme de son présent : les jumelles permettent de voir loin, mais pas de marcher droit. Le présent ne passe qu'une fois et il ne faut pas le manquer.

5
Indispensable nature

Comment serait le monde sans étendues sauvages ? Sans étendues sauvages, nous n'existerions pas.

Évidence ? Je trouve que l'impérieuse nécessité de la nature n'est pas clairement posée, ni en termes d'origine, ni surtout en termes de devenir, dans notre humanité actuelle. La force des liens vitaux qui unissent l'homme à son environnement est souvent si mal formulée, masquée ou affaiblie par des revendications faussement romantiques que l'on aboutit finalement à un égoïsme anthropocentrique accru. En réalité, si nous sommes heureux ou en souffrance vis-à-vis de la nature, c'est bien parce que nous en faisons partie intégrante. Ce patrimoine vital est notre matrice, notre existence même.

Qui pourrait nier que les plantes et les animaux sont capables d'échanger des messages avec les membres d'autres espèces ? La nature a des pouvoirs que l'homme moderne feint d'ignorer derrière ses obligations de performance. Dans un passé encore très récent, la relation non dualiste que les Indiens d'Amazonie, les Aborigènes ou les peuples de l'Arctique entretenaient subtilement avec la nature les a conduits à des adaptations écologiques qu'une expertise sérieuse dirait « extraordinairement réussies ». Mais ces arguments holistiques ou cosmologiques n'ont aucun poids face à une armée de bulldozers. Il a fallu que se développe cette « nouvelle » science que l'on appelle l'ethnopharmacologie pour que ces adaptations écologiques captent l'attention – et suscitent même un intérêt soudain passionné dans les grands laboratoires pharmaceutiques, toujours à la recherche de nouveaux principes actifs. Les cultures indigènes seraient-elles postmodernes ?

Aujourd'hui, les expressions lourdes de sens comme « équilibre écologique » ou « respect de la biodiversité » ont été banalisées par l'érosion des discours. Tout savoir sur une espèce compte moins que comprendre les liens qui unissent les formes de vie entre elles. Un gorille qui se prélasse dans la forêt tropicale est un mammifère sauvage pour le zoologue, un nid à puces pour le parasitologue, un disséminateur de matières fécales pour le bactériologiste, qui vous dira que cette dissémination est indispensable à certaines variétés végétales dont les baies nourrissent quelques oiseaux, qui vont disséminer leurs graines, qui… Quant au spécialiste des virus, il se demandera si ce gorille n'est pas le réservoir captif d'une souche virale extrêmement dangereuse pour l'homme et que seule cette espèce de singe est à même de neutraliser – le virologue poussera d'ailleurs sans doute l'interrogation jusqu'à se demander si cette neutralisation ne disparaît pas en dessous d'un certain seuil de population. Dans cette approche pluridisciplinaire, le gorille n'est plus un animal de cirque en liberté surveillée, c'est un écosystème à lui tout seul, et son extinction pourrait engendrer une menace pour l'homme.

Darwin nous a appris que la sélection naturelle s'était faite sur des millions d'années. Aujourd'hui, dans une biosphère que l'homme transforme à grande vitesse, il paraît logique que les organismes les plus élémentaires aient une capacité à muter rapidement. C'est peut-être ce qu'il faut lire à travers la succession de nouvelles épidémies virales qui déroutent notre arsenal thérapeutique. En maltraitant la nature à grande échelle, le pire des dangers pourrait bien venir de l'infiniment petit.

La nature, c'est nous. Mais la nature, c'est aussi tout ce qui échappe à la volonté de l'homme et qui tient sa vie en otage.

6
Quelle évolution au troisième millénaire?

Ce que nous appelons l'évolution des espèces est la succession des transformations des organismes vivants cherchant à s'adapter ou à mieux exploiter la moindre variation du milieu. Des ailes pour voler, des poumons pour respirer, des jambes pour marcher... c'est une belle histoire, où notre intelligence appliquée trouve son confort. On aime bien imaginer que l'adaptation ou l'exploitation du milieu a induit le développement d'accessoires tels que pinces, dards, plumes, antennes, cuirasse, griffes, palmes, dents, fanons et autres pistils, pétales ou épines, pour aboutir, au fil des millénaires, à la multitude des espèces de la création. Jusqu'à nous.

Ces toutes dernières décennies, l'homme a « instrumenté » son regard sur la vie à tel point qu'il en a découvert l'intime messager : le gène. Ce passeur d'information est le seul survivant d'une génération à l'autre, ce qui fait dire à certains scientifiques que « les individus de chaque espèce sont des artifices inventés par les gènes pour se reproduire » (Richard Dawkins, auteur du *Gène égoïste*). Cette volonté de reproduction des gènes serait la force vitale qui se transmet entre les générations, une volonté génétique inéluctable qui préexisterait à la conscience.

Les individus de chaque espèce seraient-ils le produit d'un logiciel génétique, le génome, programmé pour survivre en se transmettant de corps en corps?

Ce n'est plus de la science-fiction que d'imaginer l'inventaire de toutes les espèces vivantes, répertoriées une à une dans un tiroir de disques durs, au cœur du coffre-fort de la Banque mondiale des gènes. Après l'ère du contrôle des naissances, nous entrons dans l'ère du contrôle des espèces. Quel comité d'éthique sera capable de piloter l'équilibre génétique du monde ? Et que nous prépare l'irrésistible « volonté de reproduction » attribuée aux gènes ? Quels mutants nous réservent les modifications du milieu que nous induisons nous-mêmes par nos activités plus ou moins somnambuliques ? Les gènes prépareraient-ils une contre-offensive face à la force hégémonique de la « conscience » humaine ?

On peut se demander si, en donnant l'intelligence à l'homme, la biosphère terrestre n'aurait pas engendré son plus grand prédateur. Prédateur de surface, bien entendu. Nous ne faisons que menacer, durant une fraction de temps infinitésimale, cette ultra-fine pellicule sol-air-océan qui enveloppe la planète comme un film de Cellophane une citrouille.

En fait, ce n'est pas la planète qui est en danger, c'est l'homme. Aveuglé par sa toute-puissance, il ne s'aperçoit même pas qu'il est en train de scier la branche sur laquelle il fait sa gymnastique mentale.

La solution aux problèmes qui concernent l'existence et l'avenir de l'humanité est bien loin de n'être que scientifique, ou technique, ou politique. Notre connaissance du vivant s'arrête à l'organisation moléculaire des gènes. L'essentiel, le principe de vie, de nos origines à notre fin dernière, dépasse notre compréhension. Cela devrait conduire l'humanité dominante à plus d'humilité, à lever le pied sur sa volonté de puissance qui, dans ce monde encombré, s'exerce forcément au détriment des moins nantis : « Il y a sur terre de quoi nourrir tout le monde, disait Gandhi, mais pas assez pour satisfaire quelques gros appétits. »

Quand donc ce bipède doué d'intelligence va-t-il enfin entendre que s'il venait à disparaître, comme d'autres espèces avant lui, la planète continuerait de tourner, comme elle le fait déjà depuis des milliards d'années ? Il faut dépasser notre vision anthropocentrique du monde. Or il n'y aura pas de solution globale sans conscience individuelle, c'est-à-dire sans un questionnement personnel, sincère et profond, qui éclairera l'homme sur son état d'être et sur sa destinée. Un cheminement intérieur indispensable pour une écoute subtile du monde, afin que toutes les espèces vivent dans un juste équilibre de prospérité.

7
La faiblesse de la raison écologique : de l'indispensable référence à l'humain

Comment expliquer l'incroyable succès médiatique du trou d'ozone ? Comment ce gaz rare inconnu du public est-il devenu en quelques années la star mondiale des questions sur l'environnement ? C'est d'autant plus étonnant que ce phénomène *a priori* marginal ne touchait qu'une zone très confidentielle du monde, un désert de glace éloigné de toute population. En fait, tous les éléments d'un plaidoyer pour la Terre se trouvaient réunis là. Avec, d'un côté, un trou dans l'atmosphère, une blessure de la Terre faisant courir à l'homme le risque du cancer de la peau ; de l'autre, tous les abus condamnables de notre indigeste société de consommation et de l'inhumaine hégémonie de la « mondialisation économique ». Les chlorofluorocarbones (CFC) furent désignés comme coupables, même s'il est vrai que, sur le papier, la production mondiale des CFC ne semblait pas peser lourd face au gigantesque volume d'absorption atmosphérique. En fin de compte, concrètement, ce procès aura permis de confirmer le rôle destructeur du chlore sur la molécule d'ozone dans la stratosphère des régions polaires et de mettre en œuvre des mesures industrielles pour protéger ce filtre à ultraviolets sur le long terme.

De plus, en faisant la couverture de tous les magazines, l'ozone a largement contribué à la prise en compte, par les dirigeants du monde entier, d'une question très préoccupante : l'homme serait-il en train de modifier le climat de la Terre ? Question de taille, qui rejoint une autre grave préoccupation climatique : l'effet de serre.

Un réchauffement planétaire – même léger – serait si catastrophique que sa seule perspective a poussé les pouvoirs publics à attribuer sans hésiter des budgets gigantesques à toutes les disciplines susceptibles d'apporter un élément de réponse à la compréhension et à la modélisation du climat : glaciologie, paléoclimatologie, océanographie physique, télédétection, météorologie et autres sciences de la Terre. Beaucoup de laboratoires ont d'ailleurs trouvé d'habiles connexions pour placer leurs recherches sous le spectre du gaz carbonique, du méthane ou de tel autre gaz « à effet de serre ». Soulignons au passage la puissance des médias dans l'orientation des crédits de recherche.

Sur cette terre qui se réchauffe et dont les ressources naturelles sont exploitées sans vergogne, et sans vision à long terme, dans un contexte où la survie des espèces n'a jamais été aussi menacée et où l'homme se met peu à peu en péril lui-même, la recherche naturaliste est restée paradoxalement le parent pauvre de tous les grands programmes consacrés à la biosphère. Ce qui est assez paradoxal en cette période où la « nature » – en réalité souvent juste son image – est devenue une véritable manne pour les médias et pour les candidats politiques en campagne.

Jamais l'appel de la nature n'a été aussi massivement ressenti qu'aujourd'hui. Pourquoi, alors, l'exploration des milieux naturels n'a-t-elle pas bénéficié des largesses accordées au fameux programme socio-économique Global Change ou à la biologie moléculaire ultra-spécialisée des gros labos ? Cela signifierait-il que la connaissance réelle des équilibres naturels ne pèse rien face au raz de marée de la productivité à court terme ? Ce serait un calcul bien peu visionnaire…

Il ne suffit pas de parler de menace, si grave soit-elle, sur les équilibres naturels pour être entendu. Il est clair que la sensibilité nécessaire pour apprécier un vol de tourterelles en Gironde ne fait pas le poids face à un électorat de chasseurs. L'ennui, c'est qu'à terme il y va de notre survie à tous, chasseurs ou non, pollueurs ou non. Les décisions importantes, susceptibles d'engendrer des comportements nouveaux, sont rarement prises pour des raisons purement écologiques. Elles le sont pour des raisons économiques ou politiques, une fois l'opinion ultra-sensibilisée ou alertée par une menace de santé publique immédiate – quand la prévention frise la mission impossible.

Toute la question, me semble-t-il, est de savoir comment clairement exposer le problème et bien orchestrer sa communication, c'est-à-dire bien positionner les faits et les enjeux. Oui, redisons-le, il est urgent de dresser un état de la nature du monde, qui ne soit pas seulement un inventaire des espèces en voie d'extinction, ou la liste des écosystèmes menacés par la surexploitation ou la pollution. Ce qu'il est capital d'encourager, c'est l'enquête écologique, la sociologie de la prédation mutuelle entre les espèces, qui mettront pleinement en lumière la violence de l'humanité envers la nature et les dangers auxquels elle s'expose en retour.

Il y a un équilibre à respecter dans la cohabitation entre les espèces vivantes. Au-delà, l'homme menacé entrerait dans une phase de vulnérabilité telle qu'il pourrait se trouver poussé à généraliser des pratiques « sauvages » datant d'avant l'humanisme. Encore une fois, ce n'est pas la planète qui est en danger, c'est l'homme et sa survie qui dépendent des autres espèces. Cette interdépendance, voilà ce sur quoi il faut se concentrer aujourd'hui.

Tant que la croissance du produit national brut (PNB) restera la principale référence de prospérité, tant que l'aveugle capacité d'absorption des marchés pilotera les programmes de recherche et de développement, la raison écologique ne mordra pas sur le réel. Face à cette situation, il faut renforcer ce qui a déjà été entrepris : l'éducation des jeunes, l'information du public et la concertation des scientifiques, des associations et des États.

L'éducation des jeunes à tout ce qui touche l'environnement doit faire partie du même ensemble que l'éducation à la santé et l'instruction civique : une matière transversale, relationnelle, qui place l'individu face à sa responsabilité collective.

Nous devons faire en sorte que tous les adultes de demain soient naturellement imprégnés du respect des équilibres écologiques dans toute prise de décision.

L'un des problèmes majeurs de cette mutation nécessaire tient à la difficulté qu'a l'homme à accepter l'idée d'appartenir à un tout vivant. Si le concept de « réchauffement planétaire » est un phénomène physique facile à comprendre dans sa globalité, on a du mal, en revanche, à intégrer la notion d'« écosystème mondial », qui est le réseau de tous les écosystèmes régionaux. L'attitude écologique ne peut se limiter aux frontières politiques des pays ou des régions, décrétées par les hommes : les hirondelles et le pollen ne savent rien de tout cela !

À cause de sa fragmentation et de ses conséquences directes sur les économies nationales, la mobilisation à l'échelle planétaire est bien plus difficile à obtenir sur le thème de la préservation des écosystèmes naturels que sur celui de l'effet de serre.

D'un côté, on finance largement les études d'impact des activités humaines sur le changement climatique (ce qui pourra donner lieu à des recommandations onusiennes, supra-étatiques, etc.), alors que, de l'autre côté, les études d'impact de la dégradation des écosystèmes sur la santé humaine, à l'échelle planétaire, sont difficiles à mettre en œuvre et peinent énormément à trouver des budgets minimaux. Or ces études sont vitales…

Ce décalage révèle clairement une sous-estimation des enjeux à long terme, et surtout la pression des verrouillages politiques.

Il se trouve, en effet, que la dégradation des écosystèmes et de la biodiversité frappe avant tout les pays en voie de développement.

Là-bas, la sophistication perverse des rapports Nord-Sud fait que dénoncer des pratiques antiécologiques est souvent ressenti – ou présenté par les propriétaires, ou par les compagnies d'exploitation, de mèche avec les États – comme une ingérence inacceptable du Nord dans les affaires du Sud. Cela rend le dossier souvent ingérable…

C'est toute la différence entre l'Antarctique et l'Amazonie. Les mesures de conservation sont infiniment plus faciles à appliquer sur le continent gelé, géré par un traité international, car elles sont sans conséquences sociales et économiques.

En revanche, l'Amazonie est la propriété de quelques États qui n'entendent pas voir remise en cause l'exploitation qu'ils font de leurs propres richesses du sol. Comment les pays riches du Nord pourraient-ils leur démontrer qu'ils ont tort ?

Face à cette situation, un premier pas a été fait au Sommet de la Terre, à Rio, en 1992, où tous les chefs d'État de la planète se sont réunis pour cosigner l'Agenda 21, un programme de mesures que chaque pays signataire s'est engagé à mettre en œuvre au XXIe siècle, pour créer les conditions d'un développement durable – une expression qui est en train d'entrer dans le langage commun.

Difficile peut-être à faire respecter, cette charte mondiale constitue l'ossature d'un mouvement planétaire sur laquelle les hommes politiques peuvent désormais s'appuyer.

Les grands décideurs doivent intégrer cette évidence : protéger la nature, c'est prendre en main – et tout simplement rendre possible – le destin de l'humanité.

8
Autres sciences, autres médecines

Dans *la Structure des révolutions scientifiques*, Thomas Kuhn décrit l'histoire des sciences comme un processus cyclique, une succession de périodes au cours desquelles la science s'appuie sur une nouvelle théorie, révolutionnaire, avancée par un savant dont le génie fait universellement école, bien souvent après sa mort, car tout système résiste à sa remise en cause. Tout le savoir scientifique est alors revisité à la lumière de cette nouvelle loi, si fondamentale qu'elle va servir de modèle à des œuvres futures : on parle de paradigme. Par exemple, au XVIIIe siècle les lois sur la gravitation universelle se sont imposées. On s'est mis alors à regarder le monde selon Newton, ce qui fit faire un grand bond en avant dans la connaissance de phénomènes que sa théorie avait non seulement expliqués mais révélés. On a démontré ainsi l'existence de Neptune par le calcul mathématique, avant même sa découverte dans le ciel par les astronomes.

Tout nouveau paradigme polarise pour un temps la pensée scientifique, qu'il conduit peu à peu dans l'impasse de ses propres limites. C'est alors que s'impose une nouvelle évidence proposée par une intelligence supérieure, à la personnalité dérangeante, grand esprit de synthèse et visionnaire à la fois, que l'on acclamera dans le futur comme le « génie du siècle ».

Les clivages intellectuels sont les remparts protecteurs de l'ignorance et de la peur des idées neuves, et ils ont la peau dure. De grands savants comme Copernic et Galilée ont dû solennellement renier leurs découvertes et jurer devant l'Église et l'État que la Terre ne tournait pas autour du Soleil.

Les nouvelles pensées sont souvent encombrantes pour l'ordre établi, elles mettent du temps avant de percer. Alfred Wegener, dans les années 1910, émit l'hypothèse de la dérive des continents quand il eut remarqué que l'Amérique du Sud et l'Afrique étaient deux éléments d'un même puzzle séparés par l'océan Atlantique. Brocardée pendant quarante ans, cette théorie finit par être admise, révolutionnant notre connaissance de l'écorce terrestre, la compréhension des volcans, des tremblements de terre, du magnétisme planétaire et peut-être aussi l'histoire des origines de la vie.

Il en va de la médecine comme des autres sciences, où les pratiques inféodées à des citadelles bien défendues sont difficilement ébranlables. Il y a plusieurs manières d'appréhender le corps humain.

Chaque école a son génie, ses forces et aussi ses limites. Ces deux derniers siècles, notre médecine occidentale s'est ingéniée à étudier les différents appareils de notre corps qu'elle a disséqué, faisant usage des technologies de pointe dans tous les domaines de l'exploration scientifique. Aujourd'hui, elle excelle dans la connaissance organique du vivant, nos chercheurs pénètrent et manipulent l'intimité génétique… En revanche, les médecins se trouvent de plus en plus démunis face au « mal-être » croissant des individus, à la résistance thérapeutique de certaines affections courantes ou face à l'apparition périodique de symptômes isolés, mal étiquetés, non reliés entre eux dans notre culture occidentale. Face à cette évolution, le généraliste se trouve tous les jours confronté à la même interrogation cruciale : comment aider l'individu à se dégager du poids des symptômes de la vie ? Le travail de l'allopathe dans ce domaine est de plus en plus complexe : il ressemble à celui d'un expert en écologie qui voudrait ramener un écosystème bouleversé à son équilibre originel par l'introduction savante de nouveaux prédateurs (antidépresseurs, antibiotiques, anti-inflammatoires et autres anti...), dont on connaît les forces mais aussi les perturbations qu'ils engendrent.

Face à ce constat, il est intéressant d'infléchir son regard, de sortir de ses conditionnements de référence, pour se tourner vers d'autres écoles, d'autres paradigmes, d'autres manières de considérer la physiologie humaine et ses équilibres, d'autres médecines qui ont depuis des siècles l'expérience d'une approche plus globale du corps. L'acupuncture, l'homéopathie, l'ostéopathie et autres médecines dites parallèles sont aujourd'hui tolérées, car elles apportent des solutions dans des domaines où l'allopathie connaît des échecs à répétition. Tout thérapeute patenté a le devoir d'exercer ses connaissances pour soulager, à condition bien sûr d'avoir la lucidité et l'humilité de reconnaître ses limites.

Dans notre civilisation, où la vérité repose sur la preuve scientifique, nos chercheurs se sont toujours penchés sur l'existant, le matériel, l'explicable, le maîtrisable, le reproductible. En neurobiologie, par exemple, nous connaissons de mieux en mieux la physiologie du système nerveux volontaire, celui du faire, des mouvements, de l'action. Nous connaissons bien aussi la biochimie de l'autre système nerveux, celui que nous appelons autonome ou, d'une manière plus péjorative, neurovégétatif, celui qui commande les battements du cœur, la respiration, la motricité intestinale... celui aussi de nos émotions, de l'humeur. Ce système qui régule notre vie propre, ainsi que notre vie relationnelle est abandonné à son propre fonctionnement dans nos sociétés occidentales. Face à notre hyperactivité et à l'agressivité afférente, il y a une intelligence émotionnelle que l'Orient peut nous aider à développer. Méditation, yoga sont encore des termes trop ésotériques pour être intégrés dans les réflexions sur nos systèmes éducatifs. Pourtant ces techniques de développement de l'harmonie entre le corps et l'esprit finiront, je l'espère, par trouver leur place à l'école. Savoir être à l'écoute de son corps, apprendre des méthodes de relaxation, de détente, de non-violence, et les pratiquer dix minutes par jour me paraît bien plus important aujourd'hui que le saut en hauteur ou le 60 mètres à la course. Le silence intérieur de chacun est le premier acte d'apaisement du chaos collectif. Il revient aux médecins, les garants de la santé individuelle, de peser de leur crédibilité pour développer l'éducation à ces aptitudes de l'esprit.

La médecine ne devrait pas avoir d'autre objet que la recherche des harmonies providentielles donnant à l'homme la facilité de traverser la vie, au plus près de son équilibre originel.

9
La création de Dieu

L'homme a créé Dieu à son image, mais bien avant lui, à qui revient la création de l'univers ? Toute interrogation profonde sur l'essence même de la Vie conduit inévitablement à se poser la question de l'existence d'un « Dieu créateur ».

Je me rends compte aujourd'hui que l'éducation religieuse que j'ai reçue ne m'a jamais sensibilisé sur l'existence divine. Ce que l'on m'a appris, ce n'était en fait que les grands commandements du catéchisme, sorte de « code religieux », ancêtre du Code civil avant la séparation de l'Église et de l'État. La quasi-totalité des cultures religieuses ont été détournées au profit de la raison d'État, pour aboutir à des religions appliquées, placées sous la houlette d'un « Dieu censeur », suprême arbitre invisible, incontestable, nanti des pleins pouvoirs, suzerain sacré du roi derrière lequel il s'abrite pour régner. C'est en celui-là qu'on nous demande d'avoir la foi.

La foi est naturelle chez l'enfant, qui croit ce qu'on lui dit.

Plus qu'une question d'obéissance, une question de confiance. Au village où j'ai grandi, l'arbitrage était partagé entre le gendarme et le curé. Je me souviens que j'avais surtout peur du jugement de Dieu. La prière du soir, récitée dans le lit à la hâte, donnait le droit de s'endormir la conscience tranquille après le devoir accompli. Ma grand-mère veillait à ce qu'on ne l'oubliât pas.

Avant même d'exister, quelque chose nous échappe déjà : la force mystérieuse de l'amour entre deux êtres, qui les conduit au désir de l'accomplissement suprême, la création d'un être.

À notre arrivée sur terre, quelque chose dépasse notre entendement : la marque des forces cosmologiques qui régissent l'univers auquel nous appartenons. Il y a aussi l'avalanche des déterminants qui échappent à notre choix, la fortune de vie d'un père et d'une mère, la géographie d'un lieu, les mœurs d'une population, l'enracinement dans un corps de croyances.

À l'aube de l'existence, la multitude nous confisque et nous formate sous les presses de l'éducation : un peu de sens civique, un tronc commun de culture générale et la sélection, très jeune, sur des critères d'adaptabilité au monde ainsi fait.

À quatorze ans, à l'âge où émergent les premières interrogations existentielles, comme tant d'autres, j'ai ressenti la perte de la foi comme une trahison. Comme si Dieu me lâchait. La fin d'une histoire de Père Noël suprême. Je ne pouvais plus croire en toutes ces balivernes, ces bondieuseries, cette invitation à une vie de soumission, à la culpabilité, au péché. Avec l'adolescence, d'autres préoccupations commencent à s'affirmer, notre chronobiologie impose sa loi. Au collège, l'éducation nous polit comme une tôle. C'est comme ça !

À la force de l'âge, le courant de la vie nous emporte sans crier gare, nous kidnappe dans sa compulsion frénétique, les mains tétanisées sur le guidon de l'emploi. Avec le culte du corps pour assurer les apparences, la consommation comme récompense, les cotisations contre la peur, le tourisme pour échapper à l'ordinaire et la télévision pour gaver les quelques rares neurones restés en manque de *stimuli*... Que reste-t-il alors de libre arbitre et de temps à soi ? A-t-on encore un peu d'espace pour accueillir Dieu, et quel Dieu ?

Dans sa vision nombriliste du monde, l'homme s'est pris pour la finalité de la création, il s'est placé en interlocuteur privilégié du divin, donnant ainsi libre cours à toutes ses interprétations de l'esprit. Ainsi a-t-il créé les religions et leurs disciples, ceux qui ont la foi et ceux qui ne l'ont pas. Mais le Divin n'est ni laïque ni religieux, il est la Vie, et nous en sommes chacun investi, au même titre que toutes les espèces vivantes.

La croyance en un Dieu créateur s'est affirmée en moi peu à peu, comme une découverte progressive, par la voie d'une approche intime et sensible de la nature : les couleurs d'une fleur, la subtilité des odeurs, un chêne majestueux que l'eau, le sol et la lumière ont fait naître du gland. Un jour, par temps gris, je me sentais triste et esseulé. Une vache paissait sous la pluie, décor ordinaire pour l'enfant de la campagne que j'étais. Et voilà soudain que mon imagination a commencé à cheminer dans l'intimité de son corps chaud : j'ai brusquement réalisé qu'elle nous faisait du lait, qu'elle était peut-être en train d'ovuler. Tout d'un coup, je l'ai sentie vivre et ma vie s'est ranimée. Cette ubiquité de la vie m'apparut comme la marque de la création universelle à laquelle nous appartenons, nous, les êtres vivants de toutes les espèces. Avez-vous réalisé que, depuis votre naissance, votre cœur bat, que votre tension artérielle se maintient, que vos poumons respirent, que la température de votre corps n'a quasiment pas varié ? Magique homéostasie qui, à notre insu, stabilise les fonctions vitales. Qui a réglé le thermostat sur 37 °C ? Qui a enseigné sa route au spermatozoïde missionné parmi des millions pour aller féconder l'ovule ?

Aujourd'hui, on pénètre et manipule l'intimité moléculaire des cellules vivantes, les savants jouent avec les outils de la création, mais aucun ne saurait générer la vie. On sait faire beaucoup de choses désormais à partir d'une cellule vivante, mais la création même de la Vie nous échappe, c'est là que réside sa magie. Si l'on s'accordait le temps d'ouvrir délicatement un bourgeon de lilas, on serait émerveillé de tout ce qu'il renferme sous son étui d'écailles, dans un espace si petit. Il y a des feuilles par douzaines, il y a des grappes entières de fleurs ! Et tout cela trouve sa place dans une loge si étroite. Quels doigts auraient l'habileté de remettre à leur place les diverses pièces du bourgeon une fois délicatement désemboîtées les unes des autres et l'arrangement défait, et de leur redonner la vie ?

Ce serait dommage de se priver de l'idée du Divin, de passer à côté d'une invitation simple à ressentir la Vie. Entrer dans la magie de la création ouvre en soi des espaces d'apaisement. On se sent faire partie du monde, appartenir à un tout ; on prend aussi conscience de sa juste mesure.

Dans ces instants de félicité, de réunification entre le corps et l'esprit, on ressent l'émergence d'une paix intérieure. Allégé du fardeau d'exister, on renoue avec l'insouciance créatrice. Soulagé du poids des soucis du monde, dont la culpabilité nous paralyse, l'homme retrouve sa force, sa justesse, sa lumière.

Oui, ce serait dommage de passer à côté de la rencontre avec le Divin. Mais Dieu ne donne pas de rendez-vous, Dieu n'existe peut-être même pas – les plus grands saints ne disent-ils pas que l'Unique n'est « ni grand ni petit, ni homme ni femme, ni sexué ni asexué, ni existant ni inexistant » ? Ce qui importe, c'est d'emboîter le pas à la Vie, de remonter à la source des forces originelles de la création. Telle est ma voie vers Dieu, avec ses pratiques et ses prières, une invitation à vénérer la Vie.

Et le cœur en s'ouvrant a rencontré l'amour.

10
Elsa

Un matin, il y a quelques années, la brume s'était levée sur la montagne verte du Spitzberg, des colonies d'oiseaux blancs virevoltaient sur les hautes falaises qui dominaient le bateau. La mer était si calme que l'eau enfin reposée, moirée, nonchalante, ondulait sous le soleil. Des blocs de glace pure, que le Glacier du Roi rendait à l'océan, passaient, étincelants de myriades d'éclats.

L'instant était fort, il avait la puissance sereine des choses éternelles et la fragilité de ces moments éphémères que l'on voudrait retenir; il était tout ce que j'avais en moi, la force et le manque. Il était l'émerveillement, la récompense dans la recherche de ces perles de cristal que la nature nous offre, mais il réveillait aussi ce dont mon cœur avait le plus besoin pour s'abandonner dans cette éternité : l'amour en partage.

Aujourd'hui, Elsa, tu m'accompagnes sur ces terres où je me suis engagé pour hurler mon envie de vivre, où le froid, la glace et le vent m'ont imposé les pires défiances, où j'ai vaincu dans la dureté glacée.

Tu m'accompagnes aujourd'hui sur mes « terres de conquête », dans la lumière éternelle d'un jour d'été, et mon cœur attendri à tes côtés me souffle qu'il y a aussi une autre façon de ressentir la vie. Elsa, mon envie de nous a traversé le froid, m'a rapproché de toi, jusqu'à ce nectar d'amour que j'avais gardé pour toi.

Elsa, la cabane, c'est avec toi aussi, des poutres, des pilotis, un toit au milieu des bois, sauvage, qui nous attend là-bas. Mais ne t'inquiète pas Elsa, si je m'évade déjà, je suis ici, présent à toi, attentif à ce que tu me dis : qu'elle est toujours où l'on est, la vie.

Ce matin, le bateau ondule sous la falaise aux oiseaux, la montagne verte, rassurante, me protège des attaques du froid, les mouettes blanches chantent dans l'azur des mélodies pour leurs petits au nid, et mon cœur nonchalant chavire sur l'Océan du Roi, où la glace a fondu, dans les métamorphoses de l'amour que tu as fait naître en moi.

11
À la vie

La vie, c'est l'histoire d'un train qui défile. Il y a des gares et des wagons, dans lesquels montent ceux qui ont un ticket – un diplôme *ad hoc*, une connaissance, une place réservée. Bien souvent, ceux-là ne changeront plus de place, ni de ligne, jusqu'à la fin de leur vie, restant chaudement à la fenêtre du même paysage. D'autres, moins conformistes, plus exigeants, ou sans titre de transport, devront monter en marche. Pour cela, il faut courir un peu, sinon le train vous laisse sur place. Il arrive souvent qu'au début on ne trouve pas tout de suite le marchepied; mais il ne faut pas s'inquiéter : le train de l'histoire ne cesse jamais de passer.

Moi, je voulais du sur-mesure. J'en ai pris, des trains! J'en ai passé du temps dans les gares, à attendre, à changer de voie! L'essentiel fut de ne jamais rester sur le même quai trop longtemps. Pour cela, j'ai pris les trains qui passaient même s'ils n'allaient pas forcément dans la direction que j'avais espérée. Plutôt bouger que de rester immobile à se lamenter.

Finalement, il a toujours suffi d'y croire, et les choses sont arrivées, dans un désordre constructif que le hasard a sorti du chapeau. Il y a eu des moments intenses, des passions, des longueurs sans perspectives, des doutes, des solitudes aussi, mais je remercie l'existence de toutes ces épreuves, dont chacune fut un enseignement. La vie est un champ d'expériences qui vaut la peine d'être exploré, on ne connaît pas toutes les richesses que l'on a en soi, son potentiel ne se révèle que s'il est confronté à la réalité, à l'engagement. On a tous rendez-vous avec l'histoire, son histoire, à condition de la provoquer : c'est ce que j'appelle le hasard organisé, celui qui m'a fait rencontrer Tabarly, Jaouen, l'UAP et la Fondation Elf qui ont financé la majorité de mes expéditions.

Hasard, on le comprend, mais organisé ? Cela signifie que la rencontre ne peut exister que dans la mesure où l'on est préparé à la recevoir : un désir, une idée, un projet, une antenne sortie qui va capter et saisir l'occasion. Si on est prêt à lui emboîter le pas, la vie fait l'autre moitié du chemin pour soi. Et dans ce sens, j'ai été maintes fois récompensé, jusqu'à ce qu'un jour elle m'envoyât quelques signes de saturation : et je me suis mis en jachère du monde.

Ces trois dernières années de silence, j'ai aussi écrit, parlé, conféré, sans autre décor que les planches, un rideau et un micro, où l'Audimat se lit au nombre de fauteuils occupés, où les zappeurs se lèvent au milieu des phrases, où la critique n'attend pas le lendemain, mais où l'on peut aussi se défendre et prendre le temps de développer les sujets qui tiennent à cœur. Une belle confrontation où j'ai beaucoup appris, dont je me suis nourri.

En marge du monde, j'ai cependant été invité à m'exprimer à la télévision au moment de la disparition de ceux que le destin avait liés aux forces de la Terre : Paul-Émile Victor, Haroun Tazieff et le commandant Cousteau. La réussite de ces trois aventuriers célèbres, aux personnalités si différentes, est une nouvelle fois le fruit de la rencontre entre un talent et un moment de l'histoire. Hantés par les pôles, les volcans et l'océan, ils se sont engagés tous les trois avec audace et génie sur leur terrain de prédilection. Ce furent de bons organisateurs, des hommes de contact, entreprenants, et aussi de formidables conteurs. L'histoire de la télévision a magnifié l'œuvre de ces trois grands médiateurs, dont les noms sont étroitement liés, dans le cœur de tous, à la découverte de la Terre. Ils ont insufflé un air frais d'aventure dans l'imaginaire de nombreuses générations. On leur doit d'avoir vulgarisé une conscience sur les problèmes écologiques qui touchent notre planète. Ils avaient aussi le courage et la liberté de s'exprimer sans retenue sur des questions où les politiques sont liés par leurs engagements gouvernementaux. J'ai eu la chance de les connaître tous les trois, toutes antennes dehors, pour mieux comprendre qui ils étaient, comment ils avaient mené leur vie, quelle sagesse ils nourrissaient à l'aube du départ, après une si riche existence. Ils ont incontestablement été mes inspirateurs et je leur rends hommage, car on n'invente rien, on est le maillon d'une chaîne ouverte par ses prédécesseurs que l'on enrichit des idées et des outils du présent. Ces trois guides de la Terre ont gagné leur légitimité dans l'action, où ils ont acquis leur expertise et la force de parler. Je connais les bonnes nourritures de l'engagement sur le terrain et je ne voudrais pas m'éloigner de cette source. Ils m'ont appris aussi les contraintes et les illusions de la vie publique qu'il faut considérer avec vigilance. Aujourd'hui, ma volonté et mon enthousiasme n'ont pas changé, je suis prêt à m'engager dans leur sillage pour des programmes où l'exploration se conjugue avec le partage des connaissances, dans tous les domaines des sciences de la Vie et de la Terre.

Ces trois dernières années, j'ai appris aussi à me laisser porter par le courant, pour reprendre des forces et explorer d'autres voies. Disponible, j'ai passé du temps à faire tout ce dont j'avais envie, mais le temps libre est quelquefois difficile à contenir, il déborde autour de soi, il étouffe parfois. Je ne me suis jamais ennuyé, mais l'absence volontaire de futur n'a pas toujours été facile à vivre, la perspective du présent à l'infini érode parfois l'esprit, le creuse d'abîmes inquiétants. Mais comment se dilater dans tout ce temps, occuper avec aise tout l'espace qu'il vous offre ?

Ouvrir les yeux et le cœur à ce qui est là, au bout de ses doigts, à portée du regard. Simplement le vivre sans chercher à le maîtriser. Le temps m'a aidé peu à peu à entrer dans l'immensité des choses ordinaires : l'odeur du chèvrefeuille, le goût d'une cerise, la couleur d'un papillon, les arbres qui grandissent…, et à y découvrir des oasis de plaisir. Dieu, que la vie est bien faite ! En m'ouvrant au mystère de ces choses ordinaires, vous avez aussi resurgi dans ma vie. Artisan de la création, votre chef-d'œuvre est une source intarissable d'émerveillement.

Sylvain Tesson

L'AXE DU LOUP

De la Sibérie à l'Inde
sur les pas des évadés du goulag

1
Paris-Berlin-Iakoutsk
mai

C'est triste un train qui part pour Berlin. Surtout quand on est dedans. J'ai quitté mon appartement parisien tout à l'heure. J'ai gagné la gare du Nord en métro. Je trouvais ça chic de prendre le métro pour aller en Sibérie. Le guichetier à qui j'ai demandé « un aller simple en première classe pour la gare du Nord » m'a répondu qu'on n'était pas il y a cent ans et j'ai pensé que j'aurais bien aimé.

Quelques amis sont là, sur le quai. Je leur crie avec une voix de soldat des années 1940 qui pense être de retour dans trois semaines :

— *Ich fahre nach Berlin* [je vais à Berlin].

Personne ne trouve ça drôle.

Le train de l'Allemagne s'ébranle, je m'allonge sur ma couchette. Je pioche au hasard dans le gros sac de livres que j'ai pris soin d'emplir jusqu'à la gueule : *De la brièveté de la vie*, Sénèque. Je suis superstitieux avec le titre des livres. Je ne l'ouvre pas, je m'endors et, le matin, c'est Berlin.

Quiconque reste quelques heures à Berlin doit aller visiter le musée du Mur. J'y passe l'après-midi. Il y a une salle consacrée aux évasions : pour passer à l'Ouest, des gens se sont cachés sous des moteurs de voiture, dans des valises ou sous des uniformes soviétiques, un père de famille a fait glisser son fils le long d'un câble tendu de l'autre côté de la démarcation, une famille a passé des années à confectionner une montgolfière dans sa cuisine, un nageur a traversé la Baltique avec un propulseur sous-marin de sa fabrication, une mère a jeté son bébé par-dessus le Mur (des complices avaient placé un matelas préalablement), beaucoup ont sauté d'immeubles de plusieurs étages qui donnaient directement sur la frontière, d'autres ont creusé des tunnels de 150 mètres étayés par des crics de voiture. On se croirait au concours Lépine de la liberté. « L'évasion est source d'ingéniosité », dit d'ailleurs la pancarte à l'entrée des salles d'exposition. Assez souvent, ces évasions bricolées dans les arrière-cuisines des appartements communautaires de Berlin-Est réussissaient. Alors, quelques heureux fugitifs triomphaient de l'obsession des commissaires de l'Est à traiter les peuples comme des canaris, à leur confectionner des cages.

Le train marche à présent vers la Pologne, puis traverse la Biélorussie et la Russie occidentale. Même plaine et même nuit de part et d'autre des frontières. Seul change l'aigle qui frappe les insignes des douaniers. Il n'a qu'une tête chez les Allemands, une seule chez les Polonais, mais deux chez les Russes. Tant de sang depuis tant de siècles sur les landes de Mazurie et de Silésie pour débrouiller cette question de savoir quel était celui de ces rapaces qui devait contrôler la Pologne…

Après Moscou, destination Nieroungri, en Sibérie. Le trajet dure une semaine, via Novossibirsk. Je reste couché dans ma cabine la majeure partie de la journée. Par la fenêtre, je regarde défiler les bouleaux : ils sont le signal d'alerte du début des terres slaves. Un bouleau en cache toujours un autre et ce drôle de petit jeu se prolonge jusqu'au Pacifique.

Le Transsibérien, ce sont deux rails parallèles posés devant soi sur des milliers de kilomètres par décision du tsar à une époque où rien ne justifiait qu'on fît un détour pour contourner une isba ou un village qui se seraient trouvés sur le tracé. Donc, ça va tout droit. La plaine passe et chaque minute est fidèle à la précédente. Friedrich Paulus, un jour que son panzer rendait l'âme, embourbé dans une fondrière, sortit la tête par la tourelle et, retirant son casque, soupira :

– En Russie il n'y a pas de routes, il n'y a que des directions.

Un soir, la nuit ne tombe même plus, car nous sommes à la fin de mai et abordons les hautes latitudes. Un demi-jour laiteux fait la soudure entre le crépuscule et l'aube.

Lors d'une halte, deux Russes montent dans mon compartiment, Nina et Sergueï : ils reviennent de trois semaines de repos dans un sanatorium du Kazakhstan. Ils grimpent dans le train en traînant un sac militaire rempli de vivres. Ils mangent sans repos. Ils engloutissent les saucisses. Ils se ruent sur le saindoux. Ils avalent tout ce qu'ils peuvent. Ils boivent une bière tiède dans des bouteilles à l'étiquette frappée de cette promesse : « pas moins de 6° d'alcool ». Ils m'invitent à les aider : le sac est gros et ils ont l'air de vouloir le vider avant le terminus – dans trois jours. Ils se réjouissent de me gaver. Je n'ose plus descendre de ma couchette de peur de me retrouver coincé entre eux, forcé à bâfrer. Parfois, je trouve refuge au wagon-restaurant où Loudmila-la-blonde, grosse et soûle comme une barrique, s'acharne à me servir des verres de vodka au lait, aussitôt que j'ai fini le bortsch. Et quand, repu et un peu gris, je pousse la porte de la cabine pour regagner ma couchette, Nina et Sergueï sont là, assis devant une gamelle de purée fumante, intacte :

— On vous attendait pour commencer !

Déjà onze jours écoulés depuis Paris. Les heures se dissolvent dans la torpeur. Je plonge dans une sorte d'hibernation ferroviaire. Paresse où je me vautre avec délectation, sachant ce qui m'attend dans les mois à venir. Je me repose tellement pendant la journée que je n'ai plus assez de fatigue pour dormir la nuit.

De gigantesques incendies qui dévorent la taïga sur des millions de kilomètres carrés ajoutent à la demi-clarté l'éclair des brasiers. Le train parfois rentre dans des nuits de fumée blanche qui pique les yeux jusqu'à l'intérieur des compartiments.

Un matin, alors que Sergueï et Nina attaquent un second poulet fumé, une étrange luminescence chasse l'éclat d'acier de l'aube. Je regarde par la fenêtre du train. C'est le Baïkal qui agit comme un réflecteur géant et renvoie au ciel les rayons du soleil tirés au travers des nimbus. La ligne contourne le lac par le sud, vers Tchita. Dans quelques semaines, si tout se passe comme je le veux, j'avancerai à pied au bord de la rive orientale du Baïkal. Je remonte sur mon bat-flanc et je réfléchis.

Pour la première fois depuis des mois, je sens monter la peur en moi et le martèlement des roues du train sur l'acier des rails l'enfonce à chaque coup comme un clou dans le cœur. Trop d'arbres dans cette taïga, trop de blancheur dans les bosquets de bouleaux, trop d'écrasement sous les ciels, et que dire de cette plaine sans bornes, plus terrible qu'une prison, car ici, devant l'horizon, il n'y a même pas où fuir…

Je feuillette *À marche forcée* de Slavomir Rawicz, le livre que je connais par cœur et auquel je dois de me trouver ici, allongé sur la couchette du haut parmi les effluves de poulet, dans un train russe lancé à travers la grande forêt sibérienne. J'ai découvert *À marche forcée* quand j'avais quinze ans. Je vécus avec ce récit la première de ces nuits par la suite sacrifiées tout entières à la lecture de Céline, de Lawrence, de London, d'Hamsun et des romanciers russes.

Rawicz était un officier polonais de vingt-quatre ans qui fut arrêté pendant la Seconde Guerre mondiale par le NKVD (Commissariat du peuple aux affaires intérieures) et déporté, en train, à pied, jusqu'à un camp de prisonniers situé à 300 kilomètres au-dessous du cercle polaire arctique sibérien, dans la taïga de Iakoutie. Travaux forcés, hiver de glace, vie de sous-homme : le goulag. Rawicz doit purger une peine de vingt ans. Sa faute ? Être polonais. Son seul espoir ? La mort ou la fuite. Six mois après son incarcération, en avril 1941, il s'évade dans la taïga, en plein hiver, avec une escouade de six camarades : deux autres Polonais, un Letton, un Lituanien, un Yougoslave et un Américain. Ils ont en commun deux choses : la première est d'avoir fait naufrage sur le récif de la terreur rouge inaugurée par la Grande Révolution d'Octobre et prolongée par les purges de Staline ; la seconde est d'avoir refusé – au risque de la vie même – le destin d'esclave qui leur était promis. Ils n'ont d'autre choix que de mettre cap au sud. Vers les Indes. Ils n'ont pas de vivres, pas de cartes, pas d'équipements ni d'armes. Comme ils se représentent très mal la géographie de la haute Asie, ils pensent atteindre la mer du Bengale en quelques semaines, sans entrevoir que des milliers de kilomètres les en séparent. Hantés par la reconquête de la liberté que les liquidateurs de Moscou leur ont volée, ils avancent en bêtes traquées, sans repos, une année durant, ne se fiant qu'à la direction cardinale australe induite par le soleil. Ils traversent à marche forcée les taïgas de Sibérie, de Baïkalie et de Bouriatie, les steppes de la Mongolie, les déserts de Gobi et du Tsaidam, les plateaux du Tibet, la chaîne himalayenne et les jungles du Sikkim, ils progressent en coupant les grandes bandes bioclimatiques latitudinales qui font de la haute Asie l'un des espaces les plus hostiles et les plus sauvagement splendides de la planète. Ils tracent pas à pas un sublime itinéraire, une œuvre d'art géographique dont le transept balafre l'Eurasie du septentrion aux parallèles méridionaux à la façon d'un coup de sabre. Quatre d'entre eux meurent en route. Les autres, rendus à l'état de demi-cadavres par les souffrances endurées, arrivent au bout de leur cauchemar un an après leur évasion et sont recueillis par l'armée britannique des Indes.

Rawicz publiera son récit en 1956 en Europe de l'Ouest et – ultime épreuve – aura à essuyer la suspicion d'un certain nombre de voyageurs et de géographes pour qui pareille évasion ne peut relever que de la fable. Le drame des hommes à l'existence romanesque est qu'on les tient pour des affabulateurs quand ils racontent leur vie… À la parution du livre, quelques explorateurs – Peter Flemming en tête – décortiquent les chapitres du livre et y notent des anomalies, des oublis, des erreurs de description de lieux, des approximations ethnographiques, des exagérations (Rawicz prétend avoir survécu dix jours sans boire), des scènes délirantes (la rencontre avec un couple de yétis). L'épopée est jugée trop rocambolesque, l'exploit trop inhumain, le récit trop vague pour être vrai. Flemming assène sa conclusion dans la presse : « À mon plus grand regret, je suis forcé de déduire que l'ensemble de cet excellent livre est purement fictif… L'auteur n'a pas fait le voyage du tout. » Rawicz serait donc un imposteur, faux évadé qui ne se serait échappé que de son imagination. Il ne resterait aux lecteurs abusés qu'à ranger *À marche forcée* dans leur bibliothèque entre Marco Polo, H. G. Wells et Swift, Jules Verne, *Münchhausen* et Homère au rayon des voyages fantastiques ou des tartarinades.

L'énergie des détracteurs de Rawicz a aussi une racine politique. Le livre paraît à une époque où l'Europe ne veut rien savoir de la tragédie carcérale russe : l'archipel du Goulag n'a pas été découvert, *Une journée d'Ivan Denissovitch* n'est pas encore publié, Soljenitsyne est toujours dans les camps, et, dans les démocraties occidentales les communistes sont auréolés de la victoire sur l'Allemagne nazie. Et voici qu'un Polonais, prétendument sorti des taïgas de l'enfer, brosse la fresque de l'effroi concentrationnaire. Comment accepterait-on en 1956 de croire qu'on puisse s'évader de camps dont l'existence même n'est pas officiellement reconnue ?

Slavomir Rawicz répondra timidement aux attaques : « Je voudrais rappeler à tous que nous étions des fugitifs affamés, fuyant une terreur que seuls peuvent comprendre ceux qui ont subi le communisme dans leur chair. Je ne me souviens pas quelles routes ou quelles montagnes nous avons traversées ; nous n'avons jamais su les noms de la plupart d'entre elles et nous n'avions ni cartes ni connaissance préalable de la question. » Le livre connaîtra malgré tout un succès d'édition. Rawicz, lui, s'emmurera dans le silence. À Londres, où il vit toujours.

Six décennies après l'évasion, le Transsibérien m'emporte vers les parages de la Baïkalie, car je veux retracer à pied, à cheval, à vélo, au seul rythme de mon effort physique, l'itinéraire de Rawicz et de ses compagnons de fuite. Et peu me chaut que leur épopée soit une fable ou non. Les recherches que j'ai effectuées à Paris, mes lectures, mes réflexions m'ont convaincu de ceci : même si Rawicz a menti, il est un fait que d'autres hommes ont fui l'univers carcéral soviétique vers le sud. Moines orthodoxes, prêtres bouddhistes, dissidents politiques, *zeks*[1], soldats perdus, Mongols, juifs, Bouriates, Tibétains, ils ont été nombreux les candidats à la liberté qui se sont échappés de Sibérie sur un itinéraire comparable à celui de Rawicz. Ces « chemins de la liberté » ne se limitent donc pas à la route empruntée par un groupe de fuyards isolés, mais se révèlent un couloir de passage majeur où se pressèrent des centaines, des milliers (comment chiffrer ?) de refuzniks.

Je n'ai pas l'âme d'une fouine ni l'esprit d'un limier, je ne suis pas parti pour mener l'enquête, ni pour reconstituer à l'identique et *in situ* le cheminement d'un bagnard en fuite. Comment pourrais-je d'ailleurs prétendre revivre les conditions d'existence de l'époque, aujourd'hui que le NKVD n'est plus qu'un mauvais rêve ? Ce que je veux, c'est arpenter les sentiers d'évasion qui sont des chemins de splendeur pour rendre hommage à tous les arpenteurs de steppes, les bouffeurs d'horizons, les défricheurs d'espace et les porteurs de souffle qui savent que *s'arrêter, c'est mourir*. En outre, cet itinéraire me fascine parce qu'il est en rupture avec la direction traditionnelle des mouvements humains dans cette région du monde. Les hordes nomades de la haute Asie se sont en effet déplacées d'est en ouest ou dans le sens inverse, au long des âges, sans quitter les bandes bioclimatiques latitudinales auxquelles elles étaient adaptées : taïga pour les chasseurs de Sibérie, steppes pour les peuples cavaliers, relief de l'Altaï pour les nomades montagnards. Les marchands de la soie, les aventuriers, les grands conquérants d'Alexandre à Gengis puis les petits de Napoléon à Hitler ont suivi le sens de cette oscillation. Au cœur de l'Eurasie, le balancier de l'Histoire a toujours battu du levant vers le couchant ou du couchant vers le levant. Avec une exception : quand une horde affamée voulait razzier une oasis, alors le raid s'effectuait du nord au sud

1. Ce mot désigne un prisonnier. Littéralement il veut dire en russe « détenu (sur les chantiers) des canaux », en référence à la construction du canal de la mer Baltique à la mer Blanche de 1931 à 1933.

(car les nomades prédateurs peuplaient les latitudes septentrionales alors que les oasis étaient disséminées dans les latitudes plus méridionales) et les loups fondaient sur les jardiniers sédentaires et dessinaient à la surface de l'Eurasie des itinéraires non conformes aux tracés habituels. Il n'y a que le loup, créature en marge du monde, pour ne pas marcher dans la direction ordinaire. Les évadés, qui sont un genre de bête traquée, ont eux aussi emprunté cet axe conduisant du septentrion de l'Eurasie jusqu'aux versants de l'Himalaya, « l'axe du loup »...

Ce que je veux célébrer, c'est « l'esprit d'évasion » qui consiste à cotiser toutes ses forces, ses espoirs et ses compétences, à tout mettre en œuvre sans jamais laisser le découragement s'immiscer dans l'obstination, pour regagner la liberté perdue. S'évader, c'est passer d'un état de sous-vie (la détention) à un état de survie (la cavale) par amour de la Vie. Et moi, couché aujourd'hui sur une couverture de la compagnie des chemins de fer russe, je veux mesurer pas à pas, en lenteur et en solitude, ce qu'il en coûtait aux naufragés du siècle rouge, aux bannis des années d'acier de naviguer sur les grandes terres centre-asiatiques pour gagner les côtes de la liberté.

Je n'utiliserai pour progresser aucun moyen mécanique. Non pour le plaisir de ne devoir les kilomètres qu'à ma propre énergie mais parce que avancer lentement, à pied ou à cheval, est une bonne façon de saisir l'état d'esprit d'un évadé qui se tient seul, démuni de tout, armé de ses seuls muscles, à l'orée de 6 000 kilomètres d'immensité. En outre, peiner sur une piste est une manière de rendre hommage à ceux qui y ont souffert avant soi. Les Anglais ont une belle formule pour parler de l'alpinisme. Ils disent que grimper sur une muraille sans utiliser ni pitons ni cordes, c'est pratiquer l'escalade *by fair means*. Or j'ai toujours voulu voyager comme grimpent les Anglais, « avec de justes moyens », ce qui revient à dire : honnêtement. À cheval, à pied, à bicyclette. Je trouve déloyal de se présenter devant la géographie armé d'un moteur, et je sais que le pas humain, la foulée du cheval sont les meilleurs instruments pour mesurer l'immensité du monde. Voilà dix ans que je trouve la paix en battant les chemins et que rien ne me met plus en joie qu'un horizon fuyant lentement mes tentatives de le rejoindre. Parfois, comme les Mongols qui sont les fils du vent, je pense que *la terre est dure et le ciel lointain*, mais j'apprécie tellement que celle-là me serve de paillasse et celui-ci d'auvent que je suis prêt à leur sacrifier les misérables plaintes de mes articulations. Je n'aime pas trop les Capoue. Je trouve que Mourmansk et Oulan-Oude offrent de meilleures délices. Je n'aime pas non plus les routes trop bien tracées. Si j'en vois une sabrer une steppe, j'ai envie de prêter main-forte à la steppe. La seule chose que je puisse offrir au paysage, c'est mon temps, et j'aime donc à donner des jours entiers à la pente des glaciers, des semaines à des déserts venteux, de longs mois à la piste.

Mon plan en ce mois de mai (en Russie, il faut avoir un plan) est aussi simple qu'était pure l'ambition des fugitifs : gagner la ville de Iakoutsk, trouver la ruine d'un goulag dans la région que décrit Rawicz et, de là, avancer par la nature en maintenant le cap au sud, sans repos, jusqu'à ce que, après six mois ou un an, les jungles du Bengale m'annoncent la fin de l'équipée comme elles sonnaient pour les *zeks* le début d'une vie nouvelle.

Le Transsibérien a atteint la gare terminus de Nieroungri. J'en descends et, au bout du quai, rencontre Youri, un ancien milicien qui accepte de me transporter dans sa Lada vers mon point de départ, au bord de la Lena, à vingt-quatre heures de route. Nous roulons à fond, plein nord, sur la piste blanche qui entaille la taïga vide. Forêt lugubre. À la fin de l'après-midi, nous dépassons un panneau planté sur le bas-côté et qui proclame : Danger ! Radiations, altitude : 1 300 mètres.

– C'est l'ancien goulag d'Aldan, c'est interdit de s'arrêter, dit Youri en coupant le moteur.

Nous sommes sur une éminence d'où nous dominons une large dépression gonflée de boue. Ce pourrait être un trou rempli de larmes. Au fond survit une pauvre taïga, mitée par les flaques marécageuses couleur argent triste. Les sapins dénudés font comme les baïonnettes d'une armée qu'aurait engloutie une nappe de mercure. Quelques chenaux alimentés par la fonte des neiges serpentent sur des versants pelés avant de mourir dans la cuvette. Une croix orthodoxe de 2 mètres de haut préside, plantée là peut-être pour le souvenir des années de peine. Je gagne le bas du talus qui porte la route et m'approche des ruines des bâtiments pénitentiaires. Du camp qui fonctionna jusqu'à la mort de Staline en 1953, il ne reste plus rien que les fondations, les murs, quelques montants de fenêtres scellées. Il rôde un sanglot par-delà l'horizon. Youri me crie de revenir.

– Fais donc pas l'idiot ! tu vas être irradié !

Nous repartons à tombeau ouvert. Et moi, je hais la vitesse.

– Youri ! c'est dangereux d'aller si vite, dis-je alors qu'il vient de redresser la voiture après un dérapage.

– T'inquiète pas, répond-il, je suis un ancien flic.

À présent que je m'achemine vers le commencement, le doute ne me quitte plus. Comment vais-je venir à bout de 6 000 kilomètres de terrains désolés ? Où puiser la force d'avancer ? Comment prétendre vaincre au seul étalon du pas cette taïga, les steppes et les aridités qui la prolongent, privées d'hommes, vides de tout bruit et que la couleur même a désertées ? Le fugitif est pareil à la proie : pourchassé par les sicaires de l'autorité à laquelle il tente de se soustraire, il est stimulé par l'aiguillon de la traque. La peur d'être repris l'excite. Il danse sur la corde raide. L'inquiétude le fouette, maintient intacte en lui, chaque matin, l'urgence de reprendre la marche. Mais moi, contrairement à l'évadé, j'ai tout à perdre dans pareille aventure. Qu'est-ce qui va me faire courir ? Il est difficile de se mettre sans motif *sur les bords de l'abîme.* Choisir coûte davantage d'énergie que subir.

– La Lena ! crie Youri.

Il descend sur la berge et range la voiture le long de la rive gelée. On attend le bac. Le fleuve charrie des blocs de glace qui passent en froufroutant comme des meringues. Le printemps est tardif cette année et la Lena est encore tout encombrée de glaçons que le bac, en accostant, chasse devant son étrave.

À Iakoutsk se dressent quelques cheminées, les grues articulées du port et une statue de Lénine. Il indique le sud du bras : l'axe de la liberté, la route à prendre ! Ici, on est à 500 kilomètres du cercle polaire mais, comme c'est l'été, les filles, pressées de profiter des deux mois de tiédeur, ont troqué sans transition les manteaux de fourrure contre les minijupes. La gentille Vera, au minois de phoque arctique, me pilote dans la ville pendant les quelques jours où j'y reste. Alexis Romanov, directeur des studios de cinéma iakoutes, travaille à un projet de film sur le goulag. Il m'invite à dîner avec un cinéaste russe, Guenali, nostalgique des années brejnéviennes. Romanov a des yeux tristes. À force sans doute de les garder tournés vers l'ancien temps.

— La Iakoutie, dit-il, c'était le cœur du système concentrationnaire, une prison sans barreaux. Le gel, le froid, les marais, les montagnes, ça vous garde mieux un *zek* que n'importe quel réseau de barbelés. Il y a deux cents ans, les tsars ont commencé à envoyer ici des déportés. Dans l'esprit de nos chefs, cette terre était destinée à être la poubelle humaine de l'Empire, un dépotoir de renégats.

— C'est étrange d'avoir choisi des étendues ouvertes aux vents, des horizons sans fond et des ciels sans fin pour y enfermer les gens. Il y avait beaucoup d'évasions ?

— D'ici ? Presque impossible, sans aide. Il y a des milliers de kilomètres de forêts, il y a des loups, des ours...

— ... et des hooligans..., dit Macha, une anthropologue de l'université qui nous a rejoints.

Les deux vieillards que je rencontre le lendemain dans le bureau des archives du NKVD ont grande allure. Chevelures blanches, vestons soviétiques à médailles et surtout cette manière de se tenir droit. Ils tentent de surnager dans l'océan de documents et de papiers qui les a submergés, à la chute de l'Union soviétique, lorsque toutes les institutions ont levé le secret d'État et ouvert la bonde de leurs archives. Les deux vieux messieurs accomplissent patiemment depuis 1991 le recensement des déportés et des réhabilités de Iakoutie, fouillant sans répit dans les caisses de fiches estampillées « *secret* ». En outre, ils publient chaque année une sorte d'annuaire raisonné du Goulag. On y lit le nom des condamnés politiques dont on a retrouvé trace avec, pour chaque *zek*, la date de sa naissance, la date de son arrestation, la durée de sa peine, la date de sa réhabilitation. Les photos publiées montrent des visages sombres – gueules cassées de taulards demi-fous aux regards perdus : reflet des « âmes mortes » gogoliennes. Je cherche le nom de Rawicz. Je trouve un Polonais à la lettre R : Stefan Rafalski. Rien d'autre. Les archivistes n'ont jamais entendu parler d'une évasion jusqu'en Inde.

— Vous devriez rencontrer Inina, une Lettonne déportée qui habite le centre de Iakoutsk. C'est une vieille femme, mais elle a bonne mémoire. Elle a tiré vingt ans de camp. Elle connaît un évadé.

Une maison de planches. Trois étages avec des paliers sombres qui donnent sur des appartements individuels (le rêve soviétique). Il doit y faire mauvais l'hiver quand le thermomètre descend à – 40 °C dehors. Inina est assise dans un fauteuil, un plaid déplié sur les genoux. Une enfant de douze ans – sa petite-fille –, racée comme une fée, sert du thé.

Avant même que j'ouvre la bouche, la vieille dame se lance :

— Je n'ai jamais su pourquoi on m'a envoyée couper du bois vingt ans sur les bords de l'Amour.

Elle ne me regarde pas en parlant. Ses yeux sont pourtant beaux : bleu sombre, mais avec une fixité un peu tragique comme s'ils ne parvenaient pas à sortir de la nuit.

— Ils sont venus nous prendre, moi, ma sœur et ma mère. Mon père était déjà interné. Ils nous ont dit qu'on avait 2,5 ha de terres et qu'on était des riches. Ils ont fermé la porte derrière nous et tout a été pillé. Au goulag, on m'a fait porter des sacs de 50 kilos de pommes de terre. Je me demande encore comment mon dos a pu supporter ça... Ensuite, j'ai été envoyée au bûcheronnage. Je devais abattre des arbres avec une ration de 200 grammes de pain par jour. Les gens mouraient autour de moi. On les mettait dans un trou. Et moi, au cours de ces années, je pleurais chaque jour.

— Et l'évasion, Inina?

— J'y ai pensé. Mais ma mère était malade. Comment l'aurais-je abandonnée? Un de mes amis, un Juif ashkénaze, s'est évadé et a pu rejoindre les États-Unis. Il m'écrivait de New York mais, depuis quelques années, je ne reçois plus rien. Il est peut-être mort...

— Et maintenant?

— Maintenant, j'oublie, je boite et j'attends.

Encore une rencontre : Bock, un Allemand, déporté quand il avait cinq ans sur les bords englacés de la mer de Laptev en mars 1942. Pour me parler, il a mis sa cravate et sa chemise blanche : on se fait digne quand on fait revenir à l'écume de la mémoire le souvenir des âges maudits. Il décrit la déportation en train à bestiaux, le grand-père mort de faim dans le wagon et enterré sous un ballast, l'arrivée sur le rivage arctique, la cahute de bois flotté et de tourbe gelée construite avec l'aide des Tchouktches et dans laquelle il passera douze hivers, les blocs de glace découpés à la scie en guise de fenêtres (« oh, ces vitres merveilleusement transparentes! »).

— Un jour, les déportés organisèrent une fête, car certains d'entre eux avaient sauvé leur instrument de musique. C'était l'hiver, j'étais petit. Dehors, - 50 °C avec un vent furieux. Dedans, les hommes jouaient du violon, de l'accordéon. Les femmes dansaient. Quelqu'un est sorti pour pisser, dans la tempête. Il n'est jamais rentré. Il a dû se perdre malgré les cordes tendues entre les abris. Les musiciens ont joué fort et longtemps pour le guider dans la nuit. Le NKVD ne l'a même pas fait rechercher. On l'a retrouvé au printemps sous la glace près de chez nous. On l'a appelé « le mort de la fête »...

Le lendemain, je visite les ruines d'un goulag de bûcherons, en pleine taïga, à 100 kilomètres à l'ouest de Iakoutsk. Ce sont les archivistes du bureau des réhabilitations qui m'y emmènent. Nous roulons longtemps dans les ornières d'une piste jusqu'à atteindre une trouée dans la forêt.

– C'est là !

Il pourrait s'agir du camp 303 où Rawicz a imprimé dans la neige le premier pas de sa longue marche mais qu'il ne localise pas dans son récit. L'endroit ressemble à toutes ces terres épuisées d'avoir porté comme un fardeau des cohortes d'hommes en peine. Il arrive parfois à la géographie d'exsuder la tristesse comme la peau transpire sous le soleil. Il y a quatre rangées de barbelés qui encadrent un vaste terrain déboisé. Rien n'a poussé à la surface de l'ancien camp. Les arbres ne reviennent pas où les larmes ont coulé. On voit encore une haie de chevaux de frise, une dizaine de tas de briques et la trace du chemin de ronde extérieur. On aperçoit ici et là un lit de camp rouillé, une gamelle, un morceau de scie, le grillage d'une fenêtre arraché de son montant. Le reste a brûlé.

La veille de mon départ, Vera m'accompagne à l'hôpital pour me faire vacciner contre l'encéphalite à tiques, maladie de la taïga : la bête vous mord, l'infection vous gagne, le mal monte à la tête et c'est la mort. Une doctoresse de Krasnoïarsk qui sent le caoutchouc neuf me fait une piqûre dans le dos. Elle m'annonce ensuite que c'est un vaccin nouveau qu'elle n'a jamais encore administré, dont elle ne connaît pas les contre-indications et dont elle n'est pas certaine qu'il soit compatible avec les injections que j'ai déjà reçues à Paris. Mais elle téléphone le soir chez Vera (délicate prévenance des médecins russes qui ne sont pas trop sûrs de ce qu'ils vous prescrivent mais prennent la peine de s'inquiéter de l'évolution du traitement après coup).

À l'aube j'embrasse Vera. Nous sommes au début du mois de juin : il est temps que je parte. Au moment des adieux, Galina, une amie de Vera, m'offre une clochette.

– Pour annoncer ta présence aux ours..., explique-t-elle.

– Et pour que tinte celui qui te dévorera, dit Vera.

J'ai choisi comme point de départ un village de pêcheurs situé sur la rive gauche de la Lena, à une journée de navigation en amont de Iakoutsk, en direction du bourg d'Olekminsk. Pour l'atteindre, j'embarque sur un bateau à aubes des années 1950 à bord duquel quelques Russes en vacances tuent le temps.

J'ai donné au capitaine la position de l'endroit où je veux débarquer : Marka, soixantième parallèle de latitude nord, rive gauche.

Le matin du deuxième jour, il fait arrêter les machines un peu au-delà du village. Le bateau jette l'ancre à quelques encablures de la grève sauvage peuplée de hauts sapins et sur laquelle des blocs de glace vivent leurs derniers jours. C'est là que je descends.

– Le Français ! À terre ! dit le capitaine en manière d'adieu.

Deux matelots mettent un canot à l'eau. Les passagers accoudés au bastingage assistent au spectacle. Le capitaine qui surveillait la manœuvre depuis le pont inférieur regagne le poste de commandement pour brancher le magnéto. Stravinski à toute force.

Je grimpe dans la barque. Je salue les passagers qui agitent le bras en retour. Le canot s'écarte du navire. On glisse sur la Lena, escortés par la musique. La grosse coque s'éloigne et, à mesure que se rapproche la rive, il me semble avoir quitté le refuge d'un ventre accueillant pour me jeter dans la gueule du monde. Les rameurs souquent fort.

Je saute sur le limon. Ivan, l'un des matelots, tire la barque à terre et dit :

– Assieds-toi sur le plat-bord. En Russie, on reste toujours un moment comme ça avant de se quitter : assis calmement pendant quelques secondes.

On entend les échos de la symphonie glisser à la surface de l'eau. Elle a à mes oreilles les tons d'une marche funèbre. Devant moi : l'orée de la taïga séparée du rivage par une plage de sable. Pas une trace de vie humaine.

Ici, le chemin commence.

2
Dans le lit de Lena
juin

Je passe onze journées dans le lit de Lena. Mon objectif est le village de Macha, à 300 kilomètres en amont du fleuve. De là je rejoindrai une piste qui m'amènera au pied d'un massif montagneux dressé devant la vallée de la Vitim. Je la traverserai et plus loin ce sera la Bouriatie du Nord et le lac Baïkal mais je n'ose pas encore penser à un objectif aussi éloigné.

Pour l'heure, j'avance au bord de la Lena, uniquement soucieux d'atteindre au soir venu l'objectif du matin. Je marche sur le limon durci que lèche parfois le ressac soulevé par un bateau. J'ai fixé à mon sac la clochette de l'amie de Vera et elle sonne si fort à chaque pas que deux cervidés s'enfuient devant moi. Mais fera-t-elle assez de bruit pour éloigner les ours ?

Les affluents de la Lena, coulant du nord, entravent ma course. Pour les traverser à gué je dois en longer le cours vers l'amont, dans les taillis.

J'enfonce jusqu'aux genoux dans les mousses (« prendre les mousses » voulait dire « s'évader » dans le jargon des *zeks*), je peine à forcer le barrage des broussailles, mon sac s'accroche aux baliveaux et je redoute, à chaque fois que j'atteins une clairière, d'y croiser un ours. Je traverse des dizaines de rivières, arc-bouté à mon bâton de sapin avec de l'eau froide jusqu'au torse. Le vent qui glisse en permanence sur la Lena, soufflé de l'ouest, me glace en même temps qu'il sèche mes habits trempés. Je comprends au cours de ces heures passées à ouvrir ma voie, à forcer mon chemin dans la forêt ou au long de la rive, pourquoi les bagnards parlaient parfois de l'évasion comme du *passage devant le procureur vert* : le procureur vert c'est la Nature, et ses fourches caudines furent plus redoutables pour bien des fugitifs que les condamnations des procureurs rouges !

L'eau de fonte a gonflé le tapis des sous-bois. Je vais des heures entières par les marécages, arrachant chaque pas aux baisers des vasières. Comment prendre à ce terrain pourri plus de 1 ou 2 kilomètres à l'heure ?

Dans le village de Tumul, pauvre hameau sibérien oublié sur les bords de la Lena, pris en étau entre fleuve et forêt, Ivan qui n'a pour vivre que le blé qu'il cultive et la beauté des lieux me loge dans sa maison de rondins de 1870. Il m'apprend qu'à 3 kilomètres en retrait du cimetière où l'attendent ses parents et ses frères court une ligne télégraphique installée à l'époque de Brejnev sur le tracé précis qu'empruntaient les coursiers du tsar.

– Elle relie Iakoutsk à Moscou ! Je la regarde souvent en me disant que je ne suis pas seul puisqu'il y a tous ces gens qui discutent là, dans mon dos. Suis-la, elle mène à Olekminsk, à travers la taïga. C'est plus facile que de patauger sur la berge.

Écoutant ses conseils, je longe l'enfilade de poteaux pendant plusieurs jours, regrettant de ne pas être une de ces ondes qui glissent à la vitesse du son sur le fil de cuivre. La ligne, logée dans un couloir défriché de 10 mètres de large, entaille la forêt. La saignée fuit, rectiligne, parallèle au fleuve. Les poteaux sont espacés de 50 mètres les uns des autres. Mais quand les marais recouvrent le passage, il me faut parfois plusieurs minutes pour en joindre deux : j'avance plus lentement qu'une conversation téléphonique.

Un soir de la mi-juin, un affluent plus large que les autres me coupe la route. Dans le feu du crépuscule qui ne veut pas s'éteindre avant que l'aube sonne, je perds deux heures à chercher un passage à gué dans une rivière profonde. Je sonde en vain avec mon bâton les eaux courantes et froides. Puis, convaincu que je ne passerai pas à pied, j'inaugure une façon de franchissement qui me servira souvent par la suite : je débite à l'aide de mon poignard des rondins de bouleau que je ligature entre eux avec mon chèche. Je fixe sac à dos et vêtements sur ce radeau de bois et, nu comme un ver, traverse le cours d'eau à la nage en le poussant devant moi. Un orage diluvien m'accueille de l'autre côté et réduit à néant mes efforts pour conserver mes habits au sec.

Il est nécessaire d'avoir vécu les déchaînements du ciel sur la rive d'un fleuve puissant dans la solitude sibérienne pour ressentir un peu de ce préhistorique effroi de l'âme devant la nature. L'homme n'a pas sa partition à jouer dans ces symphonies d'éléments. La pluie tombe si dru qu'un rideau de stries grises masque le paysage. J'entends l'écho de la foudre traverser mon corps comme une onde de choc sourde. Je marche sous le couvert des arbres qui bordent la mince bande du rivage, car les frondaisons me protègent de l'averse et tant pis si l'éclair m'atteint. La berge sableuse lavée par les eaux, gonflée par la pluie, devient impraticable et je préfère bientôt le tapis spongieux des mousses forestières aux fondrières de la grève. Au bord d'un ruisseau, dans le jour perpétuel sali par l'ondée, je cherche un espace moins inondé que le reste pour installer ce qui me sert de tente : un tunnel de toile au fond duquel je me tortille comme une larve qui serait traumatisée d'avoir vu à quoi ressemblait le monde et qui voudrait retourner dans sa chrysalide. La taïga dégoutte. J'ai fait halte sur une éponge. Terrain boueux, vivres épuisés, effets trempés : bivouac de la débâcle.

La chienne qui m'accompagne le jour suivant ressemble à un loup. Quel est le sentiment qui l'attache à moi ? Peut-être s'étonne-t-elle de recevoir des caresses au lieu de coups ? Sous le couvert, elle poursuit les écureuils. Au bord du fleuve, elle plonge pour se rafraîchir : sa présence me rassure, car ses aboiements feraient fuir un ours en chasse dans les taillis. C'est du moins ce que m'ont affirmé mes amis de Iakoutsk : « Contre un ours rien ne vaut un fusil et, à défaut, un chien. » Je commence à croire qu'elle va sceller sa course à la mienne et me suivre jusqu'en Inde et j'en ressens quelque joie quand, soudain, une clairière s'ouvre, immense. Et la chienne s'y engouffre me laissant seul avec le paysage. Vision de grandeur : au sud, la Lena, fleuve océanique ; au nord, la forêt sans limites et, posé sur le tout comme un couvercle, le ciel, uniformément bleu jusqu'au rivage arctique. La Sibérie est une géographie contre laquelle l'Histoire n'a jamais rien pu faire. Je me souviens des pleurs de Micha, un Russe rencontré en aval dans une cabane de pêcheur. Quand je lui avais dit vouloir atteindre le Baïkal à pied, il s'était tenu la tête dans les mains et avait sangloté :

— Que faire ! Que faire ! Ce pays est si grand !

Urgence pour l'instant : retrouver la chienne. Dans la trouée où elle a disparu, il y a quelques isbas de bouleaux qui me paraissent en ruine. Ici, on a toujours du mal à distinguer ce qui est abandonné de ce qui ne l'est pas : la Russie est l'Empire du brinquebalant. Un filet de fumée sort droit comme un piquet des bardeaux d'un vieux toit. C'est donc qu'il y a des hommes dans ce hameau fantôme. En fait, il y en a un, Stepan Soltnikov : cinquante ans, pas de dents, aussi maigre qu'un loup, petit-fils de *soltnik* ukrainien (c'est-à-dire d'officier cosaque antibolchevik) déporté en Sibérie. Il me sert ce qu'il possède : du thé et du brochet salé. Il vit toute l'année dans l'isba du produit de sa chasse et de sa pêche. Il est resté ici à la chute de l'Union soviétique. Les autres ont quitté le village pour la ville. Lui mène une belle vie. Et comment se plaindrait-il puisqu'il possède un fusil à deux coups, une boîte de cent hameçons, un étalon et une chienne, nommée Lena. Celle que je pensais être devenue mienne.

— Tu as fini ? demande-t-il.

— Oui. C'était bon, merci.

— Alors viens, dit-il.

— Où ?

— Voir Victor.

On monte à deux sur l'étalon. Moi sur la selle, Soltnikov sur la croupe. Il porte le fusil et moi, deux cannes à pêche. On chemine longtemps dans la taïga et la nuit blanche. Nous longeons vers l'amont le cours d'une rivière. Nous regardons les traces qu'un ours a laissées en fouaillant la terre. Nous passons un ruisseau aux pierres jaunies par l'oxydation. Et puis enfin, nous parvenons à la cabane. À l'intérieur, les stères sont gras de suie. L'homme qui est assis dans le fond ne lève même pas les yeux quand nous entrons. Il lit la Bible. Son visage est strié de rides. Il s'appelle Victor, c'est un *staroviere*, un « vieux-croyant », nom donné aux fidèles d'une hérésie du XVIIe siècle, restée attachée à une orthodoxie radicale et qui eut à subir les persécutions des tsars autant que des soviets. Que dit Victor ? Rien. Sinon qu'il vit seul ici, avec une hache pour n'avoir pas froid, un fusil pour n'avoir pas faim et sa bible pour n'avoir pas peur. On sort. Le soleil un peu ras traverse les houppiers.

Nous descendons tous les trois sur la berge d'un affluent pour jeter nos lignes à cuillères. Les tatouages que porte Victor à l'avant-bras sont des fleurs de goulag : héritage du passé qui s'efface moins vite que les souvenirs. Victor a eu recours aux forêts. Il sait que la vie sauvage et libre est la manière la plus profonde de célébrer l'esprit rebelle. Nous passons la nuit à pêcher le brochet dans une lumière d'hôpital puis nous revenons à la cahute avant de reprendre, l'un la lecture de la Bible, les autres, le fil de la piste.

Je coupe à travers la taïga pour rejoindre les bords d'Hélène. J'ai hâte de retrouver les flancs de mon fleuve-déesse.

Un jour, le village d'Uritskoye. Les bords de la Lena sont semés de quelques-uns de ces hameaux de pêcheurs-bûcherons. Il faut un à trois jours de marche dans la nature pour les relier. Leurs habitants sont les descendants par l'esprit et parfois par le sang des pionniers du tsar qui remontaient les fleuves, défrichaient la taïga et fixaient au sommet du premier sapin débité le drapeau frappé de l'aigle bicéphale. Le maire d'Uritskoye me reçoit torse nu, hache à la main, coiffé d'une casquette de tankiste de l'Armée rouge. Il m'octroie une maison de bouleau pour la nuit et ordonne la réouverture du minuscule magasin pour que je puisse m'approvisionner d'une saucisse, d'un pain et de 2 litres de bière, repas idéal qui me fait penser à la description des déjeuners de vagabonds dont regorgent les livres de Hamsun, Hesse, London et même Maupassant où le héros tire toujours de sa besace, à la croisée d'un chemin, un pâté, une miche et une bouteille de vin clairet. Dans la lumière nordique, je taille des tranches de pain, assis sur le perron de bois, préoccupé par des questions essentielles telles que « comment fixer au mieux un hameçon sur ma ligne? ». Personne ne me rend visite. Les gens vaquent à leurs travaux. Ce village me plaît comme il est : ni ivrogne ni enivré par le néomercantilisme. Mais la nuit sera courte. À peine endormi, je suis réveillé par un colosse aux cheveux blonds. Il est entré dans l'isba sans faire de bruit. Il se tient penché au-dessus de ma tête. Les premières choses que je vois de lui sont ses deux yeux bleus tristes et un peu humides à force sans doute de trop scruter le fleuve. Je me redresse. Les vapeurs de son haleine alcoolique traversent le brouillard de mon sommeil. Il me tend un bouquet de fleurs et me dit, la voix pâteuse :

— Tiens, cadeau de l'équipage! Du lilas blanc, spécialement cueilli pour le Français. Je suis Andreï, capitaine du *Grad*. Mon bateau est amarré à la sortie du village. Rendez-vous demain. Petit déjeuner, 7 heures.

Le bateau est un navire-grutier employé au débardage du bois. En été, le capitaine offre ses services aux bûcherons des villages fluviaux. Un coup de corne de brume m'accueille le lendemain. Le *verre de thé* auquel il me convie dans la cambuse se décompose comme suit : petit verre de vodka – tranche de salami – petit verre de vodka – tranche de saindoux (pur) – petit verre de vodka – tranche de salami – petit verre de vodka – tranche de tomate – petit verre de vodka – radis – petit verre de vodka – tranche de concombre. Les légumes sont cultivés dans le bateau sous une serre de plastique installée entre deux écoutilles, à la proue du navire. Les zakouski – ces aliments qu'on avale par petites prises entre deux verres pour faire passer le feu de la vodka – viennent à nous manquer. Andreï ouvre alors une bouteille de bière blonde qui en fera office et le petit déjeuner se poursuit : petit verre de vodka – grand verre de bière – petit verre de vodka…

— Sais-tu pourquoi les Russes ne pourront jamais boire un océan de vodka? me demande Andreï.

– Non, dis-je en tanguant légèrement (serait-ce un remous sur la Lena ?).

– Parce qu'il n'y aurait pas assez de zakouski !

– C'est drôle.

– C'est moins drôle que ton idée d'aller en Inde à pied ! Les cosaques qui ont fondé Iakoutsk ont mis deux ans à atteindre Tchita, au sud de la Sibérie. Et toi, en quelques mois tu prétends à l'Inde ! Buvons ! À l'orgueil !

Nous descendons d'un trait un nouveau petit verre – le septième peut-être.

Dans le poste de commandement, j'étudie les cartes fluviales qui m'indiquent trois futurs gués aux eaux profondes.

Pris d'un impérieux désir de marcher pour distiller le poison avalé ce matin, je prends congé du capitaine. La marche, ce jour-là, sera lente et âpre.

Les journées passent et les villages avec. Certains d'entre eux ont été construits au temps de Staline, parfois sur d'anciennes installations occupées par des Iakoutes. Ces villages forment de petits trous dans le manteau de la forêt : en Sibérie, l'homme est une mite. Certains bourgs sont assez anciens, comme Olekminsk, fondé par des soldats du tsar sous les ordres du cosaque Ivan Biketov. Seuls en territoire vierge, avancés à des milliers de kilomètres de toutes terres connues, défrichant les taches blanches avec Dieu au corps, l'empereur aux tripes et la hache au bras, ils fondaient un poste de garnison entouré d'une palissade de bois, au bord du fleuve, puis attendaient quelques années qu'un corps expéditionnaire les relevât et agrandît la tête de pont. Et c'est cela qu'on a appelé la *conquête de la Sibérie* : une constellation de misérables cabanes noyées dans l'infini des forêts. Il faut toujours que l'homme utilise des mots au-dessus de ses moyens…

Entre deux villages, personne. Je marche à proportion égale dans les marais et sur la grève, ballotté de l'une aux autres au gré de cette foutue instabilité de l'homme qui le fait toujours revenir vers le terrain qu'il vient de quitter, persuadé que la marche y sera plus facile alors que c'est justement pour la raison inverse qu'il en était parti quelques instants plus tôt. Je me nourris de saucisses et de pain transportés dans mon sac et je pense avec délectation quand vient l'heure de la halte combien ma condition est supérieure à celle des évadés, moi qui transporte nourriture et équipement, moi que personne ne traque, moi qui ai choisi de plein gré cette marche forcée.

Dans le hameau de Khorintski, je passe avec Natacha quelques douces heures vespérales que brise son mari, retour de chasse, demi-ivrogne mais brute entière, lequel me force à subir jusqu'à 23 heures le récit de son service militaire à Groznyï.

Dans le gros bourg d'Olekminsk, où la tombe d'Alexandre Nevski côtoie la statue de Lénine, je pêche du poisson en compagnie du journaliste de la télévision locale et de ses trois fillettes, Natalia, Anna et Ala. Elles appartiennent à cette race d'enfants que les rayons du soleil éclairent plus généreusement que les autres. Toutes les trois pourraient servir de modèle à un affichiste de propagande nataliste soviétique. En attendant que ça morde, le père me raconte :

– L'année dernière, la débâcle a entraîné des crues. La Lena est montée jusque dans le centre-ville et quand les eaux se sont retirées il y avait d'énormes blocs de glace dans les rues d'Olekminsk. Un de mes copains rentrait chez lui et en a heurté un, sa bagnole était défoncée, il roule toujours avec, mais l'a baptisée « Titanic ».

Je quitte Olekminsk à l'aube, après une nuit passée chez Aliona, la responsable des affaires culturelles de la ville. J'ai mal dormi parce que le soleil, levé à 2 heures du matin, m'a tapé dans l'œil. Puis la brume est tombée sur la ville. On distingue des bicoques de travers et des palissades ondulées comme des soufflets d'accordéon. On croirait que les maisons chavirent sous une lame. La terre russe est un terrain vague. L'âme russe est un vague à l'âme. Et moi, je traverse le pays, à l'aveugle, démoralisé par ma lenteur !

Le hameau suivant est vide, contrairement à ce que l'on m'avait indiqué : un champ de ruines. Je n'ai emporté aucun vivre, comptant me réapprovisionner ici. Il faut donc que j'abatte le lendemain une étape de 40 kilomètres sans rien avoir avalé depuis le matin de la veille, ce qui a au moins le mérite de me faire endosser pour quelques heures la condition d'un fugitif affamé. Tout au long de ce jour de jeûne, je me traîne à travers les marécages, mâchonnant des tiges d'oignons sauvages. Je passe deux gués importants. Le soir, au terme d'une journée sans nourriture, le peu de pensées qui me vient encore à l'esprit vole vers les évadés dont je me sens indigne. Qu'en serait-il si j'étais vraiment traqué, sous-alimenté et démuni de tout ? Au village de Daban où je parviens alors que le soleil, comme un sale petit gosse, refuse de se coucher, j'engloutis ce que m'offre le jeune maire du village : saucisse, bière, pommes de terre et crème fraîche dans laquelle il m'invite à plonger des myrtilles. En remerciement, je l'aide le matin suivant à planter les patates : je paie de cette façon ce qui m'a été donné ainsi que je cherche à le faire chaque fois que l'on m'invite. Plus question comme au temps de mes premiers voyages à pied et à vélo de jouer les parasites. Je n'ai plus l'âme à voler les gens au nom d'une prétendue hospitalité dont l'autochtone serait redevable au voyageur sous le prétexte que celui-ci l'honore de sa visite.

Le maire du village de Delgey est une femme. Je visite l'école où elle me propose de passer la nuit. Le mur de l'une des salles de classe est orné d'une galerie de portraits d'explorateurs. De gauche à droite : Magellan, Bering, Scott, Admunsen, Prjevalski, Thor Heyerdal ! C'est sous leur protection que je passe la nuit. À l'aube, je reçois la visite de la directrice de l'école. Samovar. Thé. Biscuits. Arrive Iadviga Petrovna Margelitia, une déportée lituanienne qui s'installe à un pupitre. Elle roule de grands yeux que je crois pleins d'effroi jusqu'à ce que je comprenne qu'ils sont pleins de folie. Elle raconte ce dont elle se souvient.

— Ils sont venus nous chercher le 16 juin 1941, en pleine nuit. J'avais dix-sept ans. Je suis descendue dans la salle commune de la ferme. Il y avait mon père, nu, encadré de soldats. Ils le frappaient. Lui hurlait : « Où sont mes enfants ? Où est ma femme ? »

Ils nous ont dit de mettre des robes et ils nous ont embarqués dans un camion et ma mère a sangloté : « Qui va s'occuper des vaches ? » Par la suite, j'ai pu consulter mon acte de condamnation. Il était spécifié que j'avais été arrêtée parce que je menais des *activités souterraines*. Mais les seules activités souterraines que je menais, c'était quand j'allais ranger les pommes de terre dans notre cave ! (Rires des dames à ce moment-là.) J'en ai pris pour vingt ans… ensuite j'ai été envoyée en relégation. Et depuis je suis là. Je ne suis jamais rentrée en Lituanie (elle calcule)… cela fait soixante et un ans.

– Et l'évasion, Iadviga Petrovna ?

– C'est que… pour s'évader, il faut avoir quelque part où aller.

Je suis ensuite présenté au directeur de la scierie, un Juif ukrainien, déporté en Iakoutie quand il était encore enfant, avec ses parents, à l'après-guerre. Il est gros, blond, sans doute thyroïdien et il boite. Il m'explique, mais je le comprends mal à cause de son fort accent, que l'usine tournait autrefois grâce au travail des relégués et que leurs descendants ont repris le travail de bûcheronnage à présent que la scierie est devenue une libre entreprise. Dans la forêt où il m'emmène en *waz* (modèle de véhicule tout-terrain russe), nous rejoignons une brigade de bûcherons. C'est l'heure de la pause. Ils sont serrés autour d'un feu où chauffe une théière. Certains d'entre eux ont de belles gueules de vieillards russes soljénitsyniens. Tous portent des tatouages de prison. Été comme hiver ils tronçonnent la taïga, ouvrant des percées dans le mur végétal qui nous entoure. Ils défrichent en ce moment une pente abrupte : travail dangereux, car les troncs qui roulent emportent tout sur leur passage, les hommes comme les machines. Les stères sont ensuite convoyés à Olekminsk ou à Iakoutsk sur la Lena. Parmi ces forestiers, certains sont d'anciens *zeks*. Au cours de leur existence, ils n'ont pas toujours coupé du bois de leur plein gré…

Il me reste deux jours de marche avant d'atteindre Macha. Quand enfin j'aperçois de très loin la bourgade sur l'autre rive, je dois peiner trois heures dans un marais avant d'arriver à sa hauteur. Rawicz écrit avoir traversé le fleuve à pied, sur la glace. Moi, qui suis parti en retard sur le calendrier des évadés (tous prenaient la fuite avant la fonte des neiges), je prie les ondines qu'un habitant du village construit vis-à-vis de Macha accepte de me déposer en bateau, de l'autre côté.

Je n'attends pas longtemps. Un jeune policier russe, Gena, sanglé dans son uniforme, s'apprête justement à déposer en canot la fille de l'une de ses amies sur la rive opposée. Je me joins à eux. Pendant la courte traversée, je contemple le fil d'acier du visage de Gena et ses yeux bleu clair concentrés sur le pilotage et, dans le même axe, je vois se découper le profil de la jeune fille, une gracieuse Iakoute de seize ans nommée Lioubov (ce qui veut dire amour en russe), au regard pareillement fixé sur le lointain, et je comprends soudain, dans une fulgurance de l'esprit, le projet soviétique : mille races, une terre, un même but et toutes les forces fraternellement unies, toutes les énergies ensemble cotisées, tous les Gena et toutes les Lioubov – Russes blonds et Asiates graciles – rassemblés pour bâtir.

3
Vers le Baïkal
juin-juillet

Jusqu'alors, me contentant de suivre Lena, je n'avais eu aucune difficulté à trouver mon chemin. Les choses changent à présent car, quittant Macha, je m'en vais, plein sud, vers le Baïkal. Je n'ose toujours pas étudier l'ensemble de mes cartes de peur que cela ne me donne une sorte de nausée de l'immense. Je me fixe au contraire un objectif pas trop outrancier : la rivière Vitim. C'est d'ailleurs un bon aiguillon puisque Rawicz la mentionne comme une étape importante dans sa course au Baïkal.

Je m'engage dans la taïga qui reprend ses droits à la lisière des derniers champs de pommes de terre de Macha. Une piste de boue conduit d'après mes cartes à une mine d'or distante d'une soixantaine de kilomètres. Quand la piste décrit des courbes sur le flanc d'un talus, je coupe dans les chevelures de la taïga, cassant à chaque pas les brindilles des sapins. Je m'élève à mesure que je m'éloigne du lit de Lena. Le terrain se fait plus sec et la taïga plus clairsemée. Je suis mélancolique de quitter le fleuve à la course dolente. La clochette rythme mon pas et, au soir venu, mon GPS m'informe que j'ai accompli 35 kilomètres à vol d'oiseau, ce qui n'est pas mal et correspond sur le terrain à une honorable moyenne rawiczienne, puisque le Polonais avalait entre 40 et 50 kilomètres quotidiens lors de ses premiers mois de cavale. Le jour décline faiblement mais pas jusqu'à mourir, comme une lampe à huile qu'on baisserait sans la souffler jamais.

Je découvre par hasard sur le bord de la piste une isba abandonnée. À l'intérieur, une stalle propre et du foin : une aubaine. J'installe là un bivouac des plus confortables : pour le vagabond, le fait de coucher sur la paille est un luxe. Après avoir consciencieusement enveloppé mes saucisses sèches dans des sachets pour que les ours ne soient pas attirés par l'odeur, je lis quelques poèmes (doux moment d'amnésie) et m'endors.

Le vrombissement d'un moteur me réveille en sursaut. Un camion est arrêté devant la cabane. Il est 2 heures du matin. La porte s'ouvre violemment. Avant même que je ne jaillisse de mon sac de couchage, la stalle est envahie par un troupeau de porcs suivis d'un moujik qui leur assène une grêle de coups et d'insultes. Il me voit.

– Qu'est-ce que…

– Je suis français. En voyage. Je dormais…

L'instant d'après, je suis installé avec Gena (encore un !) entre deux bottes de foin, un verre à la main. Il est allé chercher de la vodka dans son camion pour fêter sa rencontre avec un citoyen français, car Gena, ainsi que tous les Russes, est un fervent admirateur de Napoléon (mais les Russes l'aimeraient-ils s'il avait gagné ?). Il me dit livrer ici ces cinquante cochons pour les ouvriers de la mine d'or qui viendront en prendre possession le lendemain. Nous buvons dans la paille en mangeant des tranches de lard jusqu'à 4 heures.

Nous trinquons une dernière fois puis Gena s'en retourne, après de rapides adieux, me laissant sur la paille, trop ivre pour songer à le dissuader de repartir en camion. Quand je me réveille vers 11 heures, les porcs sont toujours là, le soleil est déjà haut, ma tête voudrait que mon corps meure et j'ai sur le front une marque rouge laissée par la poutre contre laquelle j'ai dormi de pleine face.

Je parviens le soir même à la mine d'or indiquée sur mes cartes américaines au 1/500 000. Mes vivres sont épuisés. Les 30 kilomètres de marche n'ont pas complètement dissipé les solfatares alcooliques de mon crâne.

La mine. On m'y accueille généreusement. Vladimir et Gena (le troisième en trois jours !) me font visiter les lieux. Les installations se composent de quelques isbas disposées autour d'un baraquement, lui-même ceint d'une palissade, qui porte ce genre d'écriteau : Défense absolue d'approcher, Zone strictement interdite, DANGER ! J'en conclus que c'est là qu'on entrepose l'or. Il y a aussi des camions, des bulldozers, des bidons rouillés et, comme un couvercle posé sur le tout, une indicible atmosphère de désespoir. Les chercheurs d'or sont une trentaine à travailler sur les lieux.

– La vie ici ? C'est comme au bagne, sauf qu'on est bien payés, dit Vladimir. Là où il y a l'or, il y a l'argent !

On me convie dans le réfectoire : une longue baraque de rondins avec des tables de bois flanquées de bancs sur lesquels on prend place pour recevoir son brouet dans une gamelle. On me sert des pommes de terre et du poisson frit ainsi que des poires cuites, à volonté. Nonobstant cette abondance de la chère, il règne ici un petit air de camp de détention, sans doute à cause de la lugubre grisaille de la taïga et du spectacle des gueules extraordinairement cassées de mes hôtes. La différence avec la prison, c'est qu'ici chacun est venu endurer son labeur et sa solitude de plein gré, alléché par un salaire jusqu'à dix fois supérieur aux revenus moyens de Russie.

Une nouvelle journée de marche sur la piste de plus en plus défoncée me mène à Moldvo, tête de pont de la mine d'or à 35 kilomètres de ma dernière étape. Kolia, l'Ukrainien qui m'accueille, ne veut pas croire que j'ai fait toute la route à pied depuis la Lena.

— Ici, me confie-t-il, on vit comme des oubliés : Moldvo, c'est une île déserte sur laquelle nous sommes sept à avoir échoué.

Kolia tient absolument à me montrer sa dernière conquête : un élan noir qu'il a descendu tantôt, d'une seule balle. La tête tranchée repose dans la chambre froide. Le reste est dans les mains du cuistot qui équarrit la bête pour le repas du lendemain.

— Où est-ce que tu comptes aller? me demande-t-il, le soir, autour de la table commune où dînent les mineurs.

— À Kropotkino, plus bas, vers le sud.

— À pied?

— À pied.

L'éclat de rire général me met la puce à l'oreille : il doit y avoir quelques difficultés...

— Tu ne passeras pas.

Cette mise en garde, je l'entends sans répit lors de chacun de mes voyages. Les gens imaginent toujours qu'il est beaucoup plus ardu de rejoindre l'étape suivante que d'être arrivé jusqu'à eux. Si j'annonce que je fais route vers la Mongolie, personne n'y trouve à redire car le but est trop abstrait, mais si je déclare vouloir gagner l'ubac, ceux de l'adret se récrieront. Le Local terrorise plus que l'Universel. L'enfer, c'est le voisinage. Parce que nous le connaissons mieux, ce qui nous est proche effraie davantage que ce qui nous est lointain. Je ne prête donc pas grande attention à leurs mises en garde, mais Kolia insiste.

— D'ici à Kropotkino, il y a 35 kilomètres de marais, tu ne peux pas y arriver.

— Les marais, dis-je, j'en ai soupé sur les bords de la Lena.

— Rien à voir. Là, ce sont des cuvettes de plusieurs kilomètres de diamètre remplies d'eau. Même les Kamaz à dix roues ne passent pas. Sans canot gonflable, tu ne peux pas.

— Mais j'ai traversé des bras morts à la nage.

— Aucun rapport. Tu compares des bras de rivières et des marais de fonte. Le seul moyen, c'est le GTT, un blindé amphibie qu'on utilise pour rallier les postes de mine. C'est à prendre ou à laisser. Tu peux venir avec nous demain matin, il y en a deux qui vont à Kropotkino. Départ à 4 heures.

Couché sur le lit qu'on m'a attribué dans un des cabanons, je réfléchis. Je n'ai pas peur des marais. La peur, c'est quand l'âme ne fait plus confiance au corps, or j'ai confiance en mon corps et la rage d'avancer ne m'a pas quitté. D'un autre côté (ça, c'est la voix du diable qui me le souffle), on ne refuse pas une promenade en blindé lourd de la guerre froide piloté par un chercheur d'or russe, à l'azimut, dans un marais sibérien. En outre, s'ils disent vrai, si les marais sont impraticables, n'ai-je pas intérêt à m'embarquer avec eux ? Mais, si je cède à la tentation du GTT, je romps mon serment du voyage *by fair means*... Pourtant, que pèseront 30 kilomètres mécanisés sur 6 000 d'effort ? Et ce GTT, vieux monstre mécanique de l'époque brejnévienne, ne pourrait-on pas le ranger dans la catégorie des « moyens honnêtes » ?

Je m'endors en plein dilemme.

Une vague nous submerge... J'ai bien fait d'embarquer.

Les deux GTT disparaissent parfois entièrement sous l'eau. Il est 4 h 30. Les blindés avancent dans les bourbiers, défoncent les taillis, fracassent les plans d'eau. Les deux gros insectes d'acier, destinés à faire route vers l'Europe de l'Ouest dans les années 1960 et reconvertis dans le transport de poussière aurifère sibérienne, progressent sans hâte mais sans hésitation, de toute la puissance de leur indifférence mécanique, massacrant la taïga. Ils n'avalent pas les kilomètres, ils les écrasent. Je suis fasciné par la tranchée que laissent les chenilles dans leur sillage et que les eaux, sourdant de la boue, remplissent instantanément. Comment aurais-je pu venir à bout de ces dépressions marécageuses dans lesquelles nous enfonçons ? Mes remords s'évanouissent dans le rugissement des machines. Pour clore ces heures de ruée infernale, nous traversons en mode amphibie l'affluent profond qui nous sépare du village de Perevoz.

À peine quitté mes tankistes de l'eldorado, je fais un crochet par le magasin pour m'approvisionner, car j'ai devant moi 100 kilomètres de taïga avant le village de Kropotkino.

Les kilomètres qui suivent, je les consacre à me dépolluer le corps du fracas des GTT. Je marche pendant deux jours au bord d'une rivière dont le cours supérieur mène à un col d'où je plongerai sur le Vitim, un affluent de la Lena. À midi, pour la halte, je construis un petit feu, ce qui est le meilleur moyen d'écarter les ours. En outre, le feu me tient compagnie. C'est un cher ami que je peux faire jaillir de mes doigts chaque jour, un petit dieu vivant qui réchauffe l'âme, les saucisses et les mains. J'aime lire de la poésie à mon petit feu. En Sibérie, je m'offrirai ce plaisir presque chaque jour.

Quand je croise Valeri, à la fin de l'après-midi, je suis loin de me douter que je vais manquer de tuer un homme. Il est assis sur un rondin, à l'ombre des murs d'une ferme que longe la piste. Il nettoie un fusil. Il me le tend et lance :

– Tiens, tu n'as qu'à essayer de toucher la gamelle !

Comme on est en Russie et qu'en Russie on ne se préoccupe pas de la rationalité des choses, je ne discute même pas. Je ne défais pas mon sac à dos, je saisis le fusil, je l'arme, j'épaule, je vise la gamelle posée à 50 mètres sur un tronc, je retiens mon souffle et je commence à enfoncer la détente. À ce moment, une forme apparaît dans la ligne de mire ; un homme a débouché de l'angle de la ferme et court devant moi en hurlant :

– C'est mon flingue ! Salaud ! n'y touche pas !

Il est soûl. Une seconde plus tard, il était mort, et moi je finissais mon expédition dans le cachot central de Kropotkino pour homicide involontaire.

Il s'appelle Oleg, il est le propriétaire du fusil. Il me l'arrache des mains, en me couvrant d'injures. Valeri vient à mon secours en titubant : je ne m'étais pas aperçu qu'il était ivre, c'est tout le problème avec les gens qui restent assis. Je vis alors une expérience extrêmement pénible : celle de passer trois minutes pris dans la querelle de deux ivrognes russes qui se disputent un fusil chargé. Je fais mine de filer. Mais Valeri veille :

– Tu n'as rien bu !

Le tord-boyaux me tord les boyaux. 60° peut-être. Assez pour se confier :

– Ici, mon petit camarade français, dit Valeri, c'est la zone : douze mois d'hiver et le reste, c'est l'été. Moi, j'étais mieux au trou. J'en ai fait huit ans. À Irkoutsk. Du temps de l'Union ! Depuis, quand je vois un flic, je crie « pédéraste » ! dans l'espoir qu'ils m'y renvoient.

Je finis par quitter le grand Valeri, spécimen de cette race d'ivrognes – cœur tendre et foie pourri – qui tiennent trop bien l'alcool pour le lâcher un jour. La suite, c'est une vallée sinistre qui pourrait s'appeler « le val de la désolation ». Ici, les Russes cherchent de l'or depuis cent vingt ans. La vallée tout entière est crevée par la mâchoire des machines. Ineptie des hommes : retourner une montagne pour trouver des paillettes ! Je n'aime pas cet or qui embellit certes le cou des femmes mais pour lequel on saccage le ventre de la terre. Ne pourrait-on pas le laisser reposer en paix ? Pourquoi le déterrer du limon pour l'enfouir aussitôt dans l'obscurité des coffres ? Je passe dans quelques villages de déshérence où, par amour de l'or, les hommes finissent par avoir l'œil jaune. Le soir, la vallée disparaît dans la poussière levée par les bulldozers. L'enfer, c'est quand la terre commence à ressembler à la lune. Rawicz, étrangement, ne décrit pas ces vallées qu'on exploitait déjà pourtant à plein rendement à l'époque de son passage.

Le soir du 22 juin, je parviens dans le bled d'Artemov, un de ces endroits du monde qui ressemblent à des terminus de lignes abandonnées. Aux dames du club de la culture qui m'offre le gîte, je me plains du pays :

– On boit trop chez vous… Pas possible de rester sobre seulement deux jours d'affilée.

Elles compatissent un peu, changent de sujet, m'interrogent sur mon voyage puis m'invitent à vider avec elles une bouteille de Flagman à 40°.

L'une d'elles, Nina, jaugeant 120 kilos, me confie :

— Si je suis obèse, c'est parce que je suis née au Kazakhstan, dans un village où il y avait des radiations nucléaires. C'est à cause d'elles que j'ai gonflé. Mais de toute façon, je n'aime pas votre engouement pour les squelettes, en France. La vraie beauté est dans Renoir (elle prononce Rééénouâr), pas dans les carcasses de vos mannequins !

Le lendemain, je traverse encore quelques villages aurifères. Derrière les palissades, on me regarde de travers. Est-ce mon chapeau sans forme ? La gamelle qui pend à mon sac ? Mon bâton taillé en pointe ? J'incarne pour ces gens dégoûtés du présent et inquiets pour l'avenir l'image du vagabond. Les mères rappellent d'ailleurs sévèrement leurs enfants à elles quand j'approche. C'est tout juste si on ne rentre pas les poules.

Je ne reste qu'une journée dans la ville de Bodaïbo, au bord du Vitim. Le temps de dissoudre le cafard qui m'avait envahi la veille au cours d'une longue journée de marche sous la pluie. Le temps aussi de consulter au musée de la ville les archives concernant les neuf cent soixante déportés politiques qui ont échoué ici, en relégation, entre 1920 et 1930. Je profite de la halte pour chercher une fusée de détresse qui pourrait me défendre d'une attaque d'ours. Accompagné de Veronika, la journaliste de la télévision locale à qui j'ai donné une interview tantôt, je rencontre le capitaine de la compagnie de « pompiers-parachutistes ». Il m'explique qu'en été, quand les grands brasiers menacent un village, les pompiers sautent au-dessus des flammes avec une tronçonneuse serrée autour de la jambe. Puis ils coupent des arbres, sans relâche pendant vingt-quatre heures, pour ouvrir des pare-feu dans la forêt.

— Vous donner une fusée de détresse ! s'exclame-t-il. Vous êtes fou ? Pour que vous flanquiez le feu à la première occasion ?

Il est certain que l'idée est un peu stupide d'aller demander à des pompiers de vous prêter des allumettes. Veronika suggère l'aérodrome. Un pilote nous explique qu'en cas d'accident d'avion une fusée de détresse est inutile et qu'il n'en emporte jamais en vol. Je quitterai donc Bodaïbo sans. À l'aube du lendemain, je gagne les bords du Vitim qui coule au sud de la ville. Étape importante pour moi, car c'est une des rares indications géographiques que Rawicz livre dans son récit. Les fugitifs passèrent à pied sur la glace. Moi, qui ai deux mois de retard sur eux, je prends le bac…

Sur l'autre rive, j'enfourche la bicyclette achetée la veille (il y en avait deux en tout à vendre dans la ville). La piste qui traverse le massif au sud du Vitim sert aux camionneurs à convoyer la production des mines d'or vers la ligne de train Baïkal-Amour-Magistral à 200 kilomètres au sud. Elle franchit des montagnes hérissées de taïga, passe des cols à plus de 1 000 mètres, remonte des vallées lugubres. Avant d'avoir connu cette route, je croyais savoir ce qu'était une mauvaise piste, mais celle-là est si pénible qu'au bout d'une journée une inflammation des mâchoires – due au fait d'avoir trop serré les dents – m'empêche d'ouvrir la bouche. Pour ne pas avoir à porter mon sac sur le dos, je le noue au guidon avec mon chèche. J'atteins un col séparant le Vitim de la rivière Telmama. Je suis exténué. J'avais oublié combien le vélo aliénait l'esprit. À bicyclette, toute l'énergie spirituelle est consacrée à maintenir la tension physique. Et ce qu'on gagne en vitesse est à mettre au débit de la production intellectuelle. Le corps travaille, le cerveau dort. C'est donc dans un parfait état d'abrutissement que je passe quatre cols entre 800 et 1 200 mètres.

Au cours du jour suivant passent des vallées au fond desquelles, malgré la saison, le froid fige encore les torrents en chemins de glace. Le dernier col ouvre sur une descente de 30 kilomètres en forme de montée au calvaire. Les chaos sont si violents que les inscriptions sculptées sur les poignées de mon vélo s'impriment dans mes paumes. J'arrive dans le centre du village de Taksimo, les nerfs en loque. Pour me soulager, je couvre d'insultes un jeune moujik qui me fait une queue de poisson au volant d'une Lada pourrie. Il se range et sort de sa voiture, sûr de sa force, et il est un fait qu'il ressemble à Stakhanov au mieux de sa gloire. Mais, trop épuisé pour avoir peur, j'avance sur lui en hurlant une telle bordée d'insanités qu'il bat en retraite et redémarre précipitamment en criant au fou !

Taksimo a été fondé à l'ouverture de la ligne de chemin de fer Baïkal-Amour-Magistral, la branche la plus septentrionale du Transsibérien, inaugurée sous Brejnev, dans les années 1970. La ligne marque la frontière entre la Iakoutie et la Bouriatie. Elle a été construite par les *zeks*. Ma route, une nouvelle fois, croise le destin des naufragés du siècle rouge. La suite du cheminement s'impose d'elle-même : je n'ai qu'à longer la voie pendant cinq jours, vers l'ouest, pour atteindre l'extrémité nord du Baïkal. Le lac constituait un objectif majeur pour les évadés, car il leur suffisait, une fois atteinte la rive orientale, d'en longer les 600 kilomètres vers le sud, pour que cet axe naturel les conduisît à la frontière mongole.

Les cinq jours qui suivent ne sont pas reluisants. Une piste abandonnée longe la voie ferrée. Au fond, vers le sud, très loin : les montagnes qui dominent le Baïkal, encapuchonnées de neige (à moins que cela ne soit de nuages mais on distingue mal à cette distance ce qui appartient à la terre de ce qui est au ciel). Parfois, la piste traverse un marais hérissé de bouleaux blancs et de troncs calcinés, comme dans un paysage médiéval. Souvent, les ponts de bois qui enjambent les cours d'eau sont effondrés et je dois traverser à gué, ma bicyclette sur le dos. Il arrive aussi qu'une rivière trop large, infranchissable à pied, me force à rejoindre le pont de la voie ferrée. Et si le train arrive pendant que je suis sur le pont, je trouve refuge dans l'une des chicanes prévues à dessein, et le train fuse vers le lac en me frôlant et le pont vibre et je sens monter en mon âme un amour magistral pour le Baïkal.

Je roule à 7 à l'heure, secoué par les cahots de la piste. Le soir, je campe sur le parvis de postes d'aiguillage abandonnés ou bien bivouaque dans la taïga.

Le terrain change au fur et à mesure que j'approche du lac. La piste devient sableuse et blanche, ma roue échoue dans les ornières. Parfois, je roule entre de véritables petites dunes d'un très beau sable clair qui donnent à la Sibérie un air saharien. Un jour, je croise une biche, un renard, un écureuil et c'est tout. Pas d'homme. Le ciel est chauffé à blanc. Ô l'angoisse des soleils blêmes qui annulent la géographie dans la fusion des horizons ! La chaleur m'effraie. Au-delà de 40 °C, je trouve le monde angoissant et trop grand. De l'immensité sibérienne, ouverte comme un cauchemar, ne peut pas naître une vraie culture. Quand elle est trop vaste, la géographie annule en effet l'histoire. Ainsi, dans ces taïgas, ne peuvent subsister que des installations humaines pionnières, villes qui restent provisoires pour des siècles. Comment dès lors en vouloir aux Russes d'avoir construit Iantchukan, la cité où je parviens un jour, au bord du train, îlot sans appui pour l'âme, amas de barres de béton jetées là comme on lance les dés. Même le train passe ici sans s'arrêter jamais.

Je longe à présent le cours supérieur de la rivière Angara. À 100 kilomètres du lac, la forêt se fait plus luxuriante. Les bouleaux prennent la taille de chênes germaniques. Il flotte une atmosphère humide dont Rawicz écrit qu'elle lui avait indiqué l'approche du lac et qu'elle rend les gens mélancoliques quand ils vivent longtemps au bord de l'eau. La mélancolie est une fleur que j'aime. Elle est un sentiment suranné que les habitants des villes modernes de l'Ouest ont troqué contre l'angoisse. Sans doute la mélancolie étreint-elle immanquablement l'âme d'un Russe quand il s'installe sur la rive d'une masse d'eau plate et potable.

Je retrouve le velours du goudron à une trentaine de kilomètres de Severobaïkalsk, ville portuaire bâtie pendant la construction du chemin de fer à la corne nord du lac. Au détour d'un coude de la route, le Baïkal m'apparaît et je vois le ciel se refléter sur l'opale de sa surface.

Je fais halte sur la berge. Devant moi, 600 kilomètres de rives sauvages et, au bout, la Mongolie.

4
Mer Baïkal
juillet

Severobaïkalsk me déçoit beaucoup. Je m'attendais à une villégiature lacustre comme l'Europe centrale sait en produire, mais je découvre une ville bétonnée dont le commerce avec le lac se réduit à une jetée industrielle, un quai de déchargement et une place d'armes avec casernement de soldats. Par bonheur, à l'extrémité de la ville, il y a le yacht-club (à prononcer « iârt-kloub ») qui recèle quelques dériveurs et trois ou quatre beaux voiliers. J'y passe deux journées aussi languides que le lac lui-même.

À cette latitude, le Baïkal ne mesure que 40 kilomètres de large. Severobaïkalsk se tient sur le commencement de la rive occidentale, à la pointe nord-ouest du lac. Je compte longer le rivage, du nord au sud, sur la côte opposée. Je conclus un marché avec Sacha, l'un des yachtmen : je lui cède mon vélo contre une traversée en voilier vers l'autre rive. Nous convenons de partir le jour suivant.

Le soir, tous les membres du *kloub*, Julia, Natalia, Georgiu, Andreï, Sacha, réunis dans le ventre du voilier *Nadejda* (l'espoir, en russe), trinquent à notre bonne fortune. Pratiquant cet art du toast en forme de cercle vicieux que les Russes ont institué, nous avalons successivement tranches de saucisses grasses et verres de vodka : les premières pour éteindre le feu qu'allument les seconds et les seconds pour dissoudre le souvenir graisseux que laissent les premières. S'adonner à l'exercice du toast russe, c'est savoir manier à tour de rôle le rabot et le lubrifiant. Georgiu, le capitaine du club, me bénit à la chaman : quatre gouttes de vodka lancées vers les points cardinaux, deux gouttes sur le mât du navire, une goutte sur mon front et le reste dans nos verres.

Mon projet de longer la rive orientale se heurte à un obstacle administratif. Une partie de la côte est classée en réserve naturelle et il faut obtenir un laissez-passer pour y pénétrer bien que personne n'en contrôle l'accès. Sacha tient à ce que je sois en règle. Mais Guenadi A., le directeur du Polygone de la Biodiversité (c'est le nom de la réserve naturelle), est un pervers administratif particulièrement dangereux et il ne me cède le *propouskat* qu'au terme d'une journée entière de supplications. Il appartient à cette race de bureaucrates nés des noces de l'encrier avec le buvard, ronds-de-cuir gogoliens qui entravent honteusement la marche de la Russie.

Le lendemain, Sacha et moi levons l'ancre, à bord du *Cassilia*, vers la côte est. Nous traversons le lac lentement. Dans la lumière aluminium, l'eau est gris-bleu avec des reflets de mercure. L'autre côte apparaît vite avec ses plages de sable coupées de caps rocheux. Le massif montagneux qui borde la rive s'écroule presque directement dans le lac ; il ne laisse qu'un replat de quelques centaines de mètres entre les premières pentes et le rivage. Sacha me dit que, vers le sud, il y a des falaises qui, elles, tombent perpendiculairement dans l'eau et que je ne pourrai pas passer.

Le jour se voile. Avant de disparaître, le soleil réussit sa percée et pose sa gloire sur toute cette grandeur. C'est la deuxième fois de ma vie que je vois le Baïkal et il m'apparaît de nouveau dans une lumière d'Empire, couronné de faisceaux. Sacha jette l'ancre dans une crique sauvage. Je décide de passer une dernière nuit à bord du bateau. Demain, je débarquerai et partirai vers le sud, à pied, seul.

Trois cent trente-six ! C'est le nombre de rivières qui se jettent dans le Baïkal. J'ai quitté Sacha à 6 heures ce matin et je marche sur la grève en pensant à ce que ce chiffre représente de gués à franchir. Quand je reviendrai à Paris, je m'installerai à la terrasse d'un bistro pour vérifier ce chiffre sur une carte en buvant un demi de bière. Ou bien du gamay, tellement frais qu'il y aura de la buée sur le verre. À présent, je traverse mon premier gué avec de l'eau jusqu'à la taille.

Ma descente au bord du lac Baïkal dure onze jours. La côte n'est pas totalement déserte. Situées à deux ou trois journées de marche les unes des autres, les cahutes des gardiens de la réserve naturelle, qui accueillent aussi des météorologues et des ichtyologues, s'échelonnent le long de la grève. Dans la première où je fais halte, non loin de la rivière Shenangda, quatre hommes sont occupés à déjeuner de lard et de vodka. Il y a Pavel et Vaclav, qui ont échoué ici pendant la construction du chemin de fer et qui n'en disent pas plus. Il y a Youri, un jeune Bouriate de dix-huit ans. Le quatrième est surnommé « 194 ».

— Je me suis fait tatouer ma date de naissance sur les phalanges de la main gauche. C'est l'usage en prison. Mais un jour, on m'a coupé le petit doigt à la hache et je n'avais pas noté le chiffre... Je ne m'en souviens plus : c'est entre 0 et 9 de l'année 40... Il reste « 194 ».

« 194 » m'invite à visiter l'objet de sa fierté : un troupeau de rennes domestiques aux bois de velours. Ils paissent dans une pâture non loin de la rivière et je me prends d'affection pour ces bêtes un peu nerveuses qui ont fait la force des peuples boréaux et hanté les songes des rois de Scythie.

La rivière Shenangda est trop puissante pour que je la franchisse en son embouchure. Il me faut remonter de 3 kilomètres en amont dans la taïga pour pouvoir la guéer, avec de l'eau au torse.

Sur le bord du lac, je progresse très lentement. Le terrain n'est pas favorable : aux plages de sable fin succèdent des étendues de galets ronds qui meurtrissent les chevilles. Au passage, des caps dont les festons mordent les eaux du lac, des empilements de gros blocs contraignent à l'escalade. Sur le sommet du talus de ressac, ce sont des graviers qui entravent la marche. Reste la solution de la taïga : on peut suivre la rive, derrière la lisière d'arbres, sur une coulée d'animaux, tracée par les élans, les renards et les ours, dessinée comme un sentier à travers les mousses et les myrtilliers.

Mais, souvent, un bosquet de jeunes pins ou des entrelacs de racines de cèdres barrent le passage. Il faut alors ramper sous ces nefs. Mais l'épuisement me commande vite de revenir sur le sable ou les galets. J'oscille ainsi dix jours durant entre la certitude, quand je suis sur la grève, que j'irai plus vite dans la forêt, et la conviction, lorsque j'avance dans la taïga, que la plage sera plus confortable.

Sans mon bâton de pin, pas de marche possible. Il est l'appui de chacun de mes pas. Il me sert à sonder les gués, à les franchir. J'ai roulé en son extrémité plusieurs bandes d'écorce de bouleau que j'ai fourrées de lichen et de mousse. J'y ai piqué quelques plumes. Le tout ressemble à une figure totémique primitive, mais c'est en réalité une arme contre les ours. Le bouleau est si inflammable qu'à la première agression je peux faire flamber cette étoupe et transformer mon alpenstock en torchère. C'est une technique de trappeur sibérien que Sacha m'a livrée avec quelques autres recommandations au moment du débarquement.

J'ai aussi accroché au bâton une fusée de détresse en Bakélite appartenant à la flotte russe, cadeau de Georgiu, le capitaine du yacht-club. C'est un cylindre de 20 centimètres de long fermé par un bouchon qui protège une goupille de déclenchement. La fusée est censée produire un feu de Bengale. Elle est destinée aux marins en perdition ; elle devrait terroriser les ours. Ma seule crainte est liée à l'âge de l'objet : 1966. Époque brejnévienne. Il est extrêmement probable que, près de quarante ans après, le système de mise à feu ne réponde pas ou, mieux, que la fusée m'explose dans les mains et me pulvérise, ce qui aura au moins l'insigne avantage de m'éviter la dent de l'ours. La clochette tinte toujours, accrochée à mon sac. Pour augmenter ma production sonore dans les sous-bois à ours, je tape sur ma gamelle de métal avec un morceau de bois.

Quand je marque une halte, aussi courte soit-elle, je construis un petit feu de bois flotté qui me prémunit contre les visiteurs. Je l'allume avec de l'écorce de bouleau bien sèche qui brûle comme un rien. Lorsque je bivouaque sur le bord de la grève, je me force à un exercice pénible qui consiste à installer mon sac de vivres au sommet d'un arbre loin de ma tente, pour éviter que les ours, attirés par l'odeur, ne me visitent. Pour peu que ma tente soit dressée à l'orée du bois, je les entends vaguer dans les taillis toute la nuit et leur raffut s'immisce dans mes songes mauvais. Je prends soin de régler le réveil de ma montre pour sortir de ma toile-bivouac toutes les deux heures afin de recharger mon feu de bois protecteur, dont la flamme préhistorique a été un jour le premier dieu des hommes.

Entre Tompa et Davsha puis, plus au sud, entre Davsha et Bargusine, il n'y a aucun village, il faut donc emporter sa nourriture avec soi, cueillir myrtilles et groseilles et pêcher. Je transporte un jeu d'hameçons, de plombs et de bouchons. Les eaux du lac et de ses rivières sont généreuses : même des gens comme moi, qui suis mauvais pêcheur et n'ai de patience que pour avancer, réussissent à en tirer quelque chose.

J'ai dans mon sac de quoi tenir six jours : fruits secs, soupes déshydratées, saucisses de fromage, viande séchée et gruau de sarrasin, cette préparation que les Russes nomment kacha. Souvent, un Sibérien rencontré dans une cabane de la réserve naturelle complète mes provisions en m'offrant 1 à 2 kilos de poissons fumés enveloppés dans de vieilles feuilles de la *Pravda* dont le texte me sert à parfaire mon russe pendant que je croque la chair salée.

Je découvre un nouveau sens à ma vie : marcher tout le jour durant, boire l'eau du lac, suivre la course des hérons au ras de sa surface, pêcher un poisson et passer de longues minutes à le préparer puis chercher un endroit où jeter mon bivouac. Et le sens de la nuit, c'est de se reposer de cette belle vie-là.

Je n'ai pas entendu les kayaks arriver. Le bruit de leur clapotis me surprend. Quand ils entrent dans mon champ de vision, glissant sur l'eau, pilotés par deux très beaux spécimens de la race humaine, cela fait quarante-huit heures que je n'ai rencontré âme qui vive. Les deux étrangers sont blonds et grands. Musclés et la peau couleur miel. La fille et le garçon. Un couple de jeunes dieux grecs dans de beaux animaux humains. Ils ne sont sans doute pas russes, car ils sont trop bien équipés et ils ont le visage trop lisse. Ils dévient vers moi et, juste avant d'accoster, avec cette faculté naturelle que les Américains (car ils sont américains) ont de voler (voguer en l'occasion) au secours de l'humanité, ils me lancent :

– *Hello man, do you need something?* [avez-vous besoin de quelque chose?]

Quand un Américain arrive quelque part, on a toujours l'impression que c'est une équipe de secours. Ils prennent pied sur les galets. On se salue, très heureux de se rencontrer. Brandan et Heather sont californiens et font le tour du Baïkal en pagayant. Ils sont si superbes que, pendant un court instant, j'ai honte de mon allure « vagabond de la vieille Europe ». Brandan me dévisage :

– On te regardait marcher sur la plage, tu sais qu'avec ton chapeau et ton bâton tu me fais penser aux gens qui s'échappaient des goulags. Tu connais *À marche forcée*?

Je suis trop estomaqué pour répondre. Brandan se penche sur son kayak, ouvre une caisse de plastique amarrée sur la coque et en extrait un livre.

– C'est ce que je suis en train de lire en ce moment, dit-il : l'histoire de Slavomir Rawicz, évadé de Sibérie...

Un peu ému, un peu flatté, je leur explique la raison de mon voyage. Ainsi, par la grâce d'une involontaire identification à l'objet de ma quête, voilà que deux kayakistes américains des temps modernes m'ont associé pendant quelques instants aux fugitifs des années sombres...

Brandan, qui ne renonce pas à me porter secours, réitère sa demande :

– *Do you need something?*

– Oui, j'ai perdu ce matin le boulon qui faisait tinter ma clochette anti-ours.

J'ai vite fait de trouver un écrou dans la boîte à outils qu'ils me tendent et qui en contient des dizaines de tailles et de modèles différents. Nous nous quittons. Eux partent vers le nord, sur l'eau. Moi, à pied, vers le sud, avec une nouvelle clochette.

Je fais halte un après-midi à la station météo de Kordon. Galina, la babouchka qui garde les lieux et m'offre du poisson salé, s'étonne :

— Vous n'avez même pas une arme contre les ours ?

— Il y en a par ici ?

— Je vais vous montrer, s'il y en a.

Le mur de planches du cabanon est éventré. Des morceaux de bois pendent autour d'une ouverture béante.

— Voilà. C'était notre séchoir à poissons. C'est l'odeur qui les rend fous.

S'ensuit une longue litanie sur les méfaits des ours. Elle me parle de l'ours qui a démoli une serre à légumes l'année dernière, de l'ours qui vient rôder chaque soir autour du village, de l'ours qu'elle a rencontré hier en allant cueillir des baies. Et toujours le même étonnement quand j'annonce n'en n'avoir toujours pas rencontré.

— Méfiez-vous, jeune homme, car c'est la saison des amours en ce moment et les mâles ne sont pas commodes.

Je lui explique que je n'ai aucune intention de les concurrencer mais c'est un fait que, le lendemain, je croise mon premier ours juste avant d'arriver au village de Davsha après une longue journée passée dans une constellation de traces si profuses que la rencontre était inéluctable. Je n'ai que le temps d'apercevoir une masse noire qui s'enfonce dans les taillis vers l'est. Ma clochette a rempli son rôle. Contrairement aux assertions du capitaine rencontré sur la Lena, je n'éprouve pas le contre-choc qui devait se traduire selon lui par la débâcle du ventre. Je décide d'ajouter une arme de prévention à mon arsenal : désormais j'avance en parlant tout haut.

Le lendemain, sur la rive marécageuse plantée de troncs calcinés, je dérange à nouveau un ours. Il prend le large, lourdement, chahutant les baliveaux. Au cours de la journée, les marais alternent avec de grandes cuvettes asséchées par l'effet d'un drainage naturel. Subsistent des mottes de terre qui font comme des têtes emperruquées. Des canards sauvages décollent à mon approche et le faisceau de leur sillage ouvre des éventails d'écume à la surface du lac. Et toujours des gués incessants. Et toujours des traces d'ours par centaines. Je préfère les remonter que les suivre : personne n'aime avoir la mort juste devant soi. Je traverse le puissant courant de la rivière Sosnov puis essaie d'éviter un marécage en gagnant un talus couvert d'une taïga dense, mais je suis bientôt coincé par des versants trop abrupts et redescends le long de pentes moins raides.

En reprenant pied auprès du lac, je constate qu'il a disparu. Évaporé dans le brouillard. Dissous dans le ciel. Je me heurte bientôt à un obstacle : la paroi de roche noire plonge droit dans le lac. Je la contourne par le haut en grimpant 100 mètres sur un glissement de terrain couvert de racines puis je longe une sorte de balcon végétal donnant en à-pic sur les eaux du lac. Je fais fuir un ours – mon troisième – dont j'écoute la fracassante retraite, la main sur la goupille de ma fusée. Il était juste au-dessus de moi, à l'endroit où la pente s'incline et rejoint un replat. Je regagne la rive par un pierrier.

Peu après, quatrième rencontre. Celle-là me terrifie. L'ours prend le large en grimpant le talus qui surplombe la plage. Il revient sur ses pas et je l'entends, sans le voir, passer au-dessus de moi, à 5 ou 6 mètres, et continuer sa course vers le nord. Je tourne le dos et reprends la marche. Mais son poids sur la lèvre du talus provoque un éboulement et j'imagine stupidement pendant une fraction de seconde qu'il déboule de la terrasse pour me charger à revers. Je pousse un hurlement et me retourne, le doigt sur la goupille. Mais il n'y a que la rive, vide. Et moi, ridicule.

Les journées suivantes, à cause de l'émotion, je ne cesse plus de frapper ma gamelle. L'air se réchauffe. Le soleil cogne. Je me déshabille. Pendant le jour, je n'ai plus que mon chèche noué autour de la taille et mon chapeau piqué de plumes d'aigle. Chaque pas est pénible. Il faut viser du pied les gros galets.

J'avance très lentement, cognant sans relâche mon quart de métal. Et chantant Péguy. Je ne sais pourquoi mais c'est lui qui me vient. Peut-être à cause du lac qui fait comme une plaine. « Nous avons fait semblant d'être un gai pèlerin ! nous n'avançons jamais que d'un pas à la fois ! nous n'avançons jamais que d'un pas à la fois ! » Voilà ce que je gueule en frappant ma gamelle.

Soudain, je sais qu'il y a quelqu'un. Un être humain. Mes sens l'ont perçu avant que ma raison l'admette. Je fais halte, tapant toujours « Nous avons fait semblant d'être un gai pèlerin ! ». C'est une jeune fille. Blonde aux yeux bleus. Vêtue d'une robe claire, portant sur son dos un chargement inouï, chaussée de bottes. Elle s'est figée comme une statue entre deux rochers et me regarde. Ce qu'elle voit, c'est un type nu avec un chapeau à plumes en train de marteler une gamelle pour rythmer ses hurlements. Elle semble terrorisée. J'ai honte de moi puis j'ai honte de sa peur, car c'est la première fois de mon existence que je fais naître la peur dans les yeux d'une femme. J'entreprends de la rassurer. J'avance d'un pas. Elle recule. C'est un désastre. Je ne me suis jamais senti aussi désemparé qu'en cet instant. Je donnerais dix ans de vie pour un pantalon. Je lui demande son nom. Elle ne répond pas. J'enlève mon chapeau et me fends d'un grand sourire. Elle tourne la tête et recule vers un rocher plat. Je suis nul. Finalement, j'ai une inspiration :

— Il y a encore beaucoup de falaises vers le sud ?

— Beaucoup, je suis passée par le haut…

Elle a parlé, j'ai gagné. Elle me dit en quelques mots qu'elle est peintre, que c'est son chevalet qu'elle transporte sur son dos, qu'elle est partie de Bargusine et remonte la rive vers le nord et que, lorsque le pays lui sied, elle s'assied sur un bloc et peint.

Nous conversons debout, à distance l'un de l'autre. Je suis si heureux de la rencontrer que je lui propose qu'on s'asseye sur la grève.

— Non.

— Je peux vous prendre en photo, alors ?

— Non, non !

Je voudrais lui expliquer que Slavomir Rawicz a rencontré lui aussi une jeune fille nommée Kristina, une Polonaise, fugitive, égarée dans la région du Baïkal, et qu'elle est devenue comme la sœur des évadés et qu'ils l'ont emmenée jusque dans le désert de Gobi où elle a trouvé la mort d'épuisement. Mais elle me prendrait pour un cinglé et je ne dois surtout pas aggraver mon cas. Elle me demande :

– Est-ce que la prochaine rivière est facilement franchissable ?

– Oui, dis-je. Eau à la taille, pas plus.

– Merci. Je dois y aller, au revoir.

À petits pas précis elle contourne le bloc de rochers que j'occupe et s'éloigne, tête baissée, vers le nord. Je la regarde disparaître, mon apparition du Baïkal. « La jeune fille qui avait peur des hommes. » Moi, c'est des ours. Chacun ses loups.

Les baies se succèdent. Avec parfois, niché au fond, un petit hameau de pêcheurs. J'y croise des Russes à l'air triste. Et je suis de plus en plus convaincu que celui qui côtoie le ressac d'un lac finit par contracter un vague à l'âme. Sa vie alors, comme une algue, se fait bercer passivement par le courant des jours.

À travers la taïga de la presqu'île, je rejoins une piste qui mène au tombolo (langue de terre unissant une île à la côte). Les moustiques attaquent. J'en traîne un voile épais. Ils me suivent par centaines. Je suis contraint de fuir mon propre sillage. À la moindre halte, l'escadron lance l'assaut. Interdit de repos, poussé vers l'avant, la tête protégée sous ma moustiquaire, j'abats ainsi d'une traite une étape de 25 kilomètres avant que, soudain, la taïga s'interrompe, laissant s'ouvrir dans l'horizon l'immense cordon de sable que je convoitais, route naturelle vers le continent. Le vent balaie la plage, le ciel et mes moustiques. Je me lance sur le tombolo.

À ma droite, le lac, gisant, presque mort. À gauche, des marais vert tendre où crient des échassiers. Et, devant moi, la flèche de sable légèrement incurvée par un effet d'optique, tirant le fil de la perspective jusqu'à disparaître. Je marche sur la grève dure. Toutes les trois heures, je fais halte pour chauffer mon gruau sur un petit feu de bois flotté et pour croquer un poisson séché. Le sable de l'estran est rose parme. J'abats les foulées, dans un étrange état d'euphorie provoqué sans doute par la grandeur des lieux, la gifle du vent, la tragique lumière que me renvoient le lac et l'immensité anormale – comme surdimensionnée – du ciel. Je pleure, je ris, j'avance, je lance au lac des versets poétiques. Je sens monter en moi l'impassibilité des vagabonds japonais de la tradition zen. Il s'agit pour eux de laisser les sensations leur traverser le corps sans s'y fixer jamais et d'accéder à l'imperméabilité, à l'image du martin-pêcheur qui réussit à plonger dans l'eau et à en ressortir sec. Ainsi seulement peut naître en l'âme l'apaisement final. L'acceptation totale du monde. Non pas une acceptation passive mais impassible. Réconciliée. Peut-être le léger état de sous-alimentation dans lequel je me trouve depuis quelques jours explique-t-il ces sensations aériennes qui me montent à l'âme, sans crier gare.

À la halte suivante, alors que le gruau cuit, je regarde les plumes de mon bâton vibrer dans le vent. Depuis quelques semaines, je les exhibe comme des drapeaux au bout d'une hampe. Elles célèbrent les vertus que j'aime : il y a la plume de l'aigle pour la rapidité, celle du corbeau pour la mémoire, celle de la mouette pour la gaieté.

Mais le charme de ces heures passées sur le tombolo est rompu par les marais de la Bargusine. Quittant la flèche de sable, j'ai commis l'erreur de couper tout droit vers la rivière. Je peine pendant trois heures à travers une vaste dépression de terrain pour arracher moins de 2 kilomètres à la succion du marécage. Seuls les iris sauvages qui coiffent si joliment la crête de mottes herbeuses réussissent à calmer ma rage. Car après avoir touché à la félicité absolue sur le tombolo, voilà qu'ici, dans le bourbier, j'explose de colère. Je me tiens immobile, droit dans la boue, et hurle des insultes ignobles. Contre moi-même, contre le lac, contre les marais du monde entier… Puis je reprends la marche dans l'eau qui m'arrive aux genoux.

Sur la rive gauche de la Bargusine, que je passe en bac, s'étale la ville industrielle du même nom. Je la dépasse pour installer mon bivouac, à la nuit tombée, sur un terrain dégagé que je prends pour une importante clairière. L'aube me cueille le lendemain, couché au milieu de la piste d'aérodrome.

Mes deux derniers jours de progression au bord du lac se coulent dans la brume. Des hérons s'envolent presque sous mes pas. L'avantage du brouillard est de vous masquer jusqu'au dernier moment au regard des animaux. L'inconvénient, c'est si l'animal est un ours.

Équarris sur les rochers, des cadavres de phoques dévorés par les ours et fouaillés par les échassiers s'offrent à ma vue. Parfois, des sternes m'attaquent ou bien de petits alcidés pépient à mon approche à s'en arracher le gosier. Ils défendent leur nichée. J'admire ces minuscules oiseaux qui ne doutent pas de faire le poids, quelle que soit la taille de l'ennemi. Je voudrais leur dire que je ne leur veux aucun mal. Moins qu'à certains hommes.

Survient un jour une base touristique, construite sur le rivage, du genre de celles qu'on trouvait en Europe de l'Ouest dans les années 1930 avec jeunes filles à chapeau, dames à porte-cigarettes et messieurs buvant du vermouth. Sauf que là, c'est de la vodka. Pour le reste, tout y est. L'atmosphère langoureuse. L'allure Virginia Woolf des gens. Et cette odeur de lac un peu scandaleuse. On me convie près du feu de camp. Je bois le thé devant une dizaine de curistes. Certains restent ici à prendre les eaux un mois durant.

Je marche, je marche, c'est tout ce que je sais faire. Je dépasse le village de Maximina, je poursuis jusqu'à Garyachi, ancienne station thermale de l'époque stalinienne. On y rencontre encore des curistes rhumatisants, quelques vétérans de la guerre à la poitrine sonnante de médailles et une statue de Lénine non déboulonnée, dont le bras indique magistralement le sud, tendu depuis 1930, ce qui laisse songeur les arthritiques.

À la latitude de la ville d'Oulan-Oude, capitale du pays bouriate, dont je ne suis plus qu'à 250 kilomètres, je quitte le Baïkal en direction de l'est, vers le lac de Kokotel, situé à quelques kilomètres du Baïkal. J'erre une demi-journée dans les marécages et les forêts de la rive nord du Kokotel jusqu'à découvrir un sanatorium presque désaffecté dans lequel une babouchka en blouse blanche me sert une kacha.

— Le sanatorium accueille encore quelques malades, m'explique-t-elle. Mais on ne reçoit plus aucune aide du gouvernement. Aujourd'hui, mon petit Sylvain, vous tombez mal, tous les pensionnaires sont soûls. C'est parce qu'on célèbre la fête de l'eau.

5
En pays bouriate
juillet-août

Au sommet de la montagne de différences qui me séparent de l'évadé, il y a cette liberté absolue que j'ai d'aller frapper à la porte des gens quand il me chante. Le fugitif, lui, se cache non seulement aux yeux de ceux qui le traquent mais, par surcroît, il se méfie de tout regard. La moindre rencontre peut lui être fatale. Pour lui l'enfer, c'est l'œil des autres. C'est ce qui explique le soin que met Rawicz à éviter les zones habitées. Dans le récit, il n'évoque que deux ou trois rencontres involontaires qui font naître chaque fois en lui une mauvaise inquiétude. En Sibérie, autrefois, au temps des tsars, les babouchkas déposaient un pot de lait, un quignon de pain sur le seuil de l'isba dans le cas où passerait un fugitif. Mais quand la fièvre dénonciatrice s'empara de la Russie au XXe siècle, il en alla autrement. La tradition s'inversa : le gouvernement récompensa (jusqu'à deux semaines de salaire moyen en liquide…) toute personne rapportant la preuve qu'il avait éliminé un évadé. Une preuve, ce pouvait être une main, une tête coupée. Les chasseurs de têtes, souvent, entreposaient chez eux plusieurs scalps de fugitifs qu'ils avaient abattus, attendant d'en avoir assez pour faire aux autorités une livraison de gros.

Quand les bulbes et les clochers du monastère de Batourine se dressent devant moi, je ne fais donc pas de détour pour l'éviter. La religieuse qui me reçoit dans l'ombre d'un couloir est de haute taille. Son voile révèle un beau visage russe, inquiétant, fait de douceur christique mais mangé par des yeux que traversent des éclairs de folie. Nous allons tous les deux baiser l'iconostase. Puis elle me convie au réfectoire et me prépare de la kacha et moi, assis, piochant dans la coupelle de groseilles, j'observe ce que j'ai déjà noté chez beaucoup de moines et de moniales : cette jouissance des êtres qui ont atteint les sommets de l'âme à servir trivialement la soupe. Au moment de nous quitter, nous retournons dans l'église pour allumer un cierge. Elle remarque alors la petite croix russe que je porte au cou. Elle s'en saisit et l'ausculte de son œil grossi par les verres d'hypermétrope.

– Tout est en ordre, car Notre-Seigneur a les deux jambes droites, c'est une croix slave. Tu es orthodoxe.

– Non. Catholique, ma sœur.

Son œil me fusille. Elle lâche brusquement la croix, me tourne le dos et marmonne :

– Ayez pitié, Seigneur, ayez pitié de lui et montrez-lui le chemin !

Mais le schisme ne suffit pas à nous fâcher et c'est avec douceur qu'elle me bénit et me salue sur les marches de l'église :

– Va, Français ! dit-elle.

Les incendies qui se sont déclarés cette année en Sibérie sont d'une violence extrême. La Bouriatie flambe. Oulan-Oude et Irkoutsk sont sous le brouillard. Des centaines de milliers d'hectares partent en fumée. Je traverse une taïga beaucoup moins dense que celle des bords du Baïkal. Je marche vers Oulan-Oude, sur des pistes de terre percées par des forestiers. Parfois, je traverse une zone calcinée, encore fumante. Il ne faut surtout pas marcher sur le sol noirci sous peine de s'enfoncer dans une poudre de cendre sous laquelle les braises vivent encore.

Le lendemain, après une journée de marche, encore une halte dans une église. Cette fois, c'est celle du village de Turuntaevo. Le pope n'est pas là : parti en visite dans un hameau forestier où il bénit des chevaux. Sa femme Jenia et sa fille Aliona me reçoivent. Elles sont toutes deux belles, maigres et racées comme des louves élastiques. Jenia est l'arrière-petite-fille d'un décembriste, Ifim Gouchine, officier supérieur qui, avec quelques autres gradés et nobles de Saint-Pétersbourg, fomenta une révolte en décembre 1825 contre le tsar Nicolas Ier. Ces conjurés-là ne voulaient pas abreuver de sang un quelconque Grand Soir. Ils ne luttaient que pour la Constitution. Ils échouèrent et connurent les foudres de l'empereur. Ceux qui ne périrent pas dans les oubliettes de la forteresse Pierre-et-Paul furent déportés en Sibérie. Leur arrivée dans les villages de la taïga fit à ces terres déshéritées l'effet d'un coup de fouet. Partout où ils vécurent, les décembristes apportèrent leurs lumières. Ils tombèrent amoureux de leur terrain d'exil. Étant de la race des bâtisseurs, ils ne purent s'empêcher de bâtir. Ils se consacrèrent donc au développement de la Sibérie et on reconnaît encore aujourd'hui la trace de leur passage dans l'élégance d'une maison, dans la silhouette d'une église dressée au milieu d'une clairière, dans la présence d'une bibliothèque au milieu d'un hameau. Et parfois, une Sibérienne aux yeux émeraude, comme la Jenia de ce soir, rappelle elle aussi qu'un peu de sang neuf a été transfusé il y a cent quatre-vingts ans dans des forêts perdues au-delà du Baïkal…

Pressé d'arriver à Oulan-Oude, j'avale 62 kilomètres le lendemain sur une route goudronnée, ne m'accordant que de courtes haltes de vingt minutes toutes les deux heures et demie. Pas plus. Car je sais que le seul moyen de triompher de l'espace immense est d'aller lentement, sans répit, en comptant sur la valeur de la durée plus que sur celle de la vitesse. C'est en effet la patience qui vient à bout de l'horizon. Il n'y a pour s'en convaincre qu'à demander aux nomades s'ils en sont dépourvus, de patience, ces racleurs de pistes qui n'ont que leur pas pour tracer le sillage de leur transhumance.

Le couvercle de la fumée des incendies retient la chaleur. Je mendie de l'eau aux rares camions qui passent et on m'en jette par la fenêtre comme à un chien, sans s'arrêter. C'est une drôle de sensation que d'aller ramasser par terre l'aumône qu'on vous a faite.

On sait qu'on est arrivé dans le centre d'Oulan-Oude à cause de « la Tête », celle de Lénine, une sculpture de bronze, posée à 10 mètres du sol sur un piédestal. C'est la plus grande du monde soviétique. Quiconque passe là songe immanquablement que c'est de cet athanor cérébral qu'a jailli une nouvelle vision de l'homme et du monde. La grosse tête n'a pas été déboulonnée à la chute de l'Union parce que les habitants en sont fiers. Aujourd'hui, on se donne rendez-vous en dessous. On se photographie devant. On s'embrasse au bas du piédestal. Vladimir Oulianov ! Pauvre de toi ! Aurais-tu pensé lors des années grandioses que tu deviendrais un jour un vulgaire décor destiné aux badauds ? Je passe deux jours en ville. Les filles y sont plus jolies qu'en rêve. Des nouveaux Russes laids patrouillent dans des bagnoles ridicules. Des enfants qui n'ont jamais connu les komsomols grandissent le nez dans un sac en plastique plein de colle. Les putains tapinent et de gros fonctionnaires à chemise blanche, heureux d'être arrivés là où ils sont, lorgnent les croupes qu'ils rêvent de salir.

Moi, c'est Vatslav qui m'intéresse. Je le rencontre au centre culturel polonais qu'il dirige, rue Gagarine. Il me reçoit dans un bureau où s'étale l'aigle blanc et rouge de la vieille Pologne. Il a soixante-dix-huit ans, dont soixante-dix de souvenirs, un visage taillé à la gouge et une broche avec l'aigle sur le revers de la veste. Il a vu l'émission de télévision que j'ai enregistrée la veille dans les studios d'Oulan-Oude. Nous parlons longuement de l'affaire Rawicz.

– Cela vous semble crédible ?

– S'il est polonais, rien n'est impossible ! dit-il. Je n'ai jamais entendu parler de cette évasion mais je connais beaucoup d'autres histoires qui sont parfaitement vraies. Mes propres grands-parents ont été déportés depuis Odessa jusqu'en Sibérie. Le vieux s'est évadé, seul, en hiver, à travers le Baïkal gelé vers Irkoutsk où il a pu se cacher dans le ghetto polonais, puis, grâce à des passeurs chinois, il a rejoint Harbin et la Chine et là, on perd sa trace. J'ai été élevé par un père adoptif qui, lui, fut envoyé dix ans dans l'enfer de la Kolyma, de 1939 à 1949. Les années terribles...

– Qu'est-ce qu'il avait fait ?

– C'est drôle que vous continuiez à poser cette question alors que vous connaissez un peu l'histoire des purges. Rien, évidemment. Moi, à cette époque, je travaillais avec des géodésiens qui dressaient la carte d'état-major de la Iakoutie.

Pris d'un pressentiment, je montre à Vatslav les cartes au 1/200 000 que j'ai dénichées à Iakoutsk et que j'utilise depuis mon départ. Elles portent l'estampille : « document secret ». Vatslav les ausculte.

– Oui, c'est ça. C'est nous qui avons levé cette couverture. Ensuite, j'ai été emprisonné à la Kolyma. J'y ai vécu en compagnie d'un ancien capitaine de l'Armée rouge. Il s'était évadé d'un camp et avait survécu quatre ans dans la taïga avec une hache et un couteau. Mais il s'est rendu au NKVD, car il commençait à entendre des voix et à avoir des hallucinations et il préférait être enfermé que devenir fou. C'est un point de vue. Je suis arrivé à la Kolyma en 1946. Ensuite, c'est la nuit. Ma longue nuit.

La veille de quitter la ville, j'accepte la cérémonie de bénédiction à laquelle me convie le chaman Anatoli. J'y vois une saine précaution. Car, dans quelques semaines, la steppe mongole va s'ouvrir à moi, terre des dieux où le commerce avec le Ciel ne peut pas faire de mal. J'ai rencontré Anatoli grâce à Corinne et Carlo, jeunes Helvètes installés à Oulan-Oude où ils travaillent. Le chaman qui mesure 2 mètres arbore la coiffure des scalpeurs iroquois et des archers gengiskhanides : la tête est rasée sur le devant, mais une natte de cheveux très longs prend racine à l'arrière du crâne.

Nous commençons par dîner de chachliks. Il me conseille de ne pas couper la viande avec un couteau mais de la manger à la main.

– Comme les musulmans ? dis-je.

– Non, eux, c'est le Prophète qui le leur commande. Ils imitent le mode de vie bédouin; nous, les Bouriates, c'est pour ne pas rompre l'énergie de la chair.

Puis, dans son petit appartement soviétoïde, au fond d'une cité de banlieue, il appelle les esprits. J'assiste à la liturgie, assis dans un canapé. La pièce ressemble au cabinet de réunion d'un cénacle occulte. S'y amoncellent des collections d'horloges, des cloches de cuivre, des instruments de culte tibétains, des coupelles emplies de cristaux et, sur les murs, côtoyant les mandalas magiques, s'étalent les portraits de Napoléon, de Nicolas Ier et du Christ, figures de proue qui ont traversé la nuit de l'Histoire. Anatoli, maître de ces lieux troglodytiques, a revêtu une cape de cuir sous laquelle, torse nu, il porte *dorjes* tantriques (instruments rituels bouddhistes) et croix rituelles. Il s'adresse aux vapeurs d'encens qui sont la pensée des dieux, me verse de la vodka sur le front, en asperge les points cardinaux, invoque les forces et finalement m'annonce que je peux partir sans crainte.

Le soir même, on m'attaque dans un terrain vague alors que je reviens du centre culturel polonais. La nuit est tombée et je marche vers l'appartement des confédérés helvétiques – mes hôtes. Deux ombres dont je ne perçois la présence qu'au dernier instant me fondent dans le dos. Je n'ai que le temps de me retourner et de parer le coup que le premier me porte au larynx. Mon chèche amortit le second coup. J'en rends un au jugé. Je tombe à terre, à moitié suffoqué, et j'entends les pas d'un troisième homme qui court vers moi. Je ne sais comment je réussis à me dégager et à m'enfuir. Les trois ombres me prennent en chasse. J'ai toujours eu horreur des bagarres qui avilissent celui qui cogne. Étrangement, un seul sentiment monte en moi et je le sens se répandre dans mes veines et envahir chacune de mes cellules : la fureur. Ma bouche hurle des insultes à ces trois ordures qui s'accrochent à mes trousses comme des chiens aux basques du gibier. Mais s'ils ont l'avantage du nombre, il leur manque une information cruciale : voilà plus de deux mois que je progresse chaque jour à marche forcée sur des sentes difficiles. Mon entraînement ne leur laisse aucune chance ! Ils perdent d'ailleurs progressivement du terrain. Je les sème pour de bon quand nous parvenons à la bordure de l'esplanade que protège une herse assez haute que je grimpe et enjambe d'un seul élan comme si la hargne donnait des ailes. Je m'écorche les mains en tombant sur la route de l'autre côté, devant le capot d'une voiture qui freine face à moi. Le conducteur m'invite à monter. Nous démarrons et j'ai le temps d'apercevoir les sales gueules des trois jeunes Bouriates qui n'ont même pas franchi la grille. Et c'est dans la conversation avec mon chauffeur improvisé que j'apprends un mot russe dont il me dit qu'il court les rues des faubourgs post-soviétiques : *houligan* (se prononce « khouligâne »).

Je quitte la ville le lendemain par un pont porté au-dessus des eaux de la Selenga. La rivière va dicter la direction de mes pas pendant les prochains jours.

Mes cartes de 1973 (je ne dispose pour la Bouriatie du Sud que d'une étrange couverture levée par les services américains au 1/380 000) indiquent des marais que le ciel a eu la bonne grâce d'assécher au cours des dernières années. Je progresse donc rapidement vers le sud sur la carapace de lœss durci. Je navigue vers le cap 170°. Un vent violent m'enivre et souffle des bouffées chaudes que j'aspire à pleine gorge. Le soir, après 30 kilomètres, je parviens en vue de Datsan, principal monastère bouddhiste de Bouriatie où un lama en robe m'offre une cellule. Après les bulbes des églises : des pagodes sur la terre sibérienne. Signe avant-coureur des mondes asiatico-bouddhiques. J'aime ces ambassadeurs (un panneau dans une autre langue, un faciès nouveau, un arbre inconnu) qui, par petites touches, indiquent au pèlerin que de nouvelles aires approchent, que les jours passent, que les kilomètres succombent et que, au bout du compte, à force de patience, le but qui semblait inaccessible finira par venir.

Les jours sont doux mais cuisants au bord de la Selenga. Doux parce que le relief s'apaise en collines dont le vent caresse le toupet et dont la rivière lave gentiment le socle. Cuisants parce que le soleil est aussi chaud ici que l'hiver est glacial. Les températures dépassent 42 °C et la taïga, restée en arrière, plus au nord, ne dispense plus son ombre. À Oulan-Oude, on passe un seuil bioclimatique où disparaissent les influences humides balkaïques. Au lieu des forêts de borée, c'est ici le royaume des steppes désolées. Un relief de Normandie sous un ciel sahélien (c'est-à-dire, finalement, ce que prévoient les climatologues pour le monde tempéré dans les années qui viennent). Parfois, je trouve répit dans un bois de pins, beaucoup plus clairsemé que dans le Nord. Si je réussis à abattre 45 à 50 kilomètres quotidiens, c'est grâce aux eaux fraîches de la Selenga dans lesquelles je plonge pour éteindre la brûlure des fournaises.

Après le bain, sur les grèves sableuses, survolées par les oies sauvages, je lis quelques pages de mon anthologie poétique. Je me félicite de l'avoir emportée. J'ai longuement réfléchi au problème de la lecture en voyage, c'est-à-dire de la nourriture de l'âme pendant les longs mois de progression sauvage. Pour le corps, ce n'est pas difficile de faire ses adieux à l'anesthésie du confort et aux bienfaits de la civilisation. Le mien s'habitue vite. Il n'est pas long à oublier que l'eau d'un bain a pu être chaude et la ration copieuse. L'ennui, c'est pour l'âme… Elle est plus exigeante. Elle supporte moins bien le jeûne. Je sais qu'il est des contemplatifs qui peuvent se satisfaire pendant des années du même paysage découpé dans l'encadrement de leur grotte et que « l'ermite du désert n'a pas à craindre l'ennui plus que l'homme du monde » (Keyserling). Mais je ne suis pas de ceux-là et, souvent, dans la solitude de la chevauchée ou de la marche, loin des villes, hors des routes, je me prends à rêver d'une bibliothèque. Rêve impossible que celui de voyager avec ses livres : le poids est l'ennemi du voyageur moderne et les temps ne sont plus où une armée de coolies pouvait transporter quelques malles d'ouvrages. La solution pourrait être d'emporter dans son paquetage un livre inépuisable. Quand j'ai fait le tour du monde à vélo, je suis parti avec des textes religieux (Bible, Coran…). Ce sont des textes inépuisables, mais ils m'ont épuisé. Durant ma longue marche dans l'Himalaya, j'avais des romans qui se mangent (Melville, Wells, Hemingway) : je les ai dévorés en trois jours à la lumière des bougies au beurre de yack, et mon âme est restée sur sa faim pendant les sept mois restants. Au fond des steppes de l'Asie centrale, en compagnie de Priscilla Telmon, j'avais serré dans les fontes de nos chevaux d'anciens récits de voyage (Rubrouck, Marco Polo, Flemming), mais j'ai trouvé trop cruel de confronter la description du passé à la triste réalité d'aujourd'hui, et trop douloureux d'entrer dans Samarcande par une banlieue industrielle post-soviétique en lisant sous la plume d'Ella Maillart l'évocation d'« une ville bleue, élancée vers le ciel ».

La solution (il m'a fallu dix ans pour parvenir à l'évidence) est dans la poésie. Dire les vers en marchant. Rythmer la récitation. Accorder la stance à la cadence nomade : Péguy dans la steppe, Apollinaire en haute altitude, Shakespeare sous l'orage. Avoir sur soi une anthologie poétique, 300 grammes de papier : c'est idéal, inépuisable. En outre, le soir, seul au bivouac, dans la nuit, on peut arracher la page qui a nourri l'âme tout le jour durant, et construire avec elle un gentil petit feu auquel on récite le poème appris.

D'Oulan-Oude, je marche dix jours entiers avant de rejoindre la frontière mongole. Je me nourris peu parce que la chaleur ne laisse de place qu'à la soif. Des sauterelles craquettent par milliers, rappelant qu'elles sont une inépuisable réserve de protéines. Je rêve d'ailleurs du jour où l'humanité ne se nourrira que d'insectes d'élevage, laissant tranquilles vaches et cochons. Je tiens le cap au sud, à travers des étendues désertes. Je rejoins des villages oubliés, je traverse parfois des kolkhozes abandonnés. Les incendies font dans l'horizon des piliers de fumée qui portent des ciels d'apocalypse. Parfois, des vents violents rabattent un brasier vers moi. Un jour que je peine à franchir une plaine couverte de roselières, je surveille une colonne de feu qui se déporte dangereusement. Les roseaux flamberaient comme de l'étoupe si les flammes venaient à les atteindre. Mais je gagne la ligne du Transsibérien avant que le contact s'établisse avec l'incendie. La voie dessine une balafre d'acier dans les terres sauvages. Une borne indique 5 511 kilomètres depuis Moscou. J'enjambe la cicatrice des rails en pensant à Rawicz qui « redoutait la traversée de la voie du Transsibérien plus que le franchissement de la frontière ». S'il l'avait passée en ce lieu précis, il n'aurait eu nulle crainte; le train navigue ici au milieu d'une steppe vide.

Je consacre les trois jours suivants à remonter le cours médian de la Selenga. L'eau coule, fluide, comme accablée de chaleur elle aussi. Une mince bande de terrain sableux est praticable entre la rivière et les falaises qui la bordent. Mais il arrive que la paroi rocheuse s'affaisse et laisse place à de larges terrasses jaunies par la sécheresse : paysage antique pour pâtre crétois ou pour philosophe grec. Au matin du deuxième jour, la vallée s'ouvre en un vaste lit marécageux de 8 à 9 kilomètres de large. Mes provisions sont épuisées. À l'aide de mes hameçons, je tire de l'eau trois petits poissons à la chair vaseuse que j'accompagne de groseilles juteuses. Je marche sur une levée naturelle qui surplombe le marais. Il s'y décline toutes les teintes de la grande santé du vivant : le vert, le rouge, le mauve des herbes et des plantes humides. J'ai des fantasmes d'herbivore. Je fends la prairie avec de l'herbe jusqu'à la taille. C'est toujours l'axe austral qui me gouverne : je tiens le cap 190°.

Depuis ma nuit dans le monastère bouddhiste, je n'ai fait que bivouaquer. Mais un soir, de l'autre rive, un pêcheur me hèle pour m'offrir le gîte dans son isba. Il vient me prendre en barque. Il souque ferme et je regarde sur la peau de son torse nu les tatouages d'églises à bulbes rouler sous ses muscles. Il y en a des grandes et des petites. Sur toute la largeur du dos : Basile le Bienheureux.

— Tu regardes mes églises, hein?

— *Da*, dis-je.

— C'est en prison que je les ai fait faire. Elles existent toutes quelque part sur la terre russe; Iaroslavl, Novgorod, Zagorsk... J'ai eu le temps, tu penses... dix-huit ans de trou!

Je ne lui demande pas pourquoi; il ne m'a pas l'air d'avoir été un détenu politique.

— En sortant, j'ai choisi la vie dans la taïga. Je reste toute l'année à pêcher avec Vera, ma femme. Quand il y a assez de poissons, elle les met sur son dos et elle va les vendre au premier village à huit heures de marche en amont. On vit mieux ici qu'en ville. C'est dur, mais on est libre. À Oulan-Oude, je me sens revenu au trou.

La cabane est confortable : deux lits, un poêle, des armes de chasse, des filets de pêche. Devant : la Selenga, molle. Derrière : la forêt claire, vierge de tout sous-bois, sans la confusion des taillis, illustration de la forêt bouriate. Autour d'une table dressée de poissons fumés, salés, séchés, de pots remplis de cornichons et de coupelles pleines de groseilles et de myrtilles, nous trinquons à notre rencontre. Je les interroge sur la Russie. Sacha crache par terre.

— La démocratie nous a apporté deux choses : la pornographie et la publicité pour les rasoirs électriques.

— Mais pas l'électricité, dit Vera.

Le gong d'un orage cogne jusqu'à l'aube. Je couche sur un des deux lits. Je sens des insectes noctambules galoper sur mon corps comme sur le pont de l'arche de Noé le jour de l'embarquement des invertébrés.

À l'aube, Sacha me sert du *tchifir*, le breuvage du goulag : un concentré de thé si fort qu'à peine avalé le cœur s'emballe.

— Tu marches 3 kilomètres vers l'amont. C'est là.

Sacha m'a indiqué l'existence d'une ruine d'église posée au milieu d'une steppe déserte, sur la rive de la Selenga. Elle apparaît avec ses bulbes et son clocher, et ses murs blancs, béants par endroits. Elle n'a plus que les oiseaux pour fidèles. Des freux à livrée bleu acier, des faucons crécerelles, des grèbes huppés. Alentour, une plaine pelée sur laquelle l'église veille, vigie abandonnée des bords du fleuve par lequel personne ne viendra plus jamais. Je demeure longtemps sous la voûte fraîche avant de repartir, heureux d'avoir découvert un de ces lieux où l'on sent l'âme qui monte à la peau.

Les derniers jours passés avant d'atteindre la frontière mongole sont accablants de chaleur et de beauté mêlées. En coupant par les collines, je relie un à un les méandres éployés au fond de l'auge de la Selenga. Sacha m'a vendu du poisson pour trois jours. Le long de la rivière prospère une étroite bande de vie : roseaux, herbes hautes, colonies d'oiseaux fous… C'est là que je pêche ou que je dors aux heures chaudes où le soleil mortifère porte à 45 °C la température ambiante. J'ai l'impression que la chaleur accroît le sentiment de solitude. De bains furtifs en étapes forcées, j'abats 50 kilomètres quotidiens.

J'enlève en deux jours les 100 derniers kilomètres le long de la ligne de train qui file, plein sud, vers la Mongolie et dont je rejoins le tracé à la hauteur du village de Selengiva. Je marche en butant sur les étais des rails qui ne sont pas disposés à l'empan du pas humain.

Je dors au pied des ballasts et le fracas des trains fusant vers Pékin me tire en sursaut de mes siestes fréquentes. Je rencontre un jour un vieux-croyant qui fauche l'herbe au bord de la voie. « Pour mes bêtes », me dit-il avant de m'expliquer qu'il vit tout seul dans une cabane depuis que ses huit enfants et sa femme sont morts.

— Les vaches, conclut-il, ça meurt moins.

Je ne m'attarde pas dans le village de Ziabchine où je reçois en guise de souvenir une grêle de pierres lancée par une bordée d'adolescents pouilleux. Je suis atteint à la nuque et m'enfuis comme un chien battu.

Je rencontre trois ouvriers ferroviaires qui mettent à mort une bouteille de vodka à l'ombre de leur draisine. Une fois, un vent furieux m'empêche d'entendre le train qui pointe derrière mon dos. Le vagissement de la sirène me glace le sang et déjà la locomotive fuse quand je roule sur le talus d'herbes hautes.

Au crépuscule, gisant dans mon bivouac, couché à l'heure où s'endorment les bêtes, je me livre à ce rituel que tous les vagabonds du monde tiennent pour le bonheur suprême : déployer lentement les jambes qui les ont portés tout le jour. Et les tenir droites, tendues, immobiles, jusqu'à ce que la lumière de l'aurore leur commande de reprendre l'effort.

Le brouillard se pose sur les marais de la Selenga, coule en ses chenaux et, pour finir, se pose sur la région entière comme le gros cul d'un géant qui aurait fait halte en campagne. De ne rien pouvoir distinguer à plus de 20 mètres, il me coûtera une journée d'errance dans une dépression de terrain plantée d'herbes coupantes. Le GPS permet de conserver le cap, mais n'indique pas les bras morts et les chenaux que mes cartes ignorent et qui me barrent le passage. Quand le voile se soulève, j'aperçois sur une colline les paraboles d'une station d'écoute et une herse d'antennes. Je ne dois pas être très éloigné de la frontière. Je rejoins une piste qui n'est pas mentionnée sur mes cartes. Je sais déjà que la Jeep kaki qui débouche soudainement d'un large sentier menant à la station ne m'apporte rien de bon. Je paierai d'une nuit entière d'interrogatoire, ainsi que de la fouille complète de mon sac, et de toute une panoplie de méthodes d'intimidation (sans aucune violence cependant) l'affront d'avoir approché une base militaire. Mon GPS, mes cartes d'aviation, mes cartes militaires, ma boussole électronique, mon compas de visée, mon altimètre surexcitent les soldats. Ils croient peut-être tenir enfin *l'Espion* auquel des années de culture du secret les ont familiarisés. Mais les articles de journaux en russe qui racontent mon histoire et les lettres de recommandation du ministère de la Culture iakoute contrebalancent leurs suspicions. Je repars libre.

Succession de collines plantées de pins. Au sommet de chacune, la vue sur la suivante. Pas d'espoir que cesse leur moutonnement. Je vais sans crainte des ours, car on me les a dit très rares en ces parages. Et soudain, voilà le signe que j'attendais : une double ligne de barbelés séparée par un couloir déboisé de 10 mètres de large. Je suis arrivé au bout de la terre russe. En face, à moins de 15 mètres, inaccessible : la Mongolie. Je vis en ces quelques secondes l'un de ces bonheurs qui justifient des mois de voyage : celui d'avoir atteint les portes d'un royaume, le bord des *falaises de marbre*, les rives des *îles de corail*...

En pleine forêt, j'abats 30 kilomètres vers l'est, le long des fils de fer jusqu'à la ville de Khiakhta, point de passage douanier officiel entre la Russie et la Mongolie. Peu avant d'entrer dans la ville, je cache mon poignard sous les racines d'un arbre : un bûcheron l'y découvrira peut-être un jour. Je ne veux en tout cas pas prendre le risque de me faire condamner à six mois de prison pour port d'arme blanche ainsi que le prévoit la loi russe. C'est à Khiakhta que passe la route transsibérienne menant à Oulan-Bator. Les étrangers y ont le droit de sortir de Russie vers la Mongolie.

De l'antique bourgade commerciale qui était une étape majeure sur « la route du thé », il reste un joli centre-ville aux maisons de bois. Quelques clochers font de l'ombre à des églises désertées. On croise un pope, des filles en minijupes, des Chinois avec bagues en or serties dans la graisse de leurs doigts, des Mongols secs comme des triques cavalières : tout ce peuple habituel des zones franches où règne toujours un affolement un peu fébrile dû au fait que personne ne sait très bien où il habite exactement.

Le poste frontalier est flambant neuf. Nous sommes ici à la lisière d'un monde. À une poignée de kilomètres plus au sud, la taïga rend en effet les armes. La frontière russo-mongole longe l'orée des bois. Le rideau de bouleaux et de pins s'ouvre brutalement sur les grandes steppes : en Eurasie, la géographie ne s'embarrasse pas de transitions. Ici, pas de nuances. Les frontières entre les écosystèmes sont comme les caractères des hommes et les coups de l'Histoire : tranchées.

Pendant qu'une douanière fouille mon sac, je regarde le ciel et m'aperçois qu'il n'est pas le même. C'est qu'à présent il est comme un miroir posé sur une table. Il recouvre cette grande prairie mongole, aussi immense que lui.

« La terre est dure, le ciel est loin », dit la maxime des cavaliers de l'Asie centrale. Un factionnaire mongol tamponne mon visa.

Il est temps à présent de vérifier l'adage.

6
Vers Oulan-Bator
août

Il me faut un cheval.

J'erre dans Altanbulag, de l'autre côté de la frontière, en quête d'une bonne affaire. Pas question d'aller par la steppe en marchant. La terre des cavaliers ne se foule pas aux pieds. Si les évadés du goulag n'avaient d'autre choix que de s'engager à marche forcée dans le vertige des steppes, je n'ai, moi, aucune raison de les imiter. Je mesurerai aussi bien à cheval qu'à pied l'infinitude des prairies mongoles. En outre, quelque chose qui tient à la fois du souci d'élégance et de l'intuition me convainc qu'on ne peut aborder les horizons mongols que la botte à l'étrier, et la bride à la main. Tant de galops ont résonné ici depuis la nuit des âges qu'il serait malvenu de troubler leurs échos en battant du pied la mesure de la marche. En selle donc, mais d'abord, un cheval.

Un cavalier d'Altanbulag m'assure que je peux en acheter au village de Sükhe-Bator, à 25 kilomètres à l'ouest. Il me prête une monture et m'y accompagne. Je lance un dernier regard au clocher de Khiakhta, cette manifestation érectile du vieux monothéisme européen dressée à l'orée du monde nomade. Les Mongols, eux, fils des plaines, fidèles à l'horizontalité, ne savent élever rien d'autre vers le ciel que le filet de fumée qui s'échappe de leur yourte.

Nous enlevons les 25 kilomètres à la mongole, c'est-à-dire d'une traite.

Le village de Sükhe-Bator est une bourgade soviétique abritant quelques *kombinat* à bout de souffle. Il n'y a qu'un seul bâtiment prospère : l'église mormone. C'est qu'ils sont actifs les jeunes frères américains de Salt Lake City à chemise blanche et cheveux gominés ! Ils prêchent en mongol, distribuent les bibles, convertissent. Les Mongols bouddhistes digèrent volontiers la Parole évangélique. Parfois, cependant, ils achoppent sur des points outrageants : comment accepter par exemple que Christ, le Cavalier céleste, soit entré dans Jérusalem monté sur un âne ?

La loi mormone condamne la consommation d'alcool et de toute forme d'excitant, thé compris. En Mongolie, les effets de cette rigueur sont très bons contre l'éthylisme. Mais, à l'inverse, le spectacle est funeste d'une famille de nomades néo-mormons sirotant sous la yourte des tasses d'eau chaude. Le thé dont on les prive est une boisson qu'ils tiennent pourtant pour aussi sacrée que le sang qui coule en leurs veines.

Le *bishop* mormon de la place, un jeune Mongol fraîchement converti, veut m'aider. Son père aussi est un pasteur, mais d'une tout autre race : c'est de chèvres et non d'ouailles qu'est fait son troupeau. Et, par un heureux hasard, le vieux berger tient justement à se débarrasser de son meilleur étalon.

Le pasteur m'invite à boire une tasse d'eau chaude dans sa cure. Il me dit :

– Ma famille ne peut pas garder le cheval. C'est pourtant une très belle bête. Je l'utilisais pour aller prêcher dans les campements. Or c'est devenu impossible aujourd'hui car nous nous sommes aperçus que le cheval raffolait du cannabis sauvage qui pousse en bosquets, là où nous habitons. Notre religion interdit la consommation de drogue. Nous ne pouvons continuer à utiliser cette bête.

Un canasson hérétique ! Exactement ce qu'il me faut pour continuer ma descente vers l'enfer du Gobi. Nous partons à pied sans attendre pour le campement familial, à trois heures de marche de Sükhe-Bator. Il faut traverser à gué trois chenaux de la Selenga et couper entre chaque rive par de grandes prairies humides. La famille occupe des yourtes posées sur un tapis d'herbes grasses. Les enfants rassemblent les juments pour la traite. J'inspecte les plaies sur le dos et le garrot des animaux. Le cheval à vendre est magnifique. L'affaire se conclut vite. On me cède l'apostat pour quelques dizaines de dollars. J'achète également la selle russe dont le vieux cavalier mormon me vante les quartiers. Et c'est sur l'étalon impie, mangeur de chanvre et coureur de juments, que je m'enfonce dans le crépuscule, loin des austères mormons que j'ai assez vus aujourd'hui. Le soir venu, avant de m'engoncer dans l'étui de mon abri, je lance au cheval qui broute, attaché au piquet :

— Au fait, ton nom, c'est Slavomir.

Je me lève avec le soleil. Mais lui, c'est plus grandiose. Il y a du jaune, de l'orange et des éclaboussures de sang comme s'il s'était fait mal pendant la nuit. Pendant les six journées qui suivent, je chevauche vers Oulan-Bator, situé à 300 kilomètres de la frontière. Dans la steppe, la progression est une navigation : on avance du matin jusqu'au soir sans que le moindre obstacle n'entrave la course. La prairie est l'océan. Les yourtes sont les îles dont les archipels s'échelonnent à intervalles réguliers. La steppe, c'est quand le ciel se pose sur la terre et ne laisse à l'horizon qu'un petit interstice.

Accroché aux arçons de ma selle, je transporte un sac de vivres steppiques : fromages et viandes séchés. Avec cette nourriture qui prend peu de volume et pour autant qu'il trouve de l'eau, le cavalier peut survivre pendant des semaines. Voilà qui explique que les hordes du Grand Khan aient pu sillonner avec tant de facilité les espaces de l'Asie du Centre, lesquels, aux yeux de l'Européen, paraissent des étendues fatales. Parfois, on m'invite à boire le thé sous la yourte. Je réponds à ces invitations en ne redoutant qu'une seule chose : le sacrifice d'un mouton pour fêter mon passage. Car alors (l'aventure m'arrive dans une yourte à 100 kilomètres de la capitale), il faut faire bonne grâce aux mets d'honneur : oreilles, yeux, abats, cœur, tendons et croquer dans les testicules de la bête pour montrer qu'on mesure à son juste prix l'accueil qui vous est fait. Mais la plupart du temps j'évite les hommes, préférant coucher dans les replis de terrain. L'herbe y est plus saine qu'aux alentours des campements souillés par les troupeaux. En outre, j'aime m'endormir seul, bercé par la mastication du cheval (douce musique aux oreilles du cavalier).

Ces quelques jours dans la Mongolie des prairies m'apprennent que la solitude m'est devenue un état nécessaire. Je la trouve douce. Elle est la sœur de la liberté. Enfin je ne parle pas le mongol et les conversations avec les éleveurs réduites à l'écorchage d'une douzaine d'onomatopées suivies d'éclats de rire me sont devenues insupportables. Il y a beaucoup de choses que je voudrais savoir et pas assez de russophones sous les yourtes. J'ai trop de questions à poser aux Mongols sur leur pays que ce siècle de fureur, de sang et d'acier a laissé pantelant pour me satisfaire de pousser des borborygmes en avalant hilare une soupe aux intestins.

Mon cheval va bon train. Il tient le 7 à l'heure sans qu'il soit besoin de le forcer. Il est un bon vaisseau et j'aime à le mener. Nous cheminons vers le sud en nous tenant à bonne distance de la grand-route d'Oulan-Bator. Nous ne rencontrons parfois pas âme qui vive tout un jour durant. Double luxe : être seul et pas pressé.

J'apprends à connaître l'étalon. J'ai remarqué en croisant des camions combien Slavomir les craignait. Dans les pâturages de la Selenga, il a grandi loin de la rumeur des routes. C'est un cheval des temps où il n'y avait que le cheval. Il redoute également les cadavres de chevaux dévorés par les loups, dissimulés dans les hautes herbes mais que des cercles de vautours couronnent. Je le comprends : ça n'est jamais drôle de voir à quoi mène la vie. Il aime les chardons dont il crève le cœur du sabot pour les attendrir. Souvent je fais halte dans des dépressions de terrain que les récentes pluies ont couvertes de fleurs et je me satisfais jusqu'à la nuit tombée, suçant du fromage durci et jetant quelques notes sur mon cahier en papier de riz, du spectacle de Slavomir arrachant des bouquets de myosotis et de cytise à grands coups d'encolure.

Les chiens constituent le seul véritable danger des steppes. Ils sont les cerbères des yourtes. Chaque famille en élève un, mais l'autorité des hommes sur ces bêtes est nulle. Les mastiffs (c'est leur nom) ne sont pas totalement chiens. Ils tiennent encore du loup. Mais un loup de la pire espèce : qui aurait découvert la propriété privée. Quand ils chargent, crocs dehors, babines révulsées, poussant des aboiements catarrheux venus du fond des âges et des tripes, mieux vaut alors être à cheval. Les chiens d'ailleurs s'en prennent peu aux cavaliers. Mais tout homme qui aborderait un campement à pied s'exposerait à une attaque presque certaine que les maîtres des lieux eux-mêmes auraient du mal à conjurer. La haine des chiens pour les piétons me confirme dans cette idée que si le Ciel a offert le cheval à l'homme, c'est pour qu'il s'en serve. Dans les steppes, la bipédie est un manque de savoir-vivre.

Nous allons, Slavomir et moi, à travers les prairies, escortés de martinets qui savent que les sabots du cheval font décoller tout un peuple d'insectes volants et de sauterelles dont ils raffolent. J'assiste souvent au ballet des grues de Sibérie, amants superbes qui ne se fatiguent jamais l'un de l'autre, éblouis d'eux-mêmes, passant une heure entière à se présenter leurs grâces.

Mais pour peu que les nuages s'amoncellent dans un coin du ciel et que le baromètre tombe, les bêtes vident les lieux. La gifle des steppes, c'est l'orage. Les Mongols s'estiment heureux, cet été. Fini les saisons sombres où la sécheresse décimait les troupeaux. Cette année, le ciel s'épanche. Les orages sont à la mesure des steppes : titanesques. Ici, les nuages ont la taille de royaumes. Et quand vient l'orage, on dirait que, crevés par un glaive, ils s'ouvrent d'un coup, comme des outres, pour s'écrouler tout entiers sous leur propre poids, vidés de leurs eaux en quelques instants, laissant sous eux la steppe étourdie de violence. Un matin, Slavomir et moi sommes frappés de plein fouet par un front de grêle. La nuit se fait soudain en plein jour. Quand le rideau arrive, je pense avoir le temps de gagner au galop un talus protecteur. Mais les éléments sont plus rapides. Le choc est si fort que nous ne pouvons faire face. Les grêlons fouettent ma peau et le cuir du cheval. Slavomir tourne sa croupe aux rafales. Je m'accroupis sous ma bête, abrité par l'auvent de son poitrail, et j'attends que le ciel s'apaise. Je suis trempé, j'ai froid et je suis heureux, car, au-dessus de moi, je n'ai rien d'autre qu'un cheval.

Au cours des deux mois que je passerai en Mongolie en sa compagnie, il n'y aura qu'une seule occasion au cours de laquelle je craindrai de perdre Slavomir. Ce jour-là, je l'ai attaché dans un campement, à la palissade d'un enclos de chèvres. Traditionnellement pourtant, quand on rend visite à des éleveurs, on noue les rênes de sa bête au poteau destiné à cet usage et que les Mongols plantent devant leur yourte. Autour d'un thé, j'écoute les cavaliers m'expliquer comment rejoindre le puits tout proche. Soudain, le fracas d'une cavalcade suivie d'un hennissement de frayeur. Je jaillis par réflexe hors de la yourte, mû par cette énergie que les mères de famille partagent avec les cavaliers lorsque l'objet de leur amour est menacé. Slavomir a déjà arraché un morceau de la palissade et, emporté par l'élan, est tombé sur le côté. À moins de 1 kilomètre, une troupe d'une centaine de chevaux passe au galop. Ce sont de jeunes éleveurs qui s'affrontent à la course, parcourant des dizaines de kilomètres en droite ligne. Affolé par le tumulte, mon cheval a voulu rejoindre la trombe : Slavomir a en somme tenté de s'évader.

Partout où je fais halte pour demander aux hommes l'emplacement des puits ou pour acheter des vivres, je reçois le même accueil qu'on pourrait qualifier d'aristocratique, c'est-à-dire : généreux, naturel et légèrement indifférent. Ce n'est pas vraiment de l'hospitalité. C'est plutôt une sorte d'incapacité à concevoir qu'on puisse laisser l'étranger dehors. En recevant le thé au fond de la yourte à la place d'honneur, je songe que ce peuple affable et paisible, occupé tout le jour durant à tirer le lait de ses chevaux, a donné corps jadis à l'une des forces impériales les plus sanguinaires de toute l'histoire de l'humanité. Dire qu'on craignait les razzias mongoles de l'Empire céleste jusqu'en Occident ! Des peuples, il en va comme de l'homme : ils ont leur jeunesse, leur âge mûr et leur déclin. Beaucoup ne sont plus que le reflet moribond de ce qu'ils ont été. Et chacun dans l'Histoire se partage un siècle de gloire. Les Italiens et les Espagnols ont le XVIe, les Français et les Hollandais le XVIIe. Les Mongols, eux, ont fait trembler le XIIe.

Deux jours avant d'atteindre Oulan-Bator, je traverse en ligne droite quelques reliefs coiffés de bouleaux maigrelets. Je grimpe les pentes en zigzag pour ménager Slavomir. Le cheval foule un pré fleuri où poussent des champignons. Ceux-ci n'intéressent ni l'évadé ni le vagabond car – à supposer qu'ils ne soient pas dangereux – ils sont trop longs à préparer pour un apport d'énergie très faible.

Je dors très peu la nuit, car je surveille ma bête. Dans les campements, je crains les voleurs de chevaux et me lève jusqu'à cinq fois par nuit. Aussi, pendant le jour, je m'écroule souvent de fatigue dans l'herbe. Je dors en tenant la longe du cheval dans ma main. Il la déroule en paissant. Une secousse finit par me réveiller : c'est la corde qui s'est tendue, annonçant qu'il faut repartir, reprendre la steppe, souscrire à ce principe nomade de la fuite en avant, ce déplacement sans cesse recommencé. Dans la steppe, nul autre choix que d'avancer. L'homme ne fait que passer. Toute halte est sursis. Le paysage, les ressources, le ciel et l'horizon, tout concourt au mouvement. Voilà d'ailleurs pourquoi les hordes mises en branle ont traversé le continent entier sans s'arrêter, foulant la terre tant qu'il y en avait sous le sabot de leurs bêtes.

Je passe ma dernière nuit avant d'atteindre la capitale dans une yourte, fœtus de feutre, monde recréé, replié sur lui-même, avec pour seule ouverture le *tunduk*, cet orifice percé à la clé de voûte, ce nombril de l'œuf, cette fontanelle, par laquelle nos rêves s'échappent vers le ciel pour regagner la nuit. Le lendemain, je remonte en selle. Au soir venant, apparaît une bête tapie dans la plaine, tache noir et gris couronnée de fumée et hérissée d'antennes. C'est Oulan-Bator, la capitale de l'empire des steppes, la cité des fils de Gengis, l'Ourga mythique que se disputèrent les hordes. Aujourd'hui, c'est une ville industrielle. C'est toujours ainsi avec les lieux mythiques. Samarcande, Oulan-Bator, Kaboul, vous devriez ne rester que des noms dans nos rêves…

En Mongolie, on laisse son cheval à l'entrée de la capitale comme ailleurs on garerait sa voiture. Je confie Slavomir à la garde d'une famille qui a planté sa yourte au contact des premières constructions. Étrange endroit : la steppe soudain s'arrête, et c'est la ville. J'ai beaucoup à faire à Oulan-Bator. Je déambule, la selle sous le bras, le long des avenues staliniennes du centre, à la recherche d'un gîte. Passent des bâtiments grandioses : opéra, musée d'histoire naturelle, palais du gouvernement. Sur la place centrale, un cavalier sur son piédestal : c'est la statue du bolchevik Sükhe-Bator, le héros rouge qui a bouté les Chinois hors du pays en 1921. Je trouve refuge dans un hôtel où la réceptionniste répondant au nom d'Amaara, belle comme la neige, hésite à me donner une chambre. C'est alors que je me souviens ne m'être pas lavé depuis mes bains dans la Selenga.

Priorité : honorer un vœu prononcé à Oulan-Oude, quinze jours plus tôt. Je m'étais alors juré de saluer Tserendoulam, sitôt atteint Oulan-Bator. J'avais pris connaissance de son histoire dans les archives de la bibliothèque. Il s'agit d'une femme de plus de soixante-dix ans. Dans les années 1930, elle était la fille de Genden, Premier ministre mongol victime des purges staliniennes. En 1937, il fut arrêté et déporté à Moscou avec sa famille. Tserendoulam avait cinq ans. Le ministre fut exécuté dans les sous-sols de la Loubianka, sans qu'il sût jamais pourquoi. Sa femme et la petite Tserendoulam furent autorisées à rentrer à Oulan-Bator. Elles prirent d'abord le train jusqu'à Oulan-Oude puis, n'ayant d'autre choix que de marcher, elles firent à pied les 500 kilomètres de route le long de la Selenga, via Khiakhta : 500 kilomètres en hiver avec des jambes d'enfant de cinq ans…

Aujourd'hui, Tserendoulam dirige le musée de la répression d'Oulan-Bator. C'est à elle que je veux consacrer mes premiers moments. Lui dire que j'ai marché dans ses pas soixante-six ans plus tard. Lui dire que, sur les bords de la Selenga puis à cheval dans la steppe, je lui ai offert en pensée quelques-unes de mes heures d'effort. Lui dire enfin qu'il m'a semblé accomplir un secret pèlerinage dont elle aurait été l'objet.

On m'indique une bâtisse massive. Un panneau : Musée de la répression politique et des victimes de la guerre. Je monte l'escalier du perron. Dans quelques instants, je serai devant Tserendoulam, « la femme qui a traversé la Sibérie, quand elle était enfant ». Je frappe à la porte aussi fort que bat mon cœur. Un homme m'ouvre.

— Bonjour, je suis français, je voudrais voir la directrice Tserendoulam; je n'ai pas de rendez-vous, mais j'ai quelque chose d'important à lui dire.

— Mais, monsieur, vous ne savez pas? Elle était malade, elle est morte cette nuit.

Mes recherches et quelques questions d'organisation me clouent à Oulan-Bator pendant deux semaines. Je suis à l'affût de quiconque me rapportera une histoire d'évasion ou me signalera une piste de recherche. Mon premier bonheur est de rencontrer Youri Nikolaevitch Krouchkine par l'entremise de l'attachée culturelle de l'ambassade de Russie, femme géante vêtue d'une robe marron. Krouchkine est l'un des mille Russes d'Oulan-Bator. Blond, massif, intarissable, historien, écrivain, gros mangeur, linguiste et, par-dessus tout, président d'une vénérable institution savante : la Société des mongolistes russes. Nous nous retrouvons presque tous les jours dans un bistro tenu par des Chinois que les employés mongols regardent d'un mauvais œil, si tant est qu'on puisse lire la moindre nuance de l'âme derrière le mystère de la fente oculaire mongolo-altaïque.

— Des évasions, il y en a eu beaucoup après la Seconde Guerre mondiale, me dit-il. Douze mille prisonniers de l'armée du général Vlassov[1] ont été déportés ici, en Mongolie, ainsi que des traîtres ukrainiens passés aux *waffen* et des Russes de Kharbin. Or, pendant les transferts, des prisonniers s'échappaient.

— Avec l'espoir d'aller où?

1. Le général Vlassov, héros de l'Armée rouge, proche de Staline qui l'admirait, est passé dans le camp allemand, en 1942, à la suite d'une trahison dont Staline s'était lui-même rendu coupable à son égard.

– Je ne sais pas. Les chances de retour en Russie étaient quasi nulles. Beaucoup essayaient de se faire oublier en Mongolie même. Je sais que dans les montagnes de l'Altaï il y a des métis sous les yourtes. Des Mongols avec des yeux bleus. En cherchant bien sous les tapis de feutre ou dans les coffres de bois, je suis sûr qu'on pourrait retrouver une boucle de ceinturon militaire…

» La plus extraordinaire histoire d'évasion concerne l'un des soldats de Vlassov. En compagnie d'un officier blanc de Kharbin et d'un autre Russe, il s'est fait la belle avec un fusil volé. Le NKVD les a pourchassés. Le soldat évadé était un tireur d'élite. À chaque fois qu'il en a eu l'occasion, il tirait dans l'étoile rouge du calot de ses poursuivants pour leur montrer qu'il était le plus fort mais qu'il ne voulait pas les tuer. Touchés par ce geste, ils ont cessé de le poursuivre. L'officier de Kharbin a été tué par les miliciens et l'autre compagnon par un ours. Mais lui, le tireur, il a survécu dans les forêts, à l'est de la Mongolie, jusqu'à l'arrivée de Gorbatchev ! Il n'est sorti du bois qu'en 1986. Après quarante ans de survie !

– Et Rawicz ? Son témoignage a été fortement mis en doute.

– Et qu'en savent-ils ceux qui l'ont contesté ? Peut-être a-t-il menti, mais cela ne signifie pas qu'une telle évasion soit impossible. Vous le verrez vous-même en traversant le Gobi : il y a des éleveurs qui y vivent… des chameliers… des nomades… Avec beaucoup de chance et avec l'aide d'un guide qui connaît l'emplacement des puits, c'est possible de passer. Des moines ont fui vers le Tibet quand les grandes purges ont commencé en 1937. Et, avant, il y avait eu des familles entières qui étaient descendues vers le sud, fuyant la collectivisation forcée de 1924… Il y a aussi des vieux-croyants russes que l'on a retrouvés dans des villages en Chine : ils ont forcément traversé le Gobi pour arriver là.

» J'ai aussi entendu l'histoire de deux Allemands de la Volga qui travaillaient dans le goulag mongol de Moldot dans les années 1940. Ils ont volé un camion et se sont évadés d'une traite jusqu'en Chine à travers le Gobi… Votre Rawicz, il n'est pas le seul !

À l'hôtel où je reviens le soir, la jeune Amaara (plénitude en mongol) me propose de louer l'appartement de sa tante plutôt que de continuer à loger dans cet établissement sinistre destiné aux apparatchiks sur le retour. Je dois rencontrer la tante le lendemain. Entre-temps, un quotidien national publie ma photo et un résumé de mes aventures en mongol sur cinq colonnes. Muni du journal, je vais sonner à l'heure dite à la porte de la tante, laquelle me reçoit, suspicieuse. Elle rechigne un peu à laisser son appartement à un étranger. Amaara lui a certes parlé de moi, mais c'est une recommandation un peu légère.

— N'avez-vous pas de papiers officiels ou de lettres du gouvernement? me demande-t-elle.

— J'ai mieux, madame.

Je lui tends le journal d'un air important. L'intention est bonne, mais le résultat désastreux car la journaliste a cru spirituel de titrer en gras, sans que je le sache, juste au-dessus de ma photo : Cet homme devrait être en état d'arrestation. La tante amorce un mouvement de panique. J'obtiens qu'elle lise l'article jusqu'au bout, ce qui m'ouvre les portes de l'appartement.

Mon cousin Nicolas Millet, réalisateur de documentaires, me rejoint à Oulan-Bator. Il va me filmer pendant une dizaine de jours en ville et dans la steppe. Je l'accueille à l'aéroport en compagnie d'Amaara. La jeune princesse est le premier citoyen mongol que Nicolas rencontre, ce qui l'amène à la conclusion que ce pays est un paradis. Les jours suivants, nous visitons le « centre d'études et d'archives de la répression et de la réhabilitation ».

— En Mongolie, nous dit le directeur Richin, un vieux Mongol élégant et racé, il n'y a pas eu une très importante tradition de goulag car 90 % des gens arrêtés étaient liquidés, ce qui réglait de façon très efficace les difficultés d'organisation liées à l'incarcération.

— Et les évasions?

— Il y en a eu, à travers le Gobi, mais pas là où votre...?

— Rawicz.

— Rawicz, c'est ça. Je n'ai jamais entendu dire que des gens avaient réussi à passer là où il prétend l'avoir fait, c'est-à-dire dans la section centrale du Gobi. Certes, des gens fuyaient par le désert, mais ils faisaient route vers le Sinkiang, beaucoup plus à l'ouest que votre itinéraire. C'est un peu moins aride : il y a des nomades qui vivent toute l'année autour des puits. Là où vous voulez traverser, personne ne s'y aventure. Il n'y a que la mort.

Les moines que nous interrogeons dans le monastère de Dascheilon, au centre d'Oulan-Bator, tempèrent un peu le pessimisme de Richin. Sous les tentures bouddhistes de la salle de prière, un lama, écrasé de vieillesse, balbutie des bribes de souvenirs. La vie est allée finir ses jours dans ses yeux. Le reste est une carcasse couverte de peau parcheminée. Les effluves des encens m'engourdissent le devant du cerveau. Le supérieur du monastère nous traduit les marmottements du Vénérable.

– Il n'a pas été lui-même déporté par les rouges quand la répression religieuse s'est abattue, vers 1937. Mais beaucoup de ses amis sont morts. Pensez que sur vingt et un mille moines, dix-sept mille ont été fusillés... Le millier de monastères que comptait la Mongolie a été détruit. À l'exception d'une demi-douzaine à Oulan-Bator, miraculeusement épargnés. Mais le plus intéressant, c'est que la foi bouddhiste n'a pas disparu pendant ces années de tourmente.

– Les bouddhistes ont résisté ?

– Pas exactement, il n'y a pas eu de lutte armée, mais une sorte de résistance passive, détournée. Des moines ont continué à rendre culte au Bouddha dans des yourtes converties en monastères mobiles. On les dressait dans un endroit caché. Les moines y officiaient et, si l'alerte était donnée, la yourte était démontée en moins d'une heure, rangée sur le dos des chevaux ou des chameaux et on la déplaçait de 100 kilomètres pour recommencer les rituels. Il y a eu des monastères clandestins de ce type dans toute la ceinture aride du Gobi.

– Et pas d'évasion ?

– Si ! Des moines sont partis vers le Tibet. Certains ont refait leur vie là-bas, dans des monastères qui les accueillaient, par-delà le Gobi. Il y a même eu l'histoire d'un moine de Bouriatie qui a fui la Sibérie stalinienne en 1934. Il est venu s'installer en

Mongolie et a dû s'en échapper à nouveau en 1937, au moment où la situation devenait dangereuse ici. Il s'est alors réfugié au Tibet, il a intégré une lamaserie d'altitude d'où il a été à nouveau chassé en 1950 par les maoïstes chinois. Il s'est évadé par l'Himalaya et a fini sa vie en Inde après vingt années passées à courir derrière la liberté...

Un soir, dans l'appartement, nous vidons précautionneusement avec Amaara les bouteilles de saint-émilion que Nicolas a apportées dans ses bagages. Il y a aussi un saucisson au poivre que la jeune Mongole, carnassière comme tous ceux de sa race, déchire de ses dents blanches en nous fixant des yeux. Nous buvons à son avenir. Amaara ne finira pas ses jours dans la steppe. Elle se sait un destin. Elle nous raconte que son diplôme de biotechnologie l'a conduite dans un laboratoire de recherche où elle a inventé et développé un procédé de fabrication de papier à partir de la poussière de kaolin. Technique révolutionnaire qui permettrait aux Mongols de produire leur propre papier en se passant des importations chinoises. Les subsides que le gouvernement mongol lui versait pour ses travaux ont été subitement coupés sous la pression officielle de la Chine. Depuis, Amaara cherche à poursuivre ses travaux dans une université européenne. La France n'ayant plus vocation à accueillir des cerveaux, c'est l'Allemagne qui prendra soin d'Amaara. Si tout se déroule bien, elle devrait entrer l'année prochaine à l'université de biotechnologie d'Aix-la-Chapelle.

Le lendemain, nous passons à pied sur la rive droite de la Toul, la rivière qui coule au sud d'Oulan-Bator. Du sommet d'une colline où les communistes ont érigé un monument à la mémoire des soldats de la Grande Guerre de 1941-1945, nous dominons la ville qui n'était jusque dans les années 1930 qu'un village de tentes, de yourtes et d'isbas piqueté de pagodes.

Mes yeux remontent le courant de la Toul. À quelques kilomètres, elle décrit un coude vers le sud et disparaît derrière le fil d'un puissant talus. C'est par là que je passerai demain, vers les steppes du sud et le désert de Gobi.

7
Dans la steppe
août-septembre

Nous sommes cinq à quitter Oulan-Bator, le 16 août. Deux chevaux et trois hommes. Le photographe Thomas Goisque nous a rejoints la veille, par avion. Il doit lui aussi passer quelques jours au fond des steppes en ma compagnie pour moissonner des images. Thomas descend d'une famille picarde et tient sans doute de son attachement à la terre cette façon un peu massive de marcher comme si les pieds quittaient le sol à regret. Mais, dans la difficulté, je ne l'ai jamais entendu émettre la moindre plainte. C'est qu'il tient le renoncement pour une trahison. Quand il commence à douter de sa capacité à venir à bout d'un obstacle physique, il a volontiers recours à cette pensée de Péguy : « Réfléchir, c'est commencer à capituler. » En plus de Slavomir vient un deuxième cheval, que j'ai acheté avec Nicolas au bazar aux bestiaux deux jours auparavant, pour porter le matériel : caméras, appareils photo et objectifs.

Nous faisons nos adieux à Amaara que nous reverrons un jour, au pied de la châsse de Charlemagne. Nous sellons Slavomir, bâtons la nouvelle recrue et partons vers un pont situé au nord de la zone industrielle d'Oulan-Bator. Nous prenons pied sur l'autre rive de la Toul. Pour rejoindre les grandes steppes centrales que je convoite, nous remontons le cours de la rivière sur 200 kilomètres, pendant cinq jours.

La première journée est exclusivement consacrée à faire tenir sur le dos du nouveau cheval le volumineux bissac de cuir rempli jusqu'à la garde de dizaines de kilos de matériel.

La vallée de la Toul convaincrait quiconque que les « routes de la liberté » sont des chemins de splendeur. Mais se pourrait-il qu'une route menant à la liberté ne fût pas belle ? Les rayons du soleil, filtrés par le kaléidoscope des nuages en mouvement, projettent sur les talus sauvages des lumières de Genèse, et plongent parfois une moitié du paysage dans l'obscurité cependant que l'autre se drape d'or avant de s'éteindre elle-même brusquement. Nous allons des kilomètres entiers dans de hauts phragmites (sortes de roseaux) battus par des houles de vents continus.

Les orages du début du mois ont gonflé les eaux de la rivière. Frayeur, ce jour où le bât du cheval s'arrache alors que nous tentons de passer le long d'un à-pic rocheux dont la Toul lèche le pied. Nous en sommes quittes pour réparer les dégâts avec drisses et garcettes puis, renonçant à guéer, nous franchissons le revers de la falaise par un col caillouteux avant de redescendre vers les méandres galonnés du velours vert savane de la prairie. De rares yourtes bossellent l'horizon : elles sont promesses de chaleur et de confort. Nous nous serrons dedans la nuit venue, partageant le sol pêle-mêle avec les enfants et les araignées des champs que je crains plus que tout. Les autres soirs, nous installons nos bivouacs au bord de la rivière et allumons des feux qui trouent les brouillards vespéraux de halos orangés. Parfois, nous avons des visites : des chiens sauvages s'approchent et hurlent à la manière des loups à moins que cela n'en soit vraiment. Une autre fois, sous les étoiles, c'est une harde de chevaux qui viennent s'enquérir de nos intentions auprès de Slavomir. Et un jour, c'est « Istérik », jeune Mongol impassible qui surgit dans le cercle de notre feu précédé du chant qu'il gueule à tue-tête et s'assied sans mot dire autour du foyer et accepte notre café avant d'annoncer qu'il veut nous vendre son cheval blanc (que nous échangeons finalement contre notre bête de somme).

Nous subsistons sans rien avaler d'autre que les maigres provisions que nous avons emportées dans le bissac et un très léger état d'inanition nous met les nerfs à fleur de peau, ce qui nous permet de mieux éprouver la poésie des heures passées dans l'étrange et lumineuse atmosphère de la Toul. Nous quittons la vallée vers le village de Buren que nous atteignons au soir du sixième jour après avoir délicieusement bivouaqué dans une steppe vert bronze piquetée de duvet blanc dont l'odeur signale l'ail sauvage. Le village ressemble à tous les hameaux mongols, posés au gré de l'Histoire sur le hasard de la géographie : un regroupement de maisons de planches, quelques yourtes, toutes ceintes de palissades. Deux pistes en croix qui traversent le tout et sur lesquelles on joue au ballon quand on est gosse, on piétine à l'âge adulte, on boite à la fin de sa vie. Il flotte dans ces hameaux du *Far East* un parfum de désespérance, d'accablement et de stupeur devant le choix de l'emplacement : « Pourquoi là? » La différence avec un campement, c'est que ces villages-là ne seront jamais levés…

À Buren, nous faisons nos adieux à Nicolas qui s'en retourne en France via Oulan-Bator où un villageois le ramène à bord d'une antique *waz* russe des années rouges. Thomas et moi confions la garde des deux chevaux à des éleveurs sédentarisés et partons à bord d'une autre *waz* pilotée par un jeune chauffeur, pour enquêter sur l'une des pierres d'achoppement de l'affaire Rawicz.

Voilà l'épine : le Polonais écrit dans *À marche forcée* avoir tenu dans le Gobi plus de dix jours sans boire (fadaise), mais – et c'est le plus grave – il décrit le désert mongol comme un océan de dunes. Une vaste étendue de sable. Une réplique asiatique du Grand Erg saharien. Or une telle évocation fait bondir les géographes qui savent que le Gobi est un glacis semi-aride offrant aux ardeurs du ciel la couverture d'une steppe rachitique ou d'un cailloutis stérile et noirâtre. Pour parfaire la description géomorphologique, il faudrait signaler aussi des massifs rocheux, sortes de citadelles de pierre au pied desquelles reposent les points d'eau. Mais de dunes, point. Ou du moins très rarement. Et, s'il y en a, elles sont à ranger au rayon des curiosités de la géologie. Je sais qu'au sud du pays s'élève une de ces anomalies : un bourrelet de sable posé sur le substrat. Il ne mesure qu'une dizaine de kilomètres dans sa largeur nord-sud et s'étire sur plus de 100 kilomètres de long. C'est donc un cordon dunaire qui coupe la route de quiconque se dirige vers le sud. Or, quand bien même Rawicz aurait traversé ce court obstacle, il n'est pas justifiable que dans sa description il ait réduit le visage du Gobi à une mer de sable. C'est cette traînée de poudre oubliée par les âges sur un socle stérile que nous voulons observer. Le voyage ne sera qu'un aller-retour rapide. Ensuite, Thomas retournera à Paris et moi, je retrouverai les chevaux à Buren.

Notre virée tourne au désastre. Le jeune chauffeur de *waz*, plus rompu aux déambulations dans les quartiers branchés d'Oulan-Bator qu'aux azimuts tirés dans les prairies, ne s'y retrouve pas.

La steppe, à sa décharge, est cruelle à celui qui ne possède pas le sens de l'orientation, ce don stellaire que les nomades partagent à égale hauteur avec leurs chevaux.

Nous tournons en rond dans les herbes. Nous grimpons sur les éminences, car on croit toujours, par un préjugé tenace, que la vue au sommet d'une colline dévoilera de bonnes nouvelles… Nous errons sous un ciel aussi uniforme que la prairie dont il est le miroir. Puis finalement, nous trouvons la bonne vallée et naviguons vers le sud jusqu'au soir. La steppe se racornit, s'efface progressivement, devient Gobi. La journée meurt dans l'éternité du désert et le ronronnement du moteur russe. Le chauffeur réussit alors l'exploit de s'embourber dans l'unique flaque de boue du désert de Gobi : une cuvette de terrain argileux qui a retenu l'eau des dernières averses. Il a foncé droit dedans. La voiture est prise dans la glaise jusqu'au châssis. Nous passons la nuit à la belle étoile. À l'aube, nous surprenons le chauffeur (décidément très au-dessous de la situation) occupé à faire sa toilette avec notre dernier litre d'eau potable. Vingt-quatre heures passent. Nous accomplissons quelques vaines tentatives de désembourbement manuel (nous n'avons même pas de pelle). Mais, alors que nous commençons à évoquer l'hypothèse de rejoindre à pied et sans eau un village distant de 60 kilomètres, le Ciel intervient en dépêchant par le plus pur des hasards un camion à dix roues de marque GAZ, transportant les membres d'une expédition scientifique : six phytobotanistes russes de l'université d'Ekaterinbourg. Nous obtenons une fois de plus la preuve qu'il suffit d'attendre que *les Russes arrivent* pour que le cours des événements s'accélère. Sacha, le chauffeur du camion, vêtu seulement d'un maillot de bain et de bottes de pêche, nous lance un câble et le GAZ extrait la Jeep de sa gangue dans une gerbe de mélasse pendant que la doyenne du groupe, spécialiste des échanges chlorophylliens, plantée au milieu de la flaque argileuse, coiffée d'un large bonnet de plage, livre à ses confrères ses remarques sur la plante saline qu'ils viennent de découvrir au milieu du bourbier, parfaitement indifférents à notre sauvetage.

Nous passons deux journées à explorer la dune. Au pied : une source d'eau autour de laquelle prospèrent des chameaux de Bactriane et des campements nomades. Deux cents mètres péniblement arrachés à un versant de sable fin nous conduisent au sommet. À chaque pas s'effondrent des langues fluides qui dégringolent en petites avalanches. En glissant, les nappes de sable crissent à la surface du sable resté stable, provoquant un chuintement qui, lentement, se transforme en vibration puis emplit crescendo l'atmosphère d'un grondement sourd comme si le vent bourdonnait dans la harpe celtique abandonnée par un barde sur une falaise des Highlands. Les géomorphologues appellent « solifluxion » ce phénomène de glissement. La musique du sable, elle, ne porte pas de nom mais nous reconnaissons bien là le « chant des dunes », pareil au cri des baleines et qui a persuadé tant de voyageurs errants sur les routes de la soie que rôdaient derrière leur dos chimères et dragons. L'affabulation n'est jamais loin de la solifluxion.

L'arête terminale de la dune est effilée comme une lame. Vers l'ouest disparaît dans le lointain le fil de la vague de sable. Vers le sud moutonne une bande d'une dizaine de kilomètres de petites dunes puis, plus loin, le désert noirâtre reprend ses droits et déroule son tapis jusqu'en Chine. Nous bivouaquons sur un replat de sable, nichés dans les pentes sud, juste sous l'arête. À minuit, la tempête se lève. Des plaques de sable décrochées de la crête nous ensevelissent progressivement. Nous devons nous extraire tous les quarts d'heure du sable qui monte comme une marée mauvaise. Au matin, le vent tombe. Nous dégageons nos affaires enfouies sous 1 mètre de sable. L'aube confirme ce que nous avions entrevu la veille. La dune n'est qu'un mince cordon.

Vingt-quatre heures plus tard, le 30 août, Thomas est dans l'avion pour Paris et, moi, je quitte Buren sur Slavomir, tenant à la longe le cheval blanc à qui je n'ai toujours pas trouvé de nom. Je m'enfonce, en cet instant où je renoue avec la solitude, dans un long couloir de journées identiques les unes aux autres qui vont me conduire par le ventre des steppes jusqu'au Gobi. J'ai fixé à ma selle une besace de provisions non périssables et un bidon de 5 litres d'eau, complété par les 3 litres logés dans mon sac à dos : 8 litres qui signifient trois jours d'autonomie. Je fais route au GPS, cap à 180° vers le hameau de Hovd qui marque l'entrée du Gobi proprement dit. Il me faudra huit jours pour l'atteindre depuis Buren. Je chemine à l'azimut, cherche les puits au soir venu, bivouaque seul, ou bien dors sous les yourtes quand il y en a et, parfois, croise un petit village. Chaque kilomètre accompli dans la direction du sud est une marche de plus descendue vers l'aridité.

Chaque jour, je demande à mes chevaux d'enlever 50 à 60 kilomètres. Un soir, le sabot de Slavomir transperce des galeries de spermophiles. J'imagine les petites bêtes pelotonnées dans le confort de leur tanière et qui soudain reçoivent le ciel sur la tête. Je contemple, défilant sur le tapis des herbes, le manteau d'Arlequin des taches de soleil filtrées à travers le treillis des cumulus. Les nuages ressemblent à un troupeau poussé par le vent qui serait leur berger. Les puits dont mes cartes russes me donnent l'emplacement précis déterminent ma course. Mon voyage est un fil de vie que je tends d'un point d'eau à l'autre. Quand j'abreuve mes bêtes, je ressens la félicité parfaite. La satisfaction monte en moi à mesure que leurs ventres se remplissent. Un soir, je croise une ligne de téléphone avec des poteaux bandés vers le ciel d'azur et qui strient la steppe et soulignent la fuite des perspectives. Un

Mongol fait un morceau de chemin avec moi. Il m'invite dans sa yourte et nous passons une bien bonne soirée, dans le silence total, entrecoupé seulement de nos raclements de gorge pour éteindre le feu que la râpe de l'*ayrak* (alcool de lait de jument) allume dans le gosier. Les jours suivants, passent les petits hameaux de Sankt, de Bayangol et de Togrog. Comme à Buren : quelques maisons encagées dans leur palissade, comme un carré de soldats que défierait la monstrueuse immensité environnante.

Un jour, je saute à terre et, du pied, coince la tête de la vipère dont j'ai vu les osselets noirs et blancs serpenter sur le sol. Je la saisis comme il faut; entre pouce et index à la racine de la tête. Je découvrirai plus tard qu'il s'agit de la vipère de Hapis, identifiée au XVIIIe siècle par un herpétologue occidental comme le serpent le plus venimeux de l'Asie centrale. Étaient-ils de cette espèce, les reptiles que Rawicz et ses compagnons dévorèrent dans le Gobi et auxquels ils durent leur survie? Je profite de ce que l'objet de mon voyage n'est pas de me livrer à une reconstitution *in situ* de l'épopée rawiczienne pour ne même pas songer à cuisiner la bête.

Cauchemar vécu avec un monstre, une fois, dans une yourte où je passe la nuit à terre. Sentant quelque chose m'effleurer le visage, je me gifle dans un demi-sommeil et, au matin, moi, pauvre arachnophobe, je me réveille le nez sur un cadavre d'araignée énorme. Il y a aussi les chameaux dont je croise parfois des troupeaux entiers et dont je suis incapable de déterminer s'ils sont sauvages ou domestiques. Mes chevaux craignent ces vaisseaux de charge et renâclent à les approcher.

Je chevauche comme les Turkmènes : en changeant de monture au cours de la journée. Le matin sur Slavomir-le-noir, l'après-midi sur le blanc. Par cette manœuvre d'alternance, on conserve intacte la santé de ses bêtes cependant que le changement de couleur de l'encolure sous les yeux procure une distraction non négligeable. Autour de moi, 360° de steppe rectiligne. Pas un arbre pour pisser, ou pour se pendre. Je sens l'étreinte de l'immense comme un nœud coulant à la gorge.

Le hameau de Hovd marque une étape bioclimatique au-delà de laquelle mes deux bêtes, originaires des vertes prairies de la Selenga, connaîtraient trop de souffrances si je les y poussais. Je décide de les échanger dans un campement contre un cheval mieux rompu aux rigueurs du désert : une petite monture du Gobi. L'affaire est conclue avant la nuit. J'ai suivi mon premier mouvement, dicté par l'instinct, et j'ai frappé à la porte de la yourte qui m'attirait le plus parmi toutes celles qui essaiment autour du village de Hovd. La chance m'a souri : le maître des lieux, Bazarzat, n'a presque pas discuté. Il m'a sur-le-champ acheté le cheval noir et échangé le blanc contre une petite monture autochtone. Je passe la nuit sous la yourte et, à l'aube, je monte en selle et éperonne mon nouveau cheval sans rendre visite à Slavomir, ni même lui jeter un dernier regard, car je suis très sensible quand il s'agit de quitter les bêtes.

La frontière est à dix jours de marche. Le secret de la traversée que j'entreprends réside dans l'absolue nécessité de ne pas manquer un seul puits. Mes propres réserves d'eau me mettent à l'abri de la soif pendant trois jours mais mon cheval, aussi adapté soit-il à la sécheresse, ne peut se passer de boire pendant plus de trente-six heures. Ce qui réduit à un jour et demi la période de temps vivable entre deux points d'eau. Je sais qu'il se trouve un poste-frontière à 100 kilomètres au sud du village de Gurvantès, entre la Mongolie et la Chine, porte de passage perdue dans les replis du Gobi, hors de tout grand axe et que n'ont le droit d'emprunter que les ressortissants de l'une ou de l'autre république. Mais je veux quand même m'y présenter et forcer la chance avec l'espoir de faire fléchir les sentinelles en faction. En arrivant devant elles, je n'aurai aucune autre recommandation que les semaines de lutte passées dans le désert et ma volonté farouche de faire cap vers le sud. J'ai déjà vu des miracles se produire devant des barrières destinées pourtant à ne jamais s'ouvrir…

J'aligne mon axe de marche sur la direction qu'indique l'aiguille blanche de ma boussole, celle du sud, et je ne fais d'infidélité à ce cap cardinal que lorsqu'il s'agit de rejoindre un puits. Je passe dix jours dans le silence et le vide. L'effort physique pèse peu dans la difficulté de ces étapes en comparaison de la monotonie des heures. L'ennemi dans la steppe, c'est l'uniformité des instants qui se succèdent, rigoureusement identiques au point qu'on ne peut plus savoir s'ils sont faits de secondes ou de jours. Le Gobi exige d'accepter que rien ne variera d'un pouce ni dans le déploiement du temps, ni dans le défilement de l'espace, ni dans l'allure de la bête et que seuls le cours des idées et la course des nuages offriront dans la béance quelque occasion de divertissement. Mes pensées sont le seul élément qui jalonne ces journées monochromes. Dans le paysage unique, elles sont seules à varier. La terre est morte, le ciel est mort, mes idées vivent. Et si, au soir venu, je désire me rappeler de quoi était faite ma dernière matinée, je dois recourir à ce que j'ai pensé, non à ce que j'ai vécu. Or ma mémoire n'enregistre du monde extérieur qu'une poignée d'images confuses dont je ne sais si elles appartiennent au jour même ou à la veille. Lorsque, plus tard, je repenserai à ces journées, elles me reviendront à l'esprit comme une seule tranche de vie insécable. Surnagera de cette bouillie le sentiment d'avoir vécu, avec honnêteté, une pleine expérience.

Au neuvième jour, j'atteins enfin Gurvantès. On m'explique que le village-frontière de Sheevehuren n'est plus qu'à une journée et demie de cheval mais que les soldats qui le gardent ne laisseront pas passer un étranger. Une piste parcourue par des véhicules militaires mène jusqu'au poste frontalier. Pour ne pas faire de mauvaises rencontres, je chevauche en plein glacis, très loin de la route. J'avale 30 kilomètres au GPS pour échouer, épuisé, dans un campement d'éleveurs de chameaux.

Frontière sino-mongole. Des baraquements militaires. Des antennes et des paraboles. Des drapeaux. Des factionnaires. Je comprends vite que je ne passerai pas. Le refus est formel. J'insiste. Le colonel de la place me reçoit.

— Le poste n'est ouvert qu'épisodiquement pour permettre aux commerçants chinois et mongols d'écouler leurs marchandises. La frontière est fermée aux étrangers.

J'obtiens qu'il téléphone à Oulan-Bator, au ministère des Affaires étrangères, pour demander une faveur. Pour une fois, l'obstination ne paie pas. Le verdict tombe, à la fin du jour.

— Vous ne passerez pas.

Il me suffirait certes de chevaucher une dizaine de kilomètres le long de la frontière et, une fois hors de vue, de passer en Chine, incognito. La clandestinité donc. Choix qui serait stupide, car deux mois et demi de voyage m'attendent en Chine, et être arrêté là-bas sans papiers en règle signifierait (au mieux) l'expulsion et la fin du voyage. Je dois donc me résoudre à la seule solution possible : contourner l'obstacle, c'est-à-dire revenir à Oulan-Bator, en train et en camion, et de là, gagner le Ganzhou, traverser la portion du Gobi chinois et me présenter de l'autre côté de la frontière pour pouvoir reprendre ma progression sans interrompre le fil de mon tracé. 2 500 kilomètres de boucle pour 2 000 ou 3 000 mètres de bande frontalière interdits !

Je m'en retourne, à contrecœur, vers la famille chamelière qui m'a accueilli la nuit dernière. Je rumine mon malheur. Et sens d'un coup peser sur mes épaules le poids des semaines de progression solitaire où, tendu comme un arc vers le but à toucher, je n'écoutais pas les plaintes de mon corps. Dans l'accablement qui m'envahit soudain, l'énergie déserte mon être, la flamme aventureuse s'éteint, soufflée par ce revers, et je sens mon âme glisser sur ce versant du désespoir qui la fascine tant par ailleurs et dont je dois l'écarter en permanence. Mon corps a vieilli depuis le mois d'août. Je pleure une ou deux larmes. Sans doute deux. Une pour le dépit, une pour la rage.

Dans les bureaux du casernement, j'ai fini par exploser devant le colonel, déversant d'un coup mon mépris pour la bureaucratie, ce qui a provoqué mon expulsion des lieux sans ménagement, avec ordre catégorique de vider la région. Et me voilà donc, triste à mourir, chevauchant dans la nuit, victime de l'absurdité des administrateurs qui dressent au milieu des déserts des remparts abstraits. Autrefois, c'était la grande muraille qui, quelques centaines de kilomètres plus au sud, était destinée à arrêter les Mongols. Aujourd'hui, pour barrer la route, il suffit d'un trait sur une carte et du zèle de factionnaires ensablés. Ayant pris soin, la veille, de relever la position satellite de la yourte aux chameaux, je réussis à la rejoindre de nuit. Le jour suivant, le maître du campement m'accompagne à cheval jusqu'à Gurvantès ; de là, avec un peu de chance, si je trouve un véhicule, je pourrai rejoindre Oulan-Bator assez vite. Je ne desserre pas les dents de tout le jour et je crois qu'un an après on voit encore la trace du sillon que l'écœurement creuse entre mes sourcils ce jour-là. L'éleveur, lui, sifflote, l'air guilleret : je lui ai promis de lui donner le cheval.

8
Gobi
septembre

Me voilà ainsi contraint à 2 500 kilomètres de contournement. Dix jours perdus pour quelques arpents de zone frontalière !

Quittant les parages frontaliers vers le nord, je reviens sur mes pas, traverse le Gobi et gagne Oulan-Bator après plus de quarante-huit heures de lutte à bord d'une noria de véhicules dont le plus récent remonte au regel brejnévien. Sans même avoir le temps de saluer Amaara, je saute dans le premier train pour la Chine. Je passe la frontière et je poursuis ma course. Un train pour Hohotte ! un train pour Lhanzou ! Troisièmes classes pour Jiayuguan ! Je couche dans les gares, j'avale des soupes pimentées qui me laissent sonné, je passe commande de mes billets dans des pantomimes éperdues. Dans les compartiments ouverts à huit places, conçus sur le modèle russe, les haut-parleurs de la compagnie crachent matin et soir de la musique classique. Ah ! quelle agréable chose qu'une dictature mélomane ! Mes voisins de couchette sont prévenants. On me choie. On est gentil. Je n'avais plus souvenir que les Chinois fussent si aimables. On veut me faire connaître des spécialités. On me tend à manger. De la gastronomie locale ! On veut m'abreuver aussi. Le Chinois boit continuellement un âcre thé vert. Je n'aime pas le thé que je trouve ennuyeux. Terminus : Jiayuguan, ville importante du Gansu chinois située à la lisière sud du Gobi et qui se trouve exactement sur la longitude du point que je convoite, à la frontière mongole. Le matin même de mon arrivée, j'achète en deux heures un bon vélo chinois dans le plus gros magasin de bicyclettes de la ville et affrète une Jeep pour me convoyer dans le désert de Gobi. La Mongolie n'est qu'à 400 kilomètres plein nord. Deux routes possibles y mènent : l'une interdite aux étrangers pour des raisons militaires. L'autre, piste abandonnée n'offrant les ressources que d'un seul village entre la frontière et la fin du désert. Le chauffeur conduit dix heures de suite dans un Gobi horriblement sublime. À 20 heures, 3 kilomètres avant le premier barrage frontalier, il me dépose sur le bord de la piste et s'en retourne. Je fixe mes 8 litres d'eau sur le vélo. Je jette un regard vers la Mongolie toute proche. Il y a dix jours, j'étais arrêté avec mon cheval à 5 kilomètres plus au nord. Il fait presque nuit. Je donne le premier coup de pédale. Vers le sud, le Tibet et la liberté. Et je ferme la parenthèse de l'absurde contournement.

Les six jours que je consacre à la portion de 400 kilomètres du Gobi chinois se ressembleront : un tourbillon de rafales soufflées sur un océan de gravillons contre la voile de ma volonté. Chaque matin se lève sur le triptyque du lœss, du vide et du vent. Et, la nuit, c'est le tête-à-tête renouvelé avec les champs d'étoiles dont la beauté interdit qu'on ferme les yeux. Et le tout dans la solitude qui est le plus beau cadeau qu'on puisse offrir à l'âme.

L'aridité gagne en sévérité à mesure que je descends vers le sud. Le désert chinois est une bête morte qui montre son dos nu. En Mongolie, parfois, les touffes de plantes faisaient comme des pustules sur la carapace. Ici, il n'y a même plus de buissons. Un jour, cependant, j'aperçois une sorte d'oued asséché et planté d'arbres qui ressemblent à des acacias. Ils atteignent jusqu'à 3 mètres de haut. Pas d'eau. Rien de commun en tout cas avec la région que Rawicz prétend avoir découverte. Faut-il que son souvenir ait été altéré pour qu'il se soit risqué à décrire « un point d'eau planté de palmiers ». Le Gobi chinois ne dispense pas de telles merveilles. Les seules réserves d'eau naturelles sont constituées par des dépressions d'argile, vasques qui se remplissent d'eau à la faveur d'un orage et que l'évaporation vide en quelques jours. J'en dénicherai quelques-unes qui me permettront de recharger mes bouteilles.

Le désert change au fil des kilomètres, les larges cuvettes aplanies sous le rabot des âges, couvertes de graviers tamisés par le vent, se sont soulevées en ondulations régulières que crève parfois un relief acéré. Le quatrième jour, tout se tourmente. Le Gobi prend l'allure du fond de chaudron d'un cuisinier du diable et comme il n'a que les formes et les couleurs pour peindre son histoire, il dispose sur la plate-forme du sol les croûtes rouges des roches oxydées, la sculpture torturée des pitons rocheux, les plaques noires de la patine. La piste s'enfuit vers le sud, zébrant le paysage, cette parcelle de lune descendue sur la terre. Puis la lointaine crénelure d'un haut-relief remplace progressivement la ligne rectiligne de l'horizon que j'avais devant les yeux depuis des semaines. Serait-ce la même chaîne de montagnes que Rawicz aperçoit un matin « voilée d'une brume bleue pareille à une fumée de tabac » et qui annonce la fin du Gobi ? Pour le Polonais, la vision était d'importance, car elle annonçait la fin de l'enfer. La traversée du Gobi constitue en effet le sommet mystique de l'évasion de Rawicz, car c'est dans le ventre du désert que les fugitifs, devenus aussi chancelants que leurs ombres, soumettront leurs corps presque morts à la détermination de leur âme et prouveront que la volonté en fusion peut tordre le fer de l'impossible. Nourris de serpent, mâchant de la boue pour en extraire l'eau, démunis de tout récipient, ignorants jusqu'à la taille du désert qui les a happés, les huit cadavres vivants ramperont plus qu'ils ne marcheront pendant un nombre de journées dont Rawicz avoue avoir perdu très vite le décompte. Deux des bagnards ne survivront d'ailleurs pas à l'agonie, parmi lesquels Kristina, la jeune fugitive polonaise du Baïkal, pour laquelle tout le groupe concevait un amour fraternel. La scène du sobre enterrement de la jeune fille au pied d'une dune (encore une !) est un des plus grands moments de souffrance de *À marche forcée*.

Si les longues journées que je passe au Gobi n'atteignent pas l'intensité douloureuse de celles qu'y connut Rawicz, du moins suis-je ébranlé au plus profond de mon corps par l'effort que je fournis. Les larmes qui me coulent quand le vent est trop fort ne sont rien, car elles sèchent à mesure que les rafales les provoquent. Plus grave : les kilomètres de bicyclette dans le lœss sont en train d'affecter mon genou droit sans que je m'en rende compte. Signe de mon degré d'épuisement : le soir, lorsque j'installe mes hardes sur le sol, je m'endors avant même d'avoir songé à me nourrir.

Le puits du kilomètre 163, indiqué sur ma carte, ne fait pas défaut. J'y arrive dans le milieu de l'après-midi et y décide une halte prématurée pour m'octroyer un peu de repos.

C'est le surlendemain que je retrouve les Hommes en rejoignant la province du Gansu, territoire qui marque la fin du désert. Le Gansu s'étire d'est en ouest en une longue bande de champs cultivés : il borde en la soulignant la lisière méridionale du Gobi. De très loin on distingue un rideau de peupliers et, quand on le passe, c'en est fini de l'aridité : la vieille Chine agricole reprend possession de la géographie. Le goudron apparaît en même temps que les premiers champs de coton. Des femmes travaillent à la récolte. Les villages agrestes se succèdent. J'avais presque oublié la musique du vent dans les houppiers : je me rends compte qu'il fait le même bruit que la vague de mer sur un parterre de coquillages. Les odeurs végétales exhalent dans l'oasis un parfum de pourriture un peu scandaleuse qui n'est autre que l'odeur de la vie.

Les Chinois ont poussé jusqu'à la perfection l'art d'exploiter le moindre pouce carré de leur terre : les paysans du Gansu organisent ainsi des cultures mixtes et sèment du maïs sur les billons qui séparent les sillons plantés de coton. Les cultivateurs chez qui je fais halte pour me gorger du plaisir de siroter un thé sous une treille fruitière balancée par un léger souffle m'offrent des poires et du maïs grillé. Tous me témoignent une affabilité qui corrige mes mauvaises dispositions à l'égard des Chinois, nées de quelques malentendus fâcheux au cours de voyages de jeunesse trop rapides pour être honnêtes. Je jouis de l'oasis. La théorie des contrastes veut qu'on accorde une valeur très haute à ce dont on a été longtemps privé : je suis largement récompensé par ces retrouvailles avec l'abondance des longues heures de peine solitaire sur la croûte stérile du Gobi.

Le Gansu est l'une des failles du récit de Rawicz. Il n'y a pas une ligne consacrée à la région dans le livre. Le Polonais semble avoir abordé les premiers avant-postes montagneux du Tibet, sitôt sorti du Gobi, sans jamais traverser aucune bande agricole. Or toute ligne tracée sur une carte entre la Sibérie et l'Inde croise forcément de part en part, du nord au sud, le couloir historique du Gansu. Peuplée de longue date, parcourue autrefois par les caravaniers de la soie qui en empruntaient les nombreuses routes, constellée de villages et de places fortes disposées le long de la muraille de Chine, la province du Gansu ne peut pas se rater ! La question me préoccupe comme je roule sous les ombrages, le long des canaux. Comment avoir réussi à ignorer ce havre ? Énigme d'autant plus obscure que, pour quiconque vient de s'arracher au Gobi, la vue est inoubliable de ces arbres balancés dans un vent de fragrances, sonnant la fin des agonies. Peter Flemming qui releva les incohérences du récit de Rawicz insista sur la lacune du Gansu, s'étonnant que le Polonais n'eût pas coupé l'un des grands axes de communication – route, canal ou voie ferrée – qui strient la province. Pour moi, qui continue à accorder à Rawicz le double bénéfice du doute et de mon affection naturelle pour les conquérants de l'impossible, l'explication de ces anomalies tient dans le fait que le récit a été écrit sans l'appui d'aucune note, dix ans après les faits, par le truchement d'un journaliste (Ronald Downing, à qui Rawicz « exprime sa reconnaissance » en exergue du livre); conditions d'écriture fatales à la précision et à la rigueur. D'autre part, il faut se souvenir que le livre est publié dans les années 1950, c'est-à-dire à une époque où le souci d'exactitude dans la relation de voyage est certainement moins fort qu'aujourd'hui. Songeons qu'en 1950 le nombre d'explorateurs à avoir traversé le désert de Gobi ou le Tibet est infime. Le temps n'est pas au tourisme de masse qui offre aujourd'hui à chacun la possibilité de se propulser d'un coup d'aile d'avion dans des parages que Sven Hedin, Roerich ou Prjevalski mettaient des mois à atteindre. L'auteur des années 1950 livre donc son récit à des lecteurs qui ne peuvent pas vérifier ce qu'il raconte. Il n'est pas soumis à une exigence de véracité absolue. Il appartient à une lignée d'écrivains-voyageurs née avec Marco Polo où l'on agrémentait ses chroniques de voyage d'épisodes imaginaires, de dragons et de chimères (Rawicz, plus loin, rencontrera le yéti...). Pour l'écrivain du Moyen Âge comme pour celui de l'après-guerre, place est encore possible pour l'affabulation, l'imprécision, l'imaginaire; vices que ne pardonne plus l'époque contemporaine. Rawicz est sans doute l'un des derniers auteurs du siècle à laisser son récit s'engager de temps en temps sur un terrain semi-fantasmagorique. Soixante ans après, on attend – avec raison – des voyageurs qu'ils disent la vérité et décrivent leurs périples avec la précision du greffier.

C'est en refermant la parenthèse de ce petit aparté intérieur (à verser au dossier que j'instruis en pensée et en permanence sur l'affaire Rawicz depuis mon départ) que je parviens à la nuit tombante dans la ville de Jiaquan.

La route qui mène de Jiaquan à Jiayuguan traverse une section de la Grande Muraille. J'en visite un tronçon : chicot de torchis planté dans la gencive d'un champ cultivé. Au sommet des crénelures se dévoile l'effrayant horizon du désert. Pouah! Je ne veux plus de ces visions mortifères. Je reporte mon regard vers les verdures. Je m'aperçois combien je suis un être sylvestre.

À Jiayuguan, je me force à vingt-quatre heures de halte, en proie à deux inquiétudes. La première tient dans le fait que je m'approche du Tibet sans posséder la moindre autorisation d'y entrer. J'évacue vite cette préoccupation en me souvenant que, ces dernières années, j'y suis toujours entré sans jamais rien demander aux Chinois qui s'en sont autoproclamés les gardiens. Ce serait un comble de partir sous la bannière de la liberté tout en ne cessant de quémander aux autorités le droit d'accomplir le moindre pas. D'autre part les Chinois n'exercent pas une surveillance très stricte de leurs territoires frontaliers; les marches, dans leur esprit, ont valeur de tampons protecteurs, chargés d'isoler le centre névralgique du pays (la côte est) du reste du monde, de même que les parois de béton protègent le cœur du réacteur dans une usine nucléaire.

Mais c'est mon genou droit qui m'ennuie le plus. Je hais les grains de sable qui enrayent les mécaniques. J'aime que tout baigne dans l'huile. Voilà que les plaintes que lançait mon articulation dans le Gobi sont devenues des décharges douloureuses. Fidèle à ce principe qu'il faut mépriser les alarmes de son corps en lui déléguant le soin de se réparer seul, je me contente d'une journée de repos. J'ai trouvé à me loger dans la salle des professeurs d'une jolie école délicieusement boisée. Quand les cinq Chinois entrent dans la pièce à 21 heures, avec leurs instruments de musique, je comprends que la nuit réparatrice dont je savourais la perspective est à oublier. C'est aujourd'hui jour de répétition. Stradivarius à la torture. Hagard, réfugié dans mon sac de couchage, j'attends que passe l'orage. Seul le bernard-l'ermite peut survivre au barrissement de l'éléphant. J'apprends le lendemain que les Chinois ont été très déçus de mon comportement, car c'était en mon honneur qu'ils s'étaient réunis.

Dunhuang. Oasis sur la route de la soie. Des champs de coton, des peupleraies et tout un peuple besogneux de Chinois à chapeau de paille qui s'affairent dans les parcelles sans jamais tourner les yeux vers l'horizon où des dunes géantes marquent la limite de l'effort de l'Homme. Je suis tombé sur le bord de la route au moment d'atteindre les premiers champs. Un éclair m'a déchiré la jambe. J'ai eu la sensation qu'un coin de métal me fouaillait le genou. Je gémis non pas tant à cause de la douleur qu'à cause de ce qu'elle signifie : la fin du voyage. Car je sens que ce qui se trame sous le couvercle de ma rotule n'est pas un mal bénin et qu'il sera longtemps avant que je puisse reprendre l'avancée. Une pensée indigne me traverse l'esprit mais s'y imprime suffisamment pour qu'elle me revienne, plusieurs mois après : j'aurais préféré perdre un bras ! Je me relève, fais un pas et reçois une décharge atroce qui confirme ce que j'ai compris : ici mon chemin s'achève. J'ai échoué à mi-route…

Il me faut deux heures pour rejoindre le centre-ville, à pas comptés, arc-bouté à mon vélo. Dix fois des camionneurs se portent à ma hauteur et me proposent de me charger et il y a même un paysan pour me faire signe de monter dans sa carriole attelée à un chameau. Dix fois je refuse. Je ne veux parler à personne ni même croiser le moindre regard. Je désire juste m'allonger quelque part et que les jours me passent sur le corps et que mon genou se remette et que je puisse recommencer à faire la seule chose qui ait un sens : avancer.

L'hôtel est propre. Pièce blanche comme un hôpital. Deuxième étage. On ne m'a pas aidé à monter mon vélo et mon sac en haut, mais il est vrai que je n'ai rien demandé et que, d'ailleurs, j'aurais refusé. Il m'a quand même fallu vingt minutes. À présent, je gis. Et je réfléchis. Combien de temps supporterai-je d'attendre la rémission ? Y en aura-t-il seulement une dans les jours qui viennent ou bien mon mal est-il de ceux qui nécessitent des semaines de convalescence ? L'hiver qui va bientôt frapper aux portes du Tibet me laissera-t-il passer ? Vais-je arriver à temps au pied de l'Himalaya ? Je songe à la blessure de guerre de Rawicz qui se réveillait après les longues étapes et lui mettait la cheville à la torture. Lui n'avait pas d'autre choix que de continuer. Moi, qui ai le droit de faire halte où bon me semble, je ne crois pas avoir capitulé trop tôt devant la douleur. Je l'ai même ignorée pendant des jours entiers jusqu'à ce que mon corps lui-même déclare forfait. Je ne me suis pas arrêté : j'ai attendu de m'écrouler.

Amanda est américaine. Elle frappe à ma porte aux aurores.

– J'ai su que vous aviez un problème, car je vous ai vu à la réception. Je parle chinois, je peux quelque chose pour vous ?

Pour la deuxième fois, des Américains me proposent leurs secours.

– Non.

– On pourrait aller à l'hôpital, dit-elle.

– Non. Merci. Au revoir.

Le lendemain, elle renouvelle sa proposition. Cette fois, je cède. À pas de vieillard, je la suis jusqu'au taxi. Direction l'hôpital central de Dunhuang. Radio, auscultation, massage, palpation. Je rentre dans ma chambre d'hôtel avec un diagnostic qu'Amanda me traduit :

– Vous souffrez d'une « rupture du tricot des masses molles »...

– C'est joli.

– Le médecin vous recommande un mois d'immobilisation.

Trois jours passent. Je me morfonds sans bouger. Je repose comme un lézard sur mon lit, ingurgitant d'heure en heure les cachets aux herbes que le médecin m'a prescrits. J'avale également 2,5 grammes d'anti-inflammatoires par jour. J'ai enveloppé mon articulation dans trois couches de genouillères en Néoprène et en tissu que j'ai achetées dans une pharmacie. Mais je n'ose même pas poser le pied par terre de peur de sentir ne serait-ce qu'un frémissement de douleur, lequel ferait voler en éclats le minuscule résidu d'espoir que j'ai réussi à conserver au fond de l'âme. Je veille, allongé sur le dos, l'esprit vidé, dans le silence de l'attente.

Quatrième jour d'immobilisation : la centaine d'heures déjà passées dans la solitude blanche de ma chambre ont permis à mon âme, à mon esprit, à mon expérience et à mon corps de tenir conseil et il est sorti de cette consultation une décision irrévocable : je me donne encore trois jours de ce régime puis je repars.

Cinquième jour d'immobilisation : le soleil de l'optimisme m'inonde. J'arriverai à Lhassa, fût-ce à cloche-pied. Après tout, les renonçants bouddhistes n'accomplissent-ils pas leurs pèlerinages en rampant ?

Sixième jour d'immobilisation : une Australienne, rencontrée dans la salle à manger de l'hôtel, me conseille de faire de la *méditation tantrique* pour mon genou. Il est urgent que je reprenne la route vers les grandes solitudes.

Dernier jour d'immobilisation : c'est une Anglaise, cette fois. Elle me parle de la sophrologie. Je n'ai jamais dormi dans un hôtel aussi mal famé… Demain, le voyage recommence.

16 kilomètres. C'est ce que j'ai réussi à faire en une matinée. La route longe la base du cordon dunaire, qui lui-même s'étire parallèlement aux monts Qilian, faisant à ces glaçures des piémonts de velours. Je marche appuyé à mon vélo comme à une béquille roulante. J'y ai fixé 10 litres d'eau. Je ne crains donc pas de bivouaquer.

Ma convalescence dure dix jours sur cette route qui file droit comme une ligne de vie sur la paume d'un mort. Dix jours pour 400 kilomètres. Dix jours à boiter. Dix jours occupés à trouver en soi les ressources pour ne pas forcer le pas, pour ne jamais accélérer, afin de ne pas compromettre la rémission du corps. La jambe gauche, sur laquelle je reporte tout mon poids, a déjà forci considérablement.

Au sommet des cols, il y a souvent des camionneurs occupés à vérifier leurs freins. Comme eux, je resserre le câblage de mes freins et grimpe sur le vélo pour glisser dans la pente, sans pédaler. Mais souvent le vent du sud, plus fort que la pesanteur, m'empêche de jouir de la descente. À force de ne rien faire d'autre qu'avancer d'une seule jambe, je viens quand même à bout de 30 à 40 kilomètres chaque jour : et ce sont des kilomètres de grande importance car ils sont volés à une route alignée comme un fil à plomb sur le 180e degré de la rose du vent maudit. Vers le sud, l'axe cardinal de la liberté.

L'énergie me manque souvent. Le vent me vide. L'altitude aussi. Et, avec eux, la lumière si forte et la vision de la route qui fuse comme une balle perdue vers la cible de l'horizon. Entre les cols, je m'allonge sur le glacis, bras en croix, protégé du vent par mon sac et m'endors quelques minutes avant de reprendre le long dénombrement de mes pas. Car j'en suis à compter mes foulées pour tuer le temps. Quand vient le chiffre mille, je crie « un » dans le vent. Au chiffre « 10 », je sais que j'ai fait 8 kilomètres (120 pas pour 100 mètres) et m'autorise à dormir cinq minutes. Tout marcheur au long cours sait que l'algèbre peut venir à sa rescousse et a tenu un jour dans sa vie ce genre d'arithmétique salutaire.

Les nuits sont froides dans ma tente-tunnel, mais je n'ose pas imaginer la température qu'il fera dans quelques semaines, quand je me serai juché sur la table tibétaine. Pour l'heure, quand vient le soir, j'ai à peine la force d'avaler un sachet de soupe aux nouilles crues et je m'étends, étonné de ne pas entendre ma jambe droite grincer comme une planche de bois, puis j'appelle de mes vœux le sommeil épurateur qui guérit les maux du corps, console les peines de l'esprit et lave les mauvais penchants de l'âme.

9
À travers le Tibet
octobre-novembre

Golmud est une agréable cité d'altitude plantée de peupliers que l'automne – cette saison alchimique – a rendus d'or. On y croise des Tibétains désœuvrés qui jouent au billard et des Occidentaux neurasthéniques qui cherchent en vain un moyen de quitter la ville vers Lhassa sans se faire arrêter par les autorités, lesquelles n'autorisent le passage qu'à de rares voyageurs munis d'un permis extrêmement coûteux. Depuis que les fils du Ciel contrôlent le pays qu'ils ont libéré à coups de fusil en 1950, ils en régentent l'accès. Pékin a fait du Tibet une chasse gardée que les colons n'aiment pas savoir sillonnée par des touristes livrés à ce qu'il y a de pire : eux-mêmes. Mon salut vient de ma bicyclette.

Je quitte la ville à minuit, dans l'obscurité. Je suis allé reconnaître tantôt à pied le point de contrôle tenu par la police à la sortie sud de la ville. J'ai remarqué qu'un flot ininterrompu de cyclistes autochtones empruntait une contre-allée et traversait le portique du barrage sur son flanc, là où la surveillance est moindre. Je passe tête baissée, dans la file des cyclistes. Je m'éloigne de 30 kilomètres et plante mon bivouac au début de la montée vers le col des Kunlun, près d'une rivière turquoise qui tranche la montagne en deux comme une veine de sang bleu. Nous sommes le 10 octobre. En roulant vers le haut plateau, je pousse les portes de l'hiver.

Je franchis les Kunlun par un col à 4 800 mètres, puis consacre onze journées à relier Golmud à Nachqu, à travers le nord du plateau tibétain. Ma méthode de convalescence a porté ses fruits et m'autorise à remonter en selle. Avec beaucoup de précautions, je réussis à pédaler une centaine de kilomètres chaque jour, malgré un vent qui souffle avec obstination du sud pendant ces deux semaines et me force à puiser dans les réserves de mon magasin intérieur. Il se lève, le vent, immanquablement, aux alentours de midi. Savoir que j'ai rendez-vous avec lui me fait redouter l'aube. L'alternative de ces journées se résume à ces termes : souffrir du froid le matin, peiner contre le vent le reste du temps.

Les Chinois sont en train de porter le coup de grâce au Tibet qui n'est déjà plus que l'ombre de l'ancien royaume qu'il fut. L'estocade finale sera donnée par le fer. Plus précisément, par le chemin de fer. Pékin a lancé, il y a quelques années, la construction d'une ligne de train entre Golmud et Lhassa : 10 001 kilomètres de rails sur le toit du monde avec la sainte capitale des dalaï-lamas pour terminus.

Pendant plus de dix jours, je longe un chantier digne de Dante. Des milliers d'ouvriers, outillés de pioches, de pelles et de balais, soldats d'une armée maudite, gueux en loques, protégés de l'hiver par un masque de coton aplati sur leur face jaune d'inanition, s'affairent dans l'air glacé à lever un ballast qui accueillera dans quelques mois les traverses du chemin de fer le plus haut du monde. D'un côté, il y a la honte de cette balafre d'acier sur le visage du Tibet et, de l'autre, la grandeur de cet ouvrage à mettre à l'honneur de la Chine – cette dernière nation bâtisseuse du monde. Quel autre État réussirait-il aujourd'hui à imposer pareil sacrifice à la masse de ses citoyens et à exiger de fourmis une œuvre de Titans ? Et quel autre peuple se résignerait-il si docilement à l'esclavage en supportant des conditions de vie moins enviables que celles des recrues du pharaon sur le chantier de Kheops ?

Je partage un peu de la vie des damnés du haut plateau. Je dors dans les tentes militaires où ils se pressent à vingt-cinq autour d'un poêle trop faible pour repousser le froid. La nuit, les crises de toux qui secouent leurs poumons caverneux m'empêchent de dormir. Je partage leur ordinaire : du pain à la vapeur gonflé de jus de riz. Je les regarde longuement placer à la main, une à une, les pierres qui formeront la couverture du ballast. Ils sourient lamentablement quand je passe à côté d'eux en les saluant. Je visite les bases de leurs ingénieurs : maisons de ciment levées à 5 000 mètres d'altitude où des techniciens à lunettes venus de Shangai et propulsés au Tibet pour des mandats de deux ans crachent leurs poumons en s'interdisant de rêver aux plages de la mer de Chine, car la nostalgie n'est pas digne d'un membre du parti.

Ces ouvriers du train chinois me rappellent les *zeks* que Moscou obligeait à coups de knout à ouvrir les routes de l'Union soviétique. Mêmes silhouettes de forçats ici et là-bas.

Même prolétariat se mesurant à la Nature à la seule force de ses mains, corvéable à mort et dont l'inépuisable effectif justifie qu'on n'en prenne pas grand soin. J'apprendrai plus tard que, parmi ces forçats du rail chinois, il y a un grand nombre d'hommes et de femmes envoyés en relégation, punis par le gouvernement central, purgeant un blâme; ouvriers malgré eux que leur sort rapproche encore plus des déportés de Sibérie.

Le train, quand il sera achevé, traversera les territoires du Changtang qui donnaient autrefois tant de peine aux voyageurs, il fusera par des tunnels au travers de montagnes, il franchira les marécages d'altitude sur des pilotis de béton capables de se jouer des fluctuations du niveau du sol, il passera les hauts cols à plus de 5 000 mètres d'altitude grâce à des rampes graduelles épousant les pendages. Il ne faudra plus que cinq ou six heures pour rejoindre Lhassa depuis Golmud, et le jour où le premier train fera son entrée dans la capitale et passera au pied du Potala des dalaï-lamas cependant que des petites filles chinoises chanteront des chants martiaux en agitant triomphalement des pompons, alors le Tibet – ce pauvre dragon déjà à genoux – aura définitivement cessé de vivre.

Wudaoliang, Tuensingtoung, Wenquan : je raye sur ma carte les villages colons que je dépasse. Entre chaque halte : je passe des cols perchés à 5 000 mètres au sommet desquels le vent ne m'autorise pas à des haltes de plus de cinq minutes. Il m'arrive, en haut des passes, d'éructer contre le vent des bordées de malédictions qui me laissent groggy. Les terres d'altitude ne sont pas propices à l'énervement, car il n'y a pas assez d'oxygène. Serait-ce la raison de la sagesse des peuples de montagnes ?

J'entame mon sixième mois de voyage. Dans le vent du sud. Au sommet de la passe de Dang, à 5 300 mètres, je fête le cent cinquantième jour depuis mon départ. Le col est perché sur la lèvre d'un cirque glaciaire aux versants de pierraille. Dans la montée, juste après avoir passé une borne kilométrique marquée 3 333, je suis attaqué par trois mastiffs tibétains. Ils fusent d'un repli de terrain, qui les dissimulait, et me prennent en chasse. Je m'arrête, saute à terre et fais face en hurlant et en montrant les dents, le vélo placé entre les chiens et moi. Je redoute que l'un d'eux ne lance une attaque à revers. Je cours dans la descente, remonte en selle et les sème dans la pente. Le mastiff est un chien tenace. Je rejoins donc le col en marquant un grand détour par un réseau de ruisseaux, à 100 mètres en contrebas de la route. Sur le fil de la passe, à la mode tibétaine, je lance dans le vent du col des poignées de papiers-confettis au dos desquels sont imprimées des prières dévolues aux divinités protectrices des points cardinaux.

À une journée de la ville d'Amdo, une famille de Tibétains m'offre le gîte. Dans la salle commune de la petite ferme d'élevage, la famille assiste à une cérémonie *(puja)*. L'assistance entoure un moinillon qui chasse les démons à coups de tambour. Le thé dont ne désemplissent pas nos bols chauffe sur un poêle qui nimbe le moine d'un halo de fumée. Une vieille à la peau plus ridée qu'un lapiaz fait tourner son moulin pour que jamais les dieux ne restent sans attention. Une autre file sa quenouille. Une troisième égrène son chapelet : trois mouvements perpétuels inscrits dans l'ordre circulaire du monde. Le moulin, la quenouille, le tambour, la prière, le thé sans cesse servi : le temps est parfaitement empli, maîtrisé, contenu, vaincu car contraint de s'écouler en rond. Dans un sac de soie, une femme offre la *tsampa* (farine d'orge grillée) enrichie de sucre et d'éclats d'un fromage si dur que j'en perds un gros morceau de molaire, lequel va rejoindre cérémonieusement le plateau d'offrandes disposé au pied de la photo du panchen-lama. Il faut que mes yeux s'accoutument à la pénombre seulement trouée par le vacillement des bougies au beurre de yack pour que je puisse distinguer sur l'autel, côtoyant les représentations du Bouddha, une photo de Mao Zedong flanquée de mandalas sacrés.

On m'installe pour dormir dans une petite bâtisse voisine qui sert de salle de dépeçage des yacks. Je me couche sur des peaux encore un peu sanguinolentes. Il règne malgré le froid (– 15 °C) une odeur de viande acide.

Le lendemain, je fais halte, une demi-journée, dans la ville d'Amdo. Billard, bain brûlant, baume du tigre sur mes jambes, billard encore. Je mange quatre soupes aux nouilles d'affilée, c'est-à-dire de quoi nourrir pendant deux jours la tenancière du boui-boui qui me sert, fascinée. Puis je déniche un hôtel sordide et dors dix-sept heures de suite.

Deux jours plus tard, dans la ville de Nachqu, je pousse la porte de bois du monastère de nonnes qui domine la ville du haut d'un feston morainique avancé en balcon au-dessus d'un bras de rivière. Je fais cadeau de mon vélo aux religieuses qui s'en serviront peut-être pour convoyer jusqu'à la ville le lait des yacks qu'elles élèvent dans les alpages autour du ghompa. J'ai en effet ressenti l'impérieux désir de reprendre la marche et de parvenir à Lhassa à pied.

Je quitte la ville bétonnée par la porte du sud qui n'est pas gardée. Je suis à moins de 300 kilomètres de Lhassa. Il me reste douze jours pour atteindre la ville à pied, avant le « Rendez-Vous ». Il est en effet convenu que j'y retrouve une personne chère à mon âme : Priscilla Telmon, la jeune fille avec qui j'avais traversé à cheval, en 1999, les montagnes et les steppes du Turkestan ex-soviétique et qui s'est engagée au mois de juillet dernier (quelque temps après mon propre départ sur les chemins de Sibérie) dans une marche solitaire des jungles du Vietnam jusqu'aux portes du ciel tibétain, afin de déceler si les chemins qu'emprunta Alexandra David-Néel recèlent encore, en quelques secrets recreux, la trace du passage de l'antique pionnière, quatre-vingts ans plus tard. Avant de partir, nous nous étions promis de nous voir à Lhassa. Puisque nos itinéraires respectifs nous y faisaient passer, il aurait été stupide de ne pas nous y croiser. Nous avons décidé que si nous réussissions à organiser nos retrouvailles, nous passerions l'Himalaya de concert avant de nous rendre à notre solitude sitôt la colline de Darjeeling en vue.

Un jour surviennent dans ma vie trois personnages : Arkong, Mollah et Ruiden. Je les vois arriver de loin. Ils se déplacent dans le marais à petits pas rapides, sondant de leurs bâtons les grises fondrières, évitant lestement celles que la canicule de l'après-midi – ayant succédé sans transition aux froidures du matin – commence à liquéfier. Ils vont comme des lutins pressés. Leur accoutrement se compose de longues robes rouges usées à la trame, de bonnets pointus en laine et d'un paquetage fixé à leur dos par un système de cordes de laine de yack et d'arceaux de bois durci. Ils infléchissent leur route vers moi d'aussi loin qu'ils me voient.

Aucun de nous ne parle un seul mot de la langue de l'autre. Le minuscule dictionnaire franco-chinois que je transporte arrange un peu les choses.

Je comprends qu'ils sont originaires de l'Est. Je déplie ma carte de Chine. Ils reconnaissent Chengdu ! Une ville située à 2 000 kilomètres d'ici. Ils en sont venus à pied. Cinq mois de marche et toutes les nuits passées dehors, sous une bâche de plastique tendue par quatre piquets. À manger : de la *tsampa* et du thé qu'ils réchauffent sur un feu de crottes de yack. Ils portent tous trois un bâton de bois surmonté d'une pointe de lance en métal à la base de laquelle flottent des drapeaux à prières multicolores, le tout leur servant à écarter les démons en même temps qu'à chasser les chiens. Ces pointes sont aussi des antennes cosmiques, capables de capter les énergies astrales. L'ongle du pouce de leur main gauche est usé jusqu'à la chair par le frottement sur les boules du chapelet qu'ils égrènent en permanence avec une frénésie mystique en scandant sans relâche le mantra magique *Om Mani Padme Om*. Ils viennent d'un monastère bouddhiste de rite *gelupka* et sont fidèles à Kouaipousa, divinité à qui ils offrent ce pèlerinage à Lhassa et dont je porte moi-même l'effigie autour du cou.

Ils me proposent de me joindre à eux. Je réfléchis un instant. Ils guettent ma réponse, la mine inquiète. Lorsque j'accepte, ils hurlent de joie.

Arkong ressemble à un jeune éphèbe gengiskhanide. Trente ans, beau comme savent l'être les Tibétains grandis à la source du soleil. Face large, mâchoires musclées et yeux brillants. Plein de race et d'histoire. C'est le chef du groupe.

Ruiden est un Petit Chose clopinant. Il souffre d'une légère infirmité qui l'oblige à se déhancher à chaque pas et je crois comprendre que les deux autres s'amusent beaucoup du fait qu'il soit obligé de faire deux fois plus de pas qu'eux pour couvrir la même distance.

Mollah (drôle de nom pour un moine pacifique) est au clergé tibétain ce que les rois fainéants étaient à la généalogie mérovingienne. Toujours à l'affût de la meilleure chère et du replat de terrain le plus confortable pour accueillir son corps qu'il a réussi mystérieusement à faire engraisser au cours de cette marche ascétique ! Le plus souvent, il se fait servir par le petit Ruiden qui a la bonté inépuisable.

Lorsque Arkong propose de faire halte au bout de 10 kilomètres pour boire du thé, je suis loin de me douter que je vais passer dix jours en leur compagnie.

Nous allons ensemble vers le sud à travers les plateaux désolés qu'égayent seules les taches mouvantes des yacks à la pâture. Nous avançons au rythme des bâtons ferrés et du bourdonnement des mantras. Parfois, une douce neige brouille la visibilité et je distingue les silhouettes de mes trois compagnons – ombres noires couvertes de neige blanche – se balancer légèrement. Il me semble côtoyer trois âmes pures en résidence provisoire dans trois corps. Ils me font penser à des évadés. Comme les fugitifs, ils n'ont que le ciel pour toit, ils méprisent les contingences, ils titubent dans leurs haillons, ils s'en remettent au ciel, ils sont tendus vers le but telles des flèches que rien ne pourrait faire dévier. Un évadé, c'est une Volonté en marche. Eux, c'est la Foi en mouvement.

Nous dormons chaque nuit les uns à côté des autres. Eux, couchés en tas, sous l'épais couvert de leurs manteaux de laine de yack ; moi, engoncé dans mon tube-bivouac. Quand vient l'aube dans le ciel d'hiver, la toile synthétique de ma tente est couverte d'une épaisse couche de glace formée par la condensation. Lorsque je me débats pour sortir de mon sac de couchage, la glace se détache et une pluie de cristaux s'abat sur moi, ce qui accélère radicalement le réveil. Nous marchons souvent jusqu'à minuit pour raccourcir les heures nocturnes où le thermomètre descend à – 15 °C.

En général, le soleil ne réussit à réchauffer l'atmosphère que vers midi. Alors, Arkong propose que nous marquions la première des deux haltes de la journée. Nous nous installons là où coule un ruisseau. Ruiden part récolter des bouses de yack dans un pli de sa *chuba* (manteau) de laine. Arkong cherche de l'eau et allume des braises qu'il alimente au moyen d'un soufflet en peau de yack. J'aide l'un ou l'autre. Mollah, lui, ne fait rien ou bien prie le Bouddha, allongé dans l'herbe, les yeux fermés. Le plus extraordinaire est que jamais ni Arkong ni Ruiden ne lui tiennent rigueur. Quand l'eau a chauffé sur la casserole noire de suie, on prépare la *tsampa* agrémentée d'huile. À force de pétrissage, on obtient une boule plus énergétique que n'importe quel autre aliment. Les nomades des hautes terres de l'Eurasie ont eu des milliers d'années pour mettre au point cet ordinaire de survie qui n'encombre pas, se conserve longtemps et nourrit le corps pendant les heures d'errance sur les plateaux battus par des vents affamants. À la fin du repas, Mollah se décide quand même à apporter sa contribution à l'ouvrage commun. Il verse une poignée de *tsampa* sur le feu et se lance dans une série d'invocations destinées à remercier les génies des lieux de nous avoir accueillis en leurs terres et à chasser les démons qui auraient l'idée de venir profiter du feu après notre départ. Arkong et Ruiden se joignent au cérémonial en jetant de temps en temps quelques cris conjuratoires et m'invitent à en faire autant, si bien que le visiteur qui viendrait à passer en ces parages aurait le spectacle de quatre gueux en loques tournant autour d'un feu en poussant des hurlements.

Les nuits sont de plus en plus froides. Je dors très mal et des rêves sombres portés par un vent mauvais me renvoient souvent à cet épisode de la marche aux enfers de Rawicz au cours duquel l'un des fugitifs, le Lituanien Zacharius Marchinkovas, trouva la mort pendant son sommeil dans une grotte, victime comme l'écrit Rawicz de ce qu'« il avait renoncé à lutter ».

Nous regagnons la route à la hauteur de la ville de Damxung afin de trouver quelques médicaments pour Mollah à qui l'inaction a donné un violent mal de tête. Damxung est une ville d'implantation chinoise constituée d'une enfilade d'immeubles de béton le long d'une rue où transitent les camions militaires chinois, les 4 × 4 des commerçants tibétains enrichis par la collaboration et les vélos des colons han venus au Tibet de gré ou de force participer au grand œuvre colonial. Pour l'heure y circulent aussi deux moines que Mollah, Ruiden et Arkong identifient comme deux compagnons de leur monastère d'attache de Chengdu. Ils font eux aussi cap vers Lhassa. Je m'interdis de voir dans cette rencontre une simple coïncidence. Quand des clochards célestes se retrouvent par hasard sur le bord d'une piste, cela déclenche d'indescriptibles effusions : larmes, jappements de chiots, câlins, roulades. Tournié et Santié me saluent avec douceur. Désormais notre groupe compte six personnes.

À la sortie de Damxung, un camionneur se gare sur le côté de la route pour nous offrir de l'eau et quelques billets de banque. Nous bénéficions souvent de ces marques de charité de la part de Tibétains désireux de s'accorder les indulgences du Ciel en se faisant prodigues avec les moines mendiants. Ruiden, qui ferme la marche, s'apprête à dépasser le camion à l'instant précis où un autre mastodonte débouche en face, plein gaz. Je retiens *in extremis* le moine par le col de sa *chuba*. Le camion fuse, Klaxon hurlant. Sans moi Ruiden était mort. Il m'est tellement reconnaissant de lui avoir sauvé la vie qu'il se met naturellement à mon service pendant les jours qui suivent, avec un dévouement de jeune chien, exprimant sa gratitude en me portant mon sac, en repliant ma tente, et en préparant mes rations de *tsampa* de sa main noire de crasse.

Avant de rejoindre le cours de la Chong, nous marchons quelques dizaines de kilomètres sur la grand-route de goudron. De gros flocons tombent deux jours durant.

Je fais à présent l'expérience de ce qu'il en coûte de déchoir de son statut de voyageur occidental. En ma qualité d'étranger, j'avais jusqu'ici joui de l'empressement des Chinois et des Tibétains à me recevoir, ardeur qui doit se lire tantôt comme une marque d'hospitalité, tantôt comme un signe d'intéressement. Mais enfin, gracieusement ou pas, j'étais toujours reçu. Du jour où j'endosse la condition (sinon l'habit) de moine errant, je cesse d'être un objet de curiosité et donc de déférence. Et je suis si bien intégré à mon chapitre de clochards mystiques (dont la seule richesse est la force vitale) que je me retrouve tout autant qu'eux victime de la propension universelle des bonnes gens à rejeter les vagabonds. Ainsi passerons-nous ces deux journées de neige dehors, sans jamais être conviés à nous abriter dans l'une des nombreuses fermes de la région. Tout au plus parfois nous laisse-t-on nous serrer sous l'auvent d'une grange à foin. Et souvent le sac à *tsampa* dont le poids fluctue en fonction de la générosité des gens n'est pas assez plein pour nous nourrir tous les six. Or, en ces jours misérables de demi-famine, jamais un soupçon de mauvaise humeur sur les faces d'Arkong, Ruiden, Mollah, Tournié et Santié. La leçon qu'ils donnent est celle de la félicité perpétuelle. Il brûle au fond de leur être la douce flamme de l'indifférence. Ils ont placé leur existence sous l'auspice de l'apaisement : vivre l'instant suffit à leur contenter l'âme, ils ne s'inquiètent jamais de l'avenir, la Providence pourvoira. Je ne me lasse pas de me gorger de leur énergie joyeuse. Leur contact est bienfaisant. Je baigne dans leur douce folie.

Sur la route qui mène à la rivière Chong, nous croisons à trois reprises des groupes de pèlerins qui cheminent encore plus lentement que nous. Ce sont des pénitents qui se rendent à

Lhassa en rampant. Ils mesurent l'immensité du trajet à l'étalon de leur corps prosterné. Ils se couchent, se relèvent, joignent les mains au-dessus de leur tête, murmurent un mantra, font un pas, se prosternent, s'allongent et ainsi jusqu'à ce Lhassa apparaisse dans le lointain selon ce bon principe – connu des pèlerins, des vagabonds et de toutes les autres espèces de croqueurs d'horizon – que l'immensité spatiale finit toujours par capituler devant l'obstination. Ils n'accomplissent que 5 à 7 kilomètres par jour. Certains mettent huit mois à atteindre la ville, d'autres rampent pendant plusieurs années jusqu'au mont Kailas, à l'ouest du pays. À l'emplacement du troisième œil, ils portent tous un signe de reconnaissance naturel : une petite cale de chair durcie, sorte de kyste né du contact mille fois répété du sol sur le front. Ils sont vêtus d'un tablier de cuir qui les protège des raclements de la piste. Des cales de bois, lisses comme des patins, accrochées à leurs mains, leur permettent de glisser quand ils se couchent de tout leur long, face contre terre. À tour de rôle l'un d'eux se lève et revient en arrière chercher la carriole qui contient quelques pauvres effets (tente, *tsampa*, soufflet, moulins à prières) puis, dépassant ses frères de peine, il déplace le chargement de quelques centaines de mètres vers l'avant, le range sur le côté de la route et s'en retourne derechef prendre sa place dans la procession. Sous l'orage, dans l'hiver, sur des pistes de caillasses, ces chenilles processionnaires de la Foi tissent leur sillage inouï, imposant à leur corps terrestre cette mortification pour s'extraire plus vite du cycle des réincarnations : au Tibet, on rampe pour accéder au ciel. Les moines et moi-même concevons presque de la honte à les dépasser à pied. Car, emportés par nos pas à 5 ou 6 à l'heure, nous sommes des bolides au regard de ces renonçants.

Nous quittons la route pour nous faufiler dans l'étroite vallée de la Chong, détour qui nous permet d'éviter le poste de contrôle qui réglemente l'accès à Lhassa. Nous y arriverons par les faubourgs nord de la ville, ce qui est beaucoup plus chic, car c'est par là que Prjevalski, Sven Hedin, Bonvalot et tous les candidats venus des plateaux du nord seraient entrés s'ils avaient réussi à atteindre leur but.

Pour honorer le rendez-vous avec Priscilla à Lhassa, il faut que j'accélère le pas. Il me reste trois jours pour couvrir les 150 kilomètres restants. Mes moines ne peuvent plus me suivre. Je suis trop rapide pour eux. La veille déjà, une étape de 48 kilomètres sans autre viatique que la *tsampa* du matin les a laissés pantelants. Comme à chaque fois qu'une décision grave s'impose, nous allumons un feu de bouses et tenons autour une sorte de conseil de clan à l'issue duquel nous décidons de nous séparer. J'irai seul, en avant. Eux suivront, plus lentement, au rythme de Ruiden et nous nous retrouverons à Lhassa, au soir du quatrième jour, sur le parvis du temple du Jokhang. Je retrouve la solitude, douce, fertile.

J'escalade les pentes du dernier col avant Lhassa et bivouaque la nuit venue juste au-dessous de l'isotope 4 000 après une étape de 65 kilomètres. Je m'élève le lendemain dans un vaste cirque dont les versants se raidissent au fur et à mesure que j'approche des crêtes jusqu'à me contraindre de progresser à quatre pattes sur des portions de terrain couvertes de glace. Je me trompe de col, accomplis une traversée par un pierrier enneigé jusqu'à un autre ensellement marqué d'un cairn. Je suis à 5 300 mètres d'altitude sur le fil de la passe. Je comprends en regardant ma montre que la très grande fatigue et l'essoufflement anormal que j'attribuais à ma faiblesse viennent en fait de ce que j'ai escaladé 1 500 mètres de dénivelé en moins de trois heures. Je dévore mon dernier pain accroupi derrière un rocher qui me protège du vent. Je sais Lhassa toute proche mais, du col, je ne la vois pas encore. Des crêtes noires cachent la ville, aussi acérées que des lames, disposées par la géologie en plans successifs comme les soufflets d'un éventail que la lumière déclinante dévoilerait tour à tour. Je descends sur un versant pâturé par des yacks. Je m'écroule au premier replat que j'atteins près d'une source claire et m'endors une heure pour tromper l'inanition qui me gagne. La vallée sauvage marque un coude vers le sud. À l'horizon se dévoile soudain le fond d'une plaine inondée de soleil. Tout est déjà plongé dans la semi-obscurité du soir, sauf cette tache lointaine. Cette goutte d'or au fond de l'athanor, c'est Lhassa !

Je m'assieds sur un rocher et attends les larmes. J'aimerais pleurer, car il me semble avoir atteint ici l'un des buts les plus désirés de ma vie. Je ne serais pas plus ému aux pieds d'un être aimé, une fée, une femme, attendu pendant des mois et retrouvé enfin.

Des falaises claires bordent les deux rives du torrent qui coule au fond d'un canyon. Une grotte creusée au pied des parois et aménagée par la pioche de moines ou d'ermites accueille ma dernière nuit avant Lhassa. Je jette mon sac de couchage sous la voûte et, avant de fermer les yeux, regarde la ville illuminée à présent par l'éclairage public. Au sud, à la hauteur du ciel, on devine dans la demi-clarté de la nuit le fil d'une montagne.

C'est la crête axiale himalayenne qui commence. L'ultime obstacle avant l'Inde. Le dernier rideau avant la liberté. La herse finale.

10
La dernière herse
décembre

Lhassa. Les Chinois ont rasé le passé de la haute table des dieux. La cité céleste est tombée bas : elle ressemble de plus en plus à un cantonnement. Des casernes, des antennes, des banques, des magasins : l'ordre et le fric ont mis à genoux le Tibet ancien.

À mon arrivée dans le centre-ville, j'apprends deux choses. Que Priscilla n'arrivera finalement que la semaine prochaine et que Thomas Goisque, l'ami photographe qui m'avait déjà rejoint en Mongolie, atterrit demain pour passer quelques jours avec moi.

Au Jokhang, le centre sacré de Lhassa, nœud cosmogonique, tellurique et géomantique du pays, je fais ce que je m'étais promis de faire dans le désert de Gobi : j'allume un cierge pour beaucoup de raisons qui ne regardent que moi et me retiennent une heure entière dans la pénombre du temple, flottant dans un état de contemplation semi-ahurie jusqu'à ce que je me souvienne que je n'ai rien avalé depuis le pain à la vapeur de la veille et le gâteau de riz qu'un cantonnier m'a offert ce matin à l'entrée de la ville.

Au Potala, temple-montagne vidé de son âme et converti en musée, vaisseau palatial aux cales sombres qui puent cependant encore le mystère et le beurre de yack, je me penche à la fenêtre de la chambre du sixième dalaï-lama. De ce balcon, on embrasse la ville du regard. Les antennes métalliques de la télévision chinoise posées au sommet des collines ont supplanté les stupas antiques que les Tibétains considèrent comme leurs propres antennes énergétiques pointées vers le cosmos. Au pied du Potala s'étend une esplanade identique à Tian'anmen quoique de proportion inférieure, parvis de ciment lisse propice aux défilés militaires. Et, fiché au milieu de la place comme une lame de picador dans le cou d'un taureau : un mât de métal haubané du drapeau rouge !

Avec Thomas Goisque, nous visitons les monastères de Ganden et de Rumtek détruits par les Chinois en 1966, lors de la Révolution culturelle. Quand les meutes de gardes rouges furent lâchées dans le pays avec ordre d'éradiquer le vieil édifice religieux, elles rasèrent 80 % du patrimoine architectural sacré. Les jeunes maoïstes usèrent de la dynamite contre la forteresse de la foi. La vie du Bouddha fut proclamée réactionnaire. Une robe rouge de moine signait l'arrêt de mort de celui qui la portait.

Mais cinquante années de domination coloniale n'ont pas réussi à déraciner la foi. C'est qu'on ne se débarrasse pas des mystiques ancestrales comme on fait sauter un kyste d'un coup de scalpel. Mieux : il y a quelques décennies, les Tibétains ont été autorisés à revenir dans leurs lieux saints dont le gouvernement chinois a orchestré la reconstruction à l'identique. Les monastères battent à nouveau leur plein. Officiellement, les fidèles ont le droit de pratiquer leur culte. Mais cette liberté est de façade, peinte sur un paravent fragile. Car les instances religieuses, les hiérarchies de lamas sont manipulées par Pékin qui refuse toujours de reconnaître au dalaï-lama sa légitimité et intrigue pour placer ses propres pions au sommet de la cléricature tibétaine. Les lamas qui règnent aujourd'hui sur l'âme du Tibet sont des marionnettes reliées à Pékin.

De nombreux Tibétains, religieux, paysans, citadins, simples citoyens, femmes et enfants continuent aujourd'hui à fuir le communisme. Ils gagnent le Népal à travers de hauts cols englacés. Beaucoup perdent leurs mains ou leurs pieds pendant la traversée. Certains perdent la vie, happés par les crevasses. À Bodhnat, quartier de la diaspora tibétaine situé au nord de Katmandou, un hôpital pour réfugiés assure l'amputation de membres gelés. La liberté a parfois le prix de la chair. Le plus connu de tous les évadés du Tibet est le quatorzième dalaï-lama, actuel chef du gouvernement tibétain en exil à Daramsala, qui réussit à s'échapper de Lhassa en 1959 déguisé en soldat et chevaucha pendant deux semaines à travers l'Himalaya accompagné de quelques cavaliers fidèles.

Thomas s'est envolé vers Paris. Priscilla, quant à elle, arrive à Lhassa à la mi-novembre. Nous nous retrouvons dans une courette du vieux quartier tibétain. Elle surgit, belle, tannée par le chemin, révélée par l'effort, taillée comme une louve, flottant dans sa *chuba* trop large pour sa maigreur. Elle marche, appuyée sur le bâton de bambou qui lui a été offert par des pèlerins au pied de la montagne sacrée du Kawakarpo. Elle vient d'enlever 3 000 kilomètres de piste aux jungles, collines et hauts plateaux et, de cette longue avancée, son regard a contracté une flamme un peu fixe qui est la marque des fortes volontés. Nous convenons de franchir l'Himalaya ensemble. En ce début d'hiver, nous ne serons pas trop de deux pour supporter les assauts du froid. Comme prévu, nous nous séparerons à Darjeeling.

Nous achetons deux bicyclettes chinoises dans un bazar au pied du Potala et quittons la ville à l'aube, le vingt-troisième jour de novembre. L'Himalaya est notre dernier obstacle. La porte finale de nos voyages respectifs. Pour les fugitifs, la haie d'honneur avant la récompense de l'Inde. Les alpinistes de l'après-guerre appelaient les Himalayas « les îles ». Peut-être parce que les sommets encapuchonnés de neige percent les nappes de nuages comme les récifs rocheux crèvent la surface des océans. Ou parce que toute approche des crêtes s'apparente à une navigation. Nous n'avons pas la réponse, mais nous pédalons vers les îles, préoccupés par la nécessité de prendre l'hiver de vitesse.

Nous passons sur la rive droite du Brahmapoutre, dont les chenaux anastomosés ressemblent aux dreadlocks d'un vieux hippie échoué dans les sables. Nous disons adieu à ses mythiques eaux qui elles aussi s'enfuient vers l'Inde – mais par une autre route plus longue et plus tumultueuse. Nous arrachons une série de hauts cols à la pesanteur, au lœss fluide de la piste et au vent qui se retourne contre nous dès le lendemain de notre départ de Lhassa. Parcourir les 50 kilomètres de piste qui bordent la rive sud des lacs Yamdrok nous demande une journée d'efforts inouïs contre des rafales à 100 à l'heure dont les langues soulèvent l'arrière des vélos que nous poussons à pied et les rabattent contre le talus du chemin. Les lacs scintillent. Qu'ils profitent encore un peu des caresses de lumière que le soleil applique à leur surface ridée ! Car les Chinois fomentent à leur sujet un projet d'aménagement hydroélectrique et parlent de les vider de leurs eaux sans avoir cure qu'ils puissent servir d'aiguière à quelques dieux locaux !

Nous marchons tête baissée toute la journée du lendemain vers le col de Ko à 5 100 mètres de haut.

La tempête décornerait les yacks s'ils n'avaient déjà tous transhumé vers les basses vallées.

C'est également en plein hiver que Rawicz et ses compagnons passèrent la chaîne himalayenne. Ils s'égarèrent dans le dédale des vallées, butant contre des crêts abrupts. Seule consolation pour eux : les froidures himalayennes leur paraissaient plus supportables que l'hiver iakoute. Mais moi, je n'ai jamais été *zek* et j'ai froid. Priscilla me parle du *toumo*, l'art de faire monter la température de son corps par la méditation, dans lequel Alexandra David-Néel était passée maître au terme de trois années d'apprentissage.

Au bord d'une rivière, nous regardons le soleil dérouler à la surface de l'eau un tapis de lumière sur les pas de la nuit qui s'avance. Nous avons si froid que nous n'avons plus faim. La présence de l'Inde toute proche, mais inaccessible, défendue par la dent des montagnes, nous excite. Les évadés eux-mêmes devaient ressentir de tout leur corps l'irrépressible aimantation de cette terre de liberté, distante de deux journées à vol d'oiseau mais que les plis de l'Himalaya séparent d'un demi-mois de marche.

Un jour, lors de la halte de l'après-midi, nous manquons de perdre le vélo de Priscilla. Mal embéquillé, il tombe de 6 mètres au fond d'un ravin mais nous le retrouvons intact grâce à l'intervention de quelque dieu bien luné !

Enfin Gyangtse ! À l'horizon domine le *dzong* féodal, forteresse que les Tibétains jugeaient imprenable et que les Anglais prirent après quelques minutes de combat. En 1904, un corps expéditionnaire britannique conduit par le colonel Younghusband s'enfonça en effet dans le Tibet pour mettre fin au Grand Jeu d'espionnage qui empoisonnait les relations russo-britanniques dans la haute Asie. L'enjeu était aussi simple qu'important. Il s'agissait pour la Couronne de prendre Lhassa par la force. Là où les espions, les diplomates, les aventuriers et les géographes avaient échoué, les militaires anglais, qui ne font rien dans la demi-mesure, étaient convaincus de triompher. Il fallait offrir la capitale himalayenne à la reine mère, ceci afin d'assurer à l'empire des Indes sa suprématie sur le Tibet, ouvrir une route commerciale vers la Chine, et briser les appétits de l'Aigle russe qui, depuis Pierre le Grand, louche de ses deux paires d'yeux sur les confins de la haute Asie. Gyangtse, la troisième ville du Tibet (à peine grosse comme une bourgade), se trouve construite sur une vaste plaine alluviale : un champ de bataille idéal.

Les Anglais étaient équipés de mitrailleuses et de fusils à répétition. Les Tibétains, eux, avançaient en chantant, brandissant des bannières bénies par le dalaï-lama, censées les garantir contre les balles.

Les uns livraient une guerre moderne. Les autres se battaient comme des magiciens.

Sur la plaine, ce fut le massacre. Les canons anglais crachèrent le feu. Les talismans et les fanions lamaïques n'eurent pas l'effet escompté. Sept cents Tibétains tombèrent en quelques secondes fauchés comme de l'herbe et Younghusband envoya ses soldats hisser le drapeau de l'Union Jack sur la hampe du *dzong*.

Quand les soldats fracassèrent la porte de la forteresse, ils trouvèrent un dernier carré d'irréductibles Tibétains qui préférèrent se jeter du haut des remparts plutôt que de se rendre aux officiers de la Couronne, lesquels eurent à apprendre une fois de plus que la Garde saute mais ne se rend jamais.

Nous laissons les vélos au pied de la citadelle et montons au sommet. Le moine gardien de la place, ignorant notre présence, nous enferme à clé dans les lieux. Nous sommes contraints de désescalader la falaise le long d'un câble électrique fiché dans la roche. Nous refaisons donc (mais moins vite) le trajet par lequel les héros tibétains donnèrent aux Anglais une leçon d'honneur.

Nous prenons le soir même, dans un bouge chinois de Gyangtse, autour d'une soupe aux nouilles trop pimentée pour être seulement humée, la décision de passer par le Sikkim. Ce petit royaume, perché entre le ciel himalayen et la plaine indo-gangétique, nous attire pour une double raison. C'est par le Sikkim que Rawicz serait passé en Inde. C'est également par là que Alexandra David-Néel gagna le Bengale après son expédition à Lhassa en 1924.

Le lendemain, nous filons donc plein sud, dans l'air glacé, sur une route en partie goudronnée par les Chinois et réussissons à pédaler 100 kilomètres en direction du Sikkim sans nous faire arrêter. Garnisons et postes de police jalonnent le chemin. À moins de 30 kilomètres de la frontière sikkimaise, nous nous heurtons à un barrage militaire et tombons dans les mains des soldats qui nous intiment l'ordre de rebrousser chemin. Faut-il qu'ils n'aient pas confiance en la solidité de leur frontière pour la garder avec tant de fébrilité ! Derrière la haie de képis qui nous encerclent, nous devinons les crêtes qui marquent la frontière indienne, séparées d'une quinzaine d'heures de marche. Mais les Chinois ont décidé que les hommes ne circuleraient pas librement au Tibet.

On pourrait produire une monographie sur les « voyages de contournement », ces grandes boucles tracées à travers des territoires immenses pour relier les deux rives d'une frontière imperméable. Le maître du genre est le Keraban de Jules Verne qui préféra faire le tour de la mer Noire pour rejoindre la Turquie plutôt que de payer l'octroi sur le pont du Bosphore. Le détour auquel nous contraignent les Chinois n'est pas négligeable non plus : sautant d'un camion à un bus, d'un bus à une Jeep, nous entreprenons le contournement de l'Himalaya oriental. Nous passons la première nuit sur une piste perchée à 5 000 mètres d'altitude, roulant au large de la face nord de l'Everest laiteuse de lune. Puis nous traversons la frontière népalaise dans une jungle sentant les bas-fonds. Nous sillonnons les routes du Népal coupées par des barrages de soldats armés de M16 américains à la recherche de révolutionnaires maoïstes. Nous nous enfonçons dans la fertile dépression du Terai. Nous entrons dans le Bengale indien ; en ressortons aussitôt pour grimper par une serpentine forestière jusqu'à Gangtok où nous ne restons que le temps d'obtenir les autorisations pour gagner les régions septentrionales sikkimaises. Pour finir, nous rejoignons en Jeep et à pied la zone frontalière sino-indienne, 20 kilomètres au-dessus du village de Tangu. Cette course effrénée à travers les royaumes de l'Himalaya ne nous demande que six jours. Si nous allons si vite, c'est qu'il y a dans le principe du contournement frontalier une nécessité de rapidité destinée à ne pas faire durer trop longtemps l'impression de coupure et à reprendre au plus vite le fil du cheminement.

Le 6 décembre, du côté indien de la frontière sikkimaise, à quelques poignées de kilomètres de l'endroit où les Chinois nous ont refoulés, nous repartons, à pied, vers le sud. Nous avons gagné un col à 4 900 mètres que des soldats indiens surveillent. La région entière est surmilitarisée parce que les Chinois n'ont pas encore reconnu son appartenance à l'Union indienne et que Delhi ne se sent pas tranquille. (Sikkim, Bhoutan, Népal : pauvres royaumes serrés entre les mâchoires d'États aux appétits féroces !) Nous franchissons un autre col, retors celui-là et situé juste au-dessous de la ligne des 5 000 mètres. Neige fraîche aux genoux. Chaos de blocs.

Le Sikkim n'est que chute. Chute des eaux grondant vers le sud. Chute des reliefs s'aplatissant progressivement sous des ciels de plus en plus écrasants. Chute des végétations dégueulant le long des falaises sous le poids de leur profusion. Le Sikkim est un pays où l'on croirait que la végétation pousse vers le bas.

C'est en ces parages que Rawicz, dans l'un des derniers chapitres de son récit, décrit sa rencontre avec un couple de yétis. Il observe deux créatures à la tête carrée, aux épaules tombantes, au thorax puissant et pourvues d'un occiput qui forme « une ligne droite du sommet de la tête aux épaules exactement comme ces foutus Prussiens », selon le mot d'un des fugitifs. Or, en Europe de l'Ouest, rien n'est plus efficace pour se ridiculiser publiquement que d'aborder avec sérieux la question de l'homme des neiges. Le Pr Bernard Heuvelmans, fondateur en son temps de la Société de cryptozoologie et qui conduisit dans les années 1950 des travaux de recherches sur le chaînon manquant n'excluant pas l'existence de la présence d'un hominien inconnu dans l'Himalaya, fit les frais de cet hermétisme qu'affiche la science occidentale à l'égard des hypothèses fantastiques et fut déchu de tous ses honneurs au point même d'avoir à quitter les chaires qu'il occupait dans les grandes académies scientifiques françaises. Rawicz, en évoquant le yéti, s'autoadministra le coup de grâce du discrédit et œuvra à sa propre déconsidération. Il entraînait ceux des lecteurs qui n'avaient pas encore tranché à rejoindre le camp des sceptiques. Une leçon, donc : quand on publie un récit flottant à la lisière de la crédibilité, ne jamais dire qu'on a vu le yéti. Je me garderai moimême d'émettre la moindre opinion personnelle sur le sujet bien qu'il me semble assez poétique d'imaginer qu'une bête venue sur ses deux pattes du fin fond des âges ait pu échapper à l'œil classificateur des zoologues modernes. Il faut toujours laisser dans le laboratoire de la connaissance un soupirail ouvert sur l'inconnu.

En fait d'hommes des neiges, Priscilla et moi ne rencontrerons que les représentants des nombreuses tribus du Sikkim. Sitôt atteintes les premières forêts de cèdres encharpées de brumes, nous renouons avec le monde des humains et traversons des villages construits à la hauteur des nuages. Dans la nuit, le long d'une sente serpentant entre des arbres kiplingiens, nous atteignons le monastère de Lachen, non loin duquel Alexandra David-Néel séjourna pendant trois ans, réfugiée dans une grotte, s'initiant à la mystique bouddhiste. Longeant le cours de la Tista, nous cumulons souvent dans la même journée 2 000 mètres de dénivelé positif et franchissons une à une les arêtes rocheuses dont les indentations entravent la ruée des rivières vers le grand collecteur gangétique. Venir à bout des plissements des basses montagnes himalayennes est une école de patience. Quant à descendre du Tibet pour s'enfoncer dans la forêt sempervirente, c'est entrer dans l'Éden après la traversée du désert. La jungle se lance à l'assaut de la montagne avec la vigueur d'une vague mordant le récif. Elle se maintient jusqu'à 3 000 mètres d'altitude et capitule au-delà pour laisser la place aux cédraies.

Au cours des huit jours de marche qui nous sont nécessaires pour rejoindre la colline de Darjeeling, nous renouons avec la vie. Nous marchons dans des sous-bois embaumés de verveine ou bien sous des nefs de cardamome éclaboussées par les rayons de soleil que filtrent les canopées de pandanus. Nous grimpons sur des versants où les racines des arbres servent de marches d'escalier. La présence de falaises accores parfois couvertes de fougères arborescentes nous empêche de suivre la rive de la Tista. Nous marchons le jour sur des chemins qui la surplombent et redescendons le soir pour dormir sur ses bords. Nous dressons la tente sous les palmes des bananiers qui coiffent les plages de sable et y dessinent des dentelles d'ombre. Le flot turquoise cascadant des glaciers que nous foulions quelques jours seulement auparavant berce nos soirées. Un cri de singe. La montée de la lune. Le velours du sable. La fraîcheur abattue des frondaisons. Cette jungle est une récompense. Les paillettes de mica brillent autour du feu de bois flotté où chauffe l'eau du thé. Nous parlons du retour.

– La première chose que tu veux faire en rentrant ?

– Rentrer est la dernière chose que je veux faire.

Au-delà du village de Manglay, la forte pression démographique nous pousse à chercher chez les gens le refuge que les bords de la Tista nous offraient jusqu'alors. Il y a presque autant de peuples différents dans ces forêts que d'espèces d'arbres. Limbus, Rais, Tamangs, Gurungs, Buthias côtoient les Lepchas originels, premiers occupants du Sikkim dont les Bhoutanais, dans les temps immémoriaux, connaissaient déjà l'existence et désignaient comme « la vallée cachée du riz ».

Hibiscus, bambouseraies, carrés de fleurs, bassins de retenue, arbres fruitiers, chutes d'eau, petits ponts de bois : le Sikkim est un potager perché, aménagé par des générations de jardiniers. Nous cheminons sur des sentes empierrées, empruntant de séculaires escaliers de pierres taillées, traversons des terrasses plantées de riz et de maïs, rejoignons des îlots villageois où nous nous enquérons de la meilleure route à suivre à travers ce labyrinthe agreste.

À l'endroit où nous la passons, la frontière entre le Sikkim et le Bengale de l'Ouest est matérialisée par deux signes distinctifs. Un pont suspendu au-dessus d'un affluent de la Rangit (elle-même tributaire de la Tista) et un poste-frontière constitué d'un cabanon de bois où se morfond un garde-barrière que notre passage ravit. Alors qu'il vise nos papiers, un camion de transport de troupe arrive à notre hauteur et se range à l'ombre d'un pipal. Les trente soldats d'une section de la Sikkim Armed Police nous entourent, curieux de savoir ce qu'une si jolie fille fait dans ces bois en compagnie d'un vagabond. Nous détaillons à l'officier les itinéraires de nos expéditions. L'homme, corseté dans un uniforme impeccable, donne des ordres pour le thé. On nous sert du darjeeling et des biscuits sur un plateau. À soixante années de distance, à peu près dans les mêmes parages, par la grâce de l'une de ces correspondances que le hasard (mais est-ce vraiment lui ?) dispose sur les pas du voyageur, nous sommes en train de vivre une scène qui ressemble étrangement à la rencontre de Rawicz avec une escouade de soldats britanniques au cours de laquelle les fugitifs apprennent qu'ils sont en Inde, que l'évasion a touché à son terme, qu'ils sont sauvés et qu'ils vont pouvoir « recommencer à vivre ». Pour les quatre survivants, deux années d'épreuves tout juste supportables à l'homme (« nous étions pareils à des squelettes ambulants ») prirent ainsi fin devant des soldats incrédules, dans une sorte d'atmosphère d'insignifiance que ne méritait certes pas pareille épopée. La première chose que les soldats britanniques exigèrent fut de brûler les hardes des évadés. Et les flammes grillèrent les colonies de vermines en même temps qu'elles emportèrent le souvenir de l'enfer.

Je pourrais très bien considérer que j'ai assez peiné sur la piste et que l'hommage que je rends aux évadés depuis le mois de mai dernier s'achève, ici, sur les bords de la rivière Rangit, en des lieux, en des circonstances identiques à ceux du récit de Rawicz. Mais je décide de continuer ma route jusqu'à Calcutta, non pour le plaisir d'ajouter quelques centaines de kilomètres à mon cheminement, mais parce que c'est là-bas que les fugitifs rescapés étaient acheminés par les autorités anglaises. En outre, la Cité de la joie est un élégant objectif d'arrivée, un point de chute à la hauteur de l'itinéraire que je trace depuis la Iakoutie. Nous faisons nos adieux à la soldatesque et franchissons le pont sur l'affluent de la Rangit. Sur l'autre rive, un chemin serpente dans la jungle : saignée de latérite dans le caparaçon de feuillages lustrés.

Notre œil s'était bien habitué à la succession des collines de jungle. Au Sikkim et dans le nord du Bengale, elles se renouvellent avec l'obstination des vagues. Au sommet de chacune, le voyageur découvre la suivante sans que jamais l'horizon ne laisse à espérer que tarira la houle. Un matin, un paysan qui disparaît sous la botte de fourrage qu'il convoie vers ses bêtes nous explique que les toitures qui scintillent sur le flanc de la prochaine colline appartiennent à Darjeeling.

La journée que nous employons à rejoindre la ville, nous la passons à travers les plants de thé qui recouvrent la colline de leur carapace vert bronze. Nous quittons le royaume de la culture en terrasses pour celle du thé cultivé de pleine pente. Les buissons s'accrochent à la déclivité de toute la force de leurs racines et sont taillés parallèlement au pendage abrupt, ce qui oblige les cueilleuses à des acrobaties d'alpiniste pour passer d'un plant à l'autre. Les stations de séchage de l'époque coloniale nous offrent l'occasion de faire des haltes après les 1 000 ou 1 500 mètres de dénivelé que nous avalons d'une traite.

Nous gravissons les dernières pentes avant Darjeeling sous l'égide du Kangchenjunga qui daigne enfin déchirer en haillons la couche de nuages. Le troisième sommet le plus haut du monde est la sentinelle orientale de l'Himalaya, la vigie des portes de l'Est qui ouvre le ban d'une succession de quatorze montagnes de plus de 8 000 mètres. Parfois, son écran de neige s'encadre entre le tronc de deux pipals. Alors, il semble qu'un diamant offert à la terre par les dieux du ciel s'est posé sur le socle d'acier des théiers taillés au cordeau. Le soir, quand la géographie s'obscurcit, le Kangchenjunga s'éteint en dernier comme s'il soufflait la bougie allumée en son sommet pour fêter ses cinquante millions d'années d'existence.

À Darjeeling, je prends le temps de faire deux ou trois choses importantes. Je visite le zoo pour voir le panda roux, l'une des bêtes de la Création à laquelle j'attache le plus de prix. Les deux spécimens de Darjeeling ruminent leur désespoir carcéral dans un enclos bétonné. La différence entre l'animal et l'homme quand ils sont tous les deux emprisonnés, c'est que le premier reste beau alors que le second devient une bête.

À deux pas du zoo, je rencontre le colonel Vajray Singh, directeur de l'Institut himalayen. Dans son bureau, nous nous penchons sur les cartes d'état-major des années 1940. Il me confirme que les hauteurs du Sikkim étaient très peu surveillées au temps du Raj anglais et qu'il n'aurait pas été difficile à des évadés de passer à travers les mailles d'un filet inexistant. Pour la bonne forme, sans espérer rien, je lui demande de consulter les archives militaires de l'année 1942 où sont consignées les arrivées d'étrangers dans la province. Il n'y a rien sur Rawicz. Mais le propre d'un évadé n'est-ce pas d'échapper aux recensements des registres ?

Puis, avant de quitter la ville, invité sur la place d'armes par le constable du *pipe band* de la compagnie de police armée du Bengale, je sonne devant la silhouette du Kangchenjunga quelques airs de cornemuse. Mes cinq années d'apprentissage du *bag pipe* à la Mission bretonne de Montparnasse ne m'auront donc pas été totalement inutiles… Les sonneurs, des soldats gurkhas en tenue d'apparat – plaid, vestes à boutons dorés et calots à pompons –, me prêtent une McLeod de l'époque britannique. Il me plaît de penser que c'est en l'honneur des évadés politiques que nos *laments* s'élèvent par-dessus la colline.

Viennent les adieux avec Priscilla. Elle s'en va vers le sud deux jours avant moi. Je la regarde descendre la rue en pente, dans le centre de Darjeeling. D'un pas ferme. Ferme femme. Force et beauté. Fille qui semble née du granit, et qui cache au fond d'elle une âme inapprivoisable.

Les premières personnes que je rencontre en descendant à pied de la colline de Darjeeling à travers une futaie de cèdres celto-gothiques sont deux sadhus shivaïtes occupés à la gravir. Leur sourire est vieux comme la nuit des temps. Dans leurs yeux vaporeux, il me semble lire tout le fatras brumeux et abracadabrant des panthéons hindous. Le plus jeune des deux me bénit. Du pouce, il me colle au front un pétale de fleur de santal. Je croise en chemin quelques jeunes filles en saris colorés. Jaune, rose, bleu vif : les plus belles taches dont on puisse pavoiser un paysage.

Puis soudain, c'est la plaine. L'Himalaya vaincu capitule et s'écroule sans que rien, ni talus ni biseau, n'assure la transition, n'adoucisse le contact. La lisière entre la plaine et la montagne est tranchée comme un coup de couteau. On fait un pas et c'est le socle. La table indo-gangétique rase comme une paume. Le début de la fin. Je la contemple depuis une sorte de balcon naturel modelé à mi-pente sur le dernier versant. Les collines font comme une vague solide qui aurait reflué devant le spectacle de la plaine. En bas, j'entends les détonations de militaires à l'entraînement. Ils gardent la frontière des mondes himalayens. Dans la vapeur de l'horizon bleu, le ciel, le paysage, la perspective se dissolvent. Il faut descendre encore, prendre pied sur la plaine et, alors, restent 600 kilomètres à franchir jusqu'à Calcutta.

Dans les forêts que je traverse, on me met en garde contre les éléphants sauvages et les tigres. En Sibérie, on me mettait en garde contre les ours. L'homme fait toujours semblant de craindre les animaux qu'il décime. Mais il ne met jamais personne en garde contre lui-même.

Des gardes forestiers m'hébergent une nuit dans les baraquements de la réserve naturelle d'éléphants de Sukna. Au pied du lit à moustiquaire se tient une tarentule. J'explique sans pudeur mon arachnophobie. Un garde tue l'araignée d'un coup de talon. Vers minuit, je me réveille, pris d'un mauvais pressentiment. À travers le tulle de la moustiquaire, j'éclaire à la lampe frontale le pied de mon lit pour vérifier qu'y gît bien le cadavre. La bête n'y est plus. C'est donc qu'elle est en vie, blessée, et cherche certainement un moyen de m'atteindre pour se venger. J'attends la délivrance de l'aube sans fermer l'œil.

Avec la ville de Siliguri, je retrouve la foule. L'Inde de la multitude. L'empire du grouillant. Une cour des miracles permanente avec un bruit de fond inépuisable. Ce pays a en outre la particularité de sentir l'homme. Odeur que j'avais oubliée. Car, avec le bruit et les saveurs, les senteurs représentent toutes choses dont sont dépourvues les immensités tibétaines que seule la lumière habite à égale proportion avec le vent.

À Siliguri, j'achète un vélo. Et je termine mon périple à grands coups de pédales, en six jours, dans la plaine indo-gangétique. La campagne indienne défile à 15 à l'heure, immuable, éternelle, lourde comme un labour, pareille à la roue de l'hindouisme, battant tel un navire à aubes écrasé de fatigue les eaux dolentes du temps qui passe. Le soir, le soleil devient rouge, descend du ciel blanc, se prend dans les ramures des arbres et y reste accroché comme une boule de gui que le druide alchimiste aurait enfin réussi à changer en or. Passe Islampur. Je croise des femmes transportant sur leur tête la corvée de bois sec pendant que leurs hommes traînent de tasse de thé en tasse de thé leur propre corvée : la vie. L'homme est le fardeau de la femme indienne. Passe Kinchanganj. Des flics m'arrêtent et m'interrogent fébrilement. Est-ce la proximité de la frontière du Bengladesh qui les rend si peu amènes ? Passe Maldah. Ironie de mon sort : alors que j'achève de retracer la route de la liberté par laquelle les hommes en peine fuyaient l'oppression des rouges, je traverse l'État de l'Inde à la plus forte coloration communiste. Partout, sur les murs des maisons, le tissu des drapeaux et le soubassement des ponts, s'étalent le marteau, la faucille et le sigle du parti marxiste-léniniste du Bengale. Je rencontre même un soir le chef du PCB (parti communiste bengali) entouré d'une foule de fidèles, occupé à fêter le cent dixième anniversaire de la naissance de Mao. Il prononce un vibrant hommage au gros timonier et, quand il apprend qu'un Français, c'est-à-dire moi, s'est joint à l'assistance, il exhorte ses fidèles à crier pour me faire honneur « Vive la Commune de Paris ! ». Étrange cours des événements : voilà des mois que je poursuis l'ombre d'hommes qui fuyaient précisément ce que ces Bengalis appellent de leurs vœux les plus chers. Devant mes réticences à gueuler ses slogans, le *leader máximo* du PCB affiche une certaine froideur. Je ne lui explique même pas pourquoi je suis parti de Sibérie et m'en vais, légèrement écœuré, le laissant persuader ses ouailles que les idéologies changeront le monde.

Sur un pont de 2 kilomètres, je franchis le Gange, sacré ruban d'alluvions qui charrie des millénaires de mythes obscurs. Passe Barampur. Dans le brouillard qui englue la plaine au petit matin, des vaches qu'on dirait abandonnées déambulent comme les membres d'une horde antique en migration. Halte à Ranagath le soir de Noël. Dans l'église bondée de fidèles indiens, j'assiste à la messe de minuit, offre mon vélo aux frères salésiens de l'église, prends quelques heures de repos et m'en vais le lendemain à pied vers Calcutta qui n'est plus éloignée que de 80 kilomètres.

À la fin de l'après-midi du 26 décembre, j'atteins les bords de la rivière Hooghly. J'en descends le cours jusqu'à Chandernagor, à 8 kilomètres de là, dans une barque à fond plat menée à la rame par une sorte de gondolier shooté au haschich. Il tire tellement sur son shilom que la barque finit par prendre un air de bateau à vapeur. Sur la rive défilent des palais décrépis comme des faces de vieilles comtesses qui oseraient encore se regarder dans le miroir du fleuve. Le soleil moribond a une fois de plus perdu la bataille contre la nuit : il tombe derrière le houppier des arbres qui poussent sur les *gaths*, ces escaliers de pierre qui bordent les fleuves sacrés en Inde. Je dors à Chandernagor puis, le lendemain matin, moitié à pied, moitié sur l'eau, j'atteins le centre de Calcutta. La barque me dépose sur les dalles roses d'un *gath* surmonté d'un porche, au cœur de la Cité de la joie. Je débarque, passe sous la voûte, monte les marches de l'escalier de pierre. J'entends la rumeur de la ville.

Je sens une immense lassitude m'envahir. Pour la première fois, j'éprouve l'envie de rentrer chez moi.

Je suis arrivé au bout du chemin.

Épilogue
Quelques notes sur la notion d'Impossible

Vient la question.

Rawicz a-t-il dit vrai?

Précisons en prélude à cet épilogue que je ne me suis pas lancé sur les chemins de la liberté pour me livrer à un travail d'enquête. Je n'ai pas l'âme d'un limier et laisse aux détectives-nés le confort de se persuader qu'on peut savoir l'exacte vérité sur les choses. Culturellement, je serais plutôt du côté des cœurs simples qui aiment à croire aux belles histoires que du côté des sceptiques qui sont toujours prompts à réfuter chez les autres des actes qu'eux-mêmes n'auraient pu accomplir.

Dans la barque de bois qui m'amenait à Calcutta, puis, au cours de ma traversée de l'Inde à moto, jusqu'à Bombay, sur une Royal Enfield 500, je griffonnais quelques réflexions dont l'ensemble pourrait s'intituler « notes sur l'Impossible » et que je livre ici, tel quel.

À force de lectures, de rencontres, de collectes de témoignages et de réflexions sur le sujet (qu'on y songe ! huit mois à ne rien faire d'autre qu'à y penser !), je me suis convaincu que rien n'est impossible à celui qui poursuit la liberté comme but unique, et que la voie est libre à ceux qui entendent la voix de la liberté. La force de l'évadé tient dans le fait qu'il n'a rien à perdre et que chaque pas le rapproche de la mort ou de la délivrance, ce qui signifie, dans les deux cas, d'une situation préférable à l'enfer qu'il laisse derrière lui. L'optimisme légèrement teinté d'inconscience qui habite un homme se risquant à l'évasion (au mépris de ce que commande la raison) l'aide à triompher d'embûches dont il ne prend d'ailleurs jamais la juste mesure en les abordant. S'ils savaient vers quelles difficultés ils allaient, nul doute qu'aucun des évadés de l'histoire des répressions politiques n'auraient quitté la relative protection du camp. Mark Twain disait à propos de l'accomplissement extrême : « Ils l'ont fait parce qu'ils ne savaient pas que c'était impossible. » En outre, un évadé qui survit aux interrogatoires, aux mauvais traitements de la détention, à la déportation vers la Sibérie et trouve encore la force, une fois incarcéré, de prendre la clé des steppes appartient *de facto* à une sorte d'élite. Il se trouve au sommet de l'échelle de la résistance physique et de la détermination morale, et le simple phénomène de la sélection naturelle l'arme contre un certain nombre de dangers. Voilà ce que j'ai à dire sur la prétendue impossibilité de triompher de certaines difficultés.

Avançons à présent un argument historique. Il est un fait que des centaines d'hommes – vieux-croyants, prêtres orthodoxes, contre-révolutionnaires, soldats des armées blanches, moines bouddhistes, *zeks*, koulaks, cosaques, Polonais, juifs, vagabonds en rupture de ban, prisonniers de guerre, aventuriers, croyants tibétains ou mongols – ont réussi un jour à fuir l'une des manifestations du totalitarisme, lequel a étendu sa toile du nord au sud sur l'Eurasie au fur et à mesure que progressait le XXe siècle. Certaines épopées d'évasion (comme celle des vingt et un vieux-croyants de Sibérie qui sont parvenus à gagner Calcutta venant de l'Altaï) sont d'incontestables pages de l'Histoire que personne ne peut nier. Ce qui permet d'assener qu'avec ou sans Rawicz (et quelle que soit la nature de *À marche forcée* – mystification ou récit véridique) les chemins de la liberté ont pour leur part bel et bien existé sous la forme d'un grand axe nord-sud (l'axe du loup!) emprunté par des évadés soit dans sa totalité, de la Sibérie à l'Inde, soit par tronçons. Les Tibétains qui franchissent à l'heure actuelle l'Himalaya, échappant à leurs colons chinois, continuent d'alimenter l'une des sections de cette route, inaugurée jadis par les *zeks*. Ils font partie de la cohorte d'hommes en peine qui ont lutté et luttent encore pour recouvrer leur liberté, à tout prix, à marche forcée.

Sur les anomalies dont regorge le livre de Slavomir Rawicz, sur les erreurs, les approximations, il faut mentionner le fait que le livre est paru en 1950 à une époque et dans une atmosphère où les récits de voyage s'autorisaient une part d'affabulation sinon d'exagération qui ne choquait pas le lectorat. Mais il faut surtout rappeler que Rawicz a fait écrire son livre par un journaliste qui a pu ressentir la nécessité de forcer un peu le trait, et s'est laissé aller à tirer de temps en temps les bords de son embarcation littéraire vers les rivages du romanesque. C'est un danger pour beaucoup d'écrivains-voyageurs que de prendre trop de libertés avec la vérité. Quand la réalité manque un peu de piment, la tentation n'est-elle pas grande d'aller chercher du côté de la fiction quelques épices, d'appeler l'imagination à la rescousse?

Rawicz en outre ne disposait que de sa mémoire pour alimenter son récit. Pas d'archives, nulle note. Un évadé s'embarrasse peu, chemin faisant, de consigner les particularités ethnologiques et toponymiques des régions qu'il traverse. Seul importe de survivre et, au moment de raconter, l'esprit, en se retournant en arrière, ne découvre qu'une longue nuit obscure dont la mémoire n'a pas gardé l'impression.

À Calcutta, j'ai pris la peine de me livrer à quelques recherches. Consultation des anciens numéros du *Telegraph*, des archives des hôpitaux militaires, entretiens avec quelques Européens qui vivaient déjà dans le « grand mouroir de la joie » dans les années 1950. Nulle trace de Rawicz. D'autres avant moi avaient déjà livré enquête en vain. Doit-on conclure que les choses qui ne laissent pas de trace n'existent pas ? L'ombre ne laisse pas de trace. Elle existe pourtant. Un évadé, ce pourrait être l'ombre portée, sur une route, de la liberté.

Le propre d'un évadé est de s'échapper d'un camp. Or, ce faisant, il échappe aussi à toute classification, tout archivage, toute statistique. On est certes en mesure d'avancer des chiffres concernant les incarcérations : on parle de dix-sept à vingt millions de prisonniers peuplant les goulags au milieu du XXe siècle. Sur ce cheptel d'esclaves, il va sans dire qu'un certain nombre ont tenté de « prendre les mousses ». Savoir combien est impossible. Mais ce qui est incontestable, c'est qu'à l'époque où Rawicz place son évasion les taïgas de Iakoutie et de Transbaïkalie fourmillaient d'une clique de joyeux drôles : réprouvés, hors-la-loi, clandestins. Cette région du monde a été (et est encore dans une certaine mesure) un espace qui échappe à la rationalité moderne. Terre immense où sont rendues possibles aux cœurs aventureux et aux âmes sauvages des destinées que n'autorisent pas les structures corsetées de notre Europe occidentale méticuleusement anthropisée. La Sibérie est souvent appelée « terre de déportation », mais il faudrait ajouter, dans une certaine mesure : « terre de liberté », dans le sens où tout et surtout l'impossible peut advenir.

Il me plaît de penser que Rawicz n'a pas menti. L'homme vit toujours. À Londres, reclus dans un silence qui peut s'expliquer de deux manières différentes. Supposons qu'il ait dit vrai : blessé par les accusations de mystification qu'on lui a portées, on comprend qu'il ne veuille plus remuer le couteau dans la meurtrissure en se penchant sur le passé. Mais imaginons qu'il ait menti : sans doute n'a-t-il pas envie qu'un fouineur vienne remuer les braises de la suspicion et enquêter sur une affaire délicate. On a connu certains poilus qui avaient tiré, sur le cauchemar, le rideau de l'oubli doublé de celui du mutisme. Il y a des choses qui ne se racontent pas. Ou sur lesquelles on ne revient plus.

L'essentiel est de comprendre que l'évadé politique est nécessaire à l'Histoire. Il prouve qu'aucun barbelé n'est infranchissable, qu'il y a toujours une faille dans le rempart, qu'aucun bourreau n'est sûr de retrouver son prisonnier à l'aube, que le poteau d'exécution reste parfois sur sa faim, qu'aucune idéologie ne réussira jamais à cadenasser quiconque et qu'aucun dogue affidé à cette idéologie ne sera capable d'empêcher les hommes de partir regagner leur Liberté, ce pain de l'âme, aussi nécessaire à la vie que le pain du ventre.

Crédits photographiques

Couverture
haut : © CORBIS/Layne Kennedy; bas : © CORBIS/Peter Adams/Jai.

Rabats et pages de garde
gauche : Thomas Goisque; droite : © CORBIS/Eric Preau/Sygma.

Quatrième de couverture
haut : © CORBIS/Eric Preau/Sygma;
bas : Thomas Goisque.

ÉDITÉ EN SEPTEMBRE 2011.
IMPRESSION ET RELIURE : Puntoweb, Italie.
DÉPÔT LÉGAL EN FRANCE : SEPTEMBRE 2011.
DÉPÔT LÉGAL EN BELGIQUE : D-2011-0621-122.